역학보다 백배는 더 쉬운 역술

당일치기 역술 총정리

청필 **박규병**(미카엘)

신아사

저자

박규병

이 책을 쓴 저자 청필(淸苾) 박규병은 1941년 황해도에서 태어나, 서울 양정고등학교를 거쳐 고려대학교 사학과를 졸업했다. 20여 년 교직생활을 하면서 개인적으로 역학에 심취, 학생들의 사주를 통해 적성과 진로 등을 입시전략에 응용하여 많은 수험생들을 자신이 원하는 대학에 합격시켰다.
현재는 역학교육전문학원을 설립하여 역학에 관심이 있으나 기존의 방법으로는 배우기 힘들어하는 사람들을 위하여 이 책의 내용을 기초로 후진양성에 힘쓰고 있다.

당일치기

역술총정리

1판 1쇄 발행 _ 2012년 7월 10일

저　　자 • 박 규 병
발 행 인 • 정 현 걸
발　　행 • 신 아 사
인　　쇄 • 예지인쇄
출판등록 • 1956년 1월 5일 (제9-52호)
주　　소 • 서울특별시 은평구 녹번동 28-36번지 2F
전　　화 • 02) 382-6411 • 팩스 02) 382-6401
홈페이지 • www.shinasa.co.kr
E-MAIL • shinasa@chol.com

ISBN 978-89-8396-772-5

정가 *18,000* 원

머 리 말

나는 고려대학교에서 역사학을 전공했고 학교와 입시학원에서는 국사 과목을 가르쳤다. 그 교직생활 30여년 중 대부분을 입시학원 강사로 재직했다.

신분보장이 취약한 입시학원가에서 장수하는 강사들에게는 공통적인 장기가 있는데 그것은 어려운 단원이나 내용일수록 쉽게 풀고 녹여서 가르치는 기술과 특히, 요점정리나 핵심정리를 잘 해 주는 재주와 맥을 잘 짚어 주는 재주들이다.

재주라기 보다는 신분보장이 취약한 학원가에서 생존하려는 힘겨운 노력들의 결과이다. 왜냐하면, 실수요자인 입시생들을 만족시키지 못하는 강사는 도태될 수밖에 없는 곳이 입시학원가이기 때문이다. 그 대신 인기강사인 동안은 정년퇴직이 없는 직장이 입시학원이기도 하다.

나는 그런 풍토의 입시학원가에서 30여년 동안 생존했다. 또한 사교육의 일번지라고 하는 서울 강남 8학군에서도 최고 대접을 받는 고액과외강사이기도 했다.

지금으로 말하자면, 강사 수입과 과외 수입을 합쳐서 억대 연봉자였다. 직장인으로 말한다면 말이다.

이런 말을 하는 이유는, 그런 억대의 고소득자라는 자가 '왜 점쟁이(占匠人)가 됐는가?' 하고 의아해 할 수 있기 때문이다.

이 길은, 역술인의 길은 내가 원한 길이 아니었다. 나로서는 꿈에도 생각해 보지 못한 길이었다.

그런 나를 주님께서 지목해 부르셨다. 그러나 나는 쉽게 순명(順命)할 수가 없었다. 왜냐하면 인기 강사직에 만족해 있었고 또 고소득자였기 때문이었다.

이 핑계 저 핑계 대면서 도망다녔다. 그 짧은 동안에 20여년 동안에 이루었던 부와 명예도 모두 잃었다. 경상북도 포항까지 도망 갔다가 결국 주님께 붙잡혔다. 그리고 자의반 타의반으로 천주교에서 1989년에 영세(=세례) 받았다. 본명(=세례명)은 미카엘(MICHAEL)이다. 견진성사(=세례성사 다음 받는 성사)는 돌아가신 김수환 추기경님께 받았다.

그러다 하느님이 '나를 역술인으로 쓰시려고 부르셨구나' 라고 주님의 섭리를 느끼고 믿게 된 것은, 1995년 신년 첫 미사-서울 명동성당-후 신자들의 세배에 대신하는 답례로 김수환 추기경님과 신부, 수녀님들의 합창으로 부르신, 가수 노사연의 '만남' 을 들으면서 였다. "우리의 만남은 우연이 아니야"라는 대목에서 울컥 목이 메이면서 눈시울이 붉어졌다. 순간, 나는 주님을 만났다.

"그렇구나. 주님은 부족한 나를 통해서 예비된 우리 민족에게 당신의 뜻을 전하려고 하시는 구나." 하는 계시를 받으면서 부족하나마 하느님의 뜻(destiny=운명)을 전하는 예언자(預言者≒豫言者)가 되기를 서원(誓願)했다.

내가 각자의 四柱八字를 통해 하느님의 뜻(운명=destiny)을 알려야

겠다고 결심하게 된 것은, 고 김수환 추기경님의 회고록 중에서 "...그런데도 하느님께서 발목을 놓아 주시지 않으신 걸 보면 성직자의 길은 이미 정해진(=예정된) 운명(destiny=하느님의 뜻)이었던 것 같다."라고 하신 글을 읽고 나서 부터였다.

나는 천지의 창조주가 하느님임을 믿는 신앙인이다.

나는 한평생 가르침에 무한책임을 져야 함을 아는 선생이였다.

나는 21세기를 위해 예비된 민족이 한민족(韓民族)임을 아는 국사(國史)선생이였다.

내 말을 믿고 배워 두어라. 그러면 여생을 보람있고, 또 평생 고소득자가 될 수 있는 블루오션 기술이다.

나도 늦깎이로 선택된, 여러분의 선배이며 스승인 역술인이다. 또, 이제 나이가 칠순줄에 서 있다. 나도 이제 나이가 들어서인지 종합병원이 되고 말았다. 그러나 운신(運身)이 허락되는 날까지라도 나, 다시 한번 더 교단에 서련다. 그래서 사주운명학을 가르치는 참스승이 되어, 운명(destiny)속에 담긴 하느님의 섭리, 뜻(=destiny)을 전하는 참역술인들을 양성하고자 하는 마음에서 '저자'·'필자'·'본인'·'선생'이라는 3인칭 대신 '나'라는 1인칭을 쓰느니 나의 참뜻을 헤아려 주기 바란다.

또한 여러분도 이 책으로 열심히 공부해서 易學報國하는 역술인이 되기를 진심으로 바라며 여러분의 대성을 기도한다. 주님의 은총이 가득하기를.

스승 **박 규 병** 배

일러두는 말

이 책은 **1부**와 **2부**로 구성했다.

1부는 역리편, 2부는 역술편으로 크게 나누었다.

역학을 배우고자 하는 초보자는 반드시 1부를 통해서 기초를 닦은 후 2부 역술편을 공부하기 바란다.

또 이 책을 교과서로 해서 역술을 공부하려는 이는 반드시 내가 만든 「**한글사주·대운만세력**」을 구입해 쓰기 바란다.

차 례

부 록

왜? 運命(=四柱八字)을 알아야 하는가?

順天命(=順命)하기 위해서다.

우리나라 사람들은 "운명이란, 무엇인가?"라는 질문에 십중팔구는 "타고난 팔자"라고 한다는 조사 발표가 있었다.

그런데 우리말에는 '운명, 사주, 팔자 또는 사주팔자' 라는 단어들은 모두 같은 동의어로 쓰는데 반해, 영어권에서는 운명(destiny)이라는 단어는 있지만 사주, 팔자, 또는 묶어서 사주팔자라는 말이 없다.

韓英사전에서,

四柱를 찾아 보면 'the four pillars', 즉 네 기둥.

八字는 'destiny', 즉 운명.

四柱八字는 'the four pillars and the eight characters', 즉 네 기둥과 여덟 개의 기호라고 써 있다.

이번에는 英韓사전에서,

destiny를 찾아 보면 '天意, 즉 하느님의 뜻 또는 섭리' 라고 써 있다.

그러므로 운명(=사주팔자)은 神學적으로 보아야만 제대로 간명(看命)할 수가 있다.

그런데 영어권에서는 우리 처럼 운명(運命)을 다르게 표현하는, 사주·팔자 또는 사주팔자라는 말이 없기 때문에 豫定說(predesination=운명·천명·전세의 약속)로 대체해 쓰고 있다.

우리 말에는 서양의 '예정설' 에 대칭되는 말로 '定命說' 이라는 단어가 있다.

'정명설' 에서는 하늘이 정한 일체의 일은 인간의 의지로는 절대로 바꿀 수 없다고 정의했다.

그러므로 특히 그리스도교인은, 창조주가 창조주의 뜻이 있어 각기 다르게 입력시켜 놓은 運命(=八字)을 믿어야 하되 굿·부적·푸닥거리 등등으로 창조주 조물주가 뜻이 있어 정해 놓은 길· 흉·화·복을 바꿀 수도 없고 또 바꾸려고 해서도 안되는 법이다. 조물주 하느님이 각 피조물마다 각각 다르게 맡긴 소임이 있어 입력시켜 놓은 운명을 인위적으로 바꾸려 하는 그것을 바로 迷信이라고 하는 것이며 그런 행위를 하거나 믿을 때, 종교를 떠나서 하늘에 죄를 짓는 것이다.

모든 것은 하늘이 만들고 정해 주는 것이다.

이것을 四柱八字(=destiny)라고 한다.

그러므로 사람마다 각기 다른 運命(=八字)은, 창조주 하느님이 '당신이 창조한 그 피조물에게서 바라는 '당신의 뜻, 섭리(=destiny)'를 담아 놓은 암호다.

부언해서 말하면, 四柱(=destiny)를 본다고 하면 무조건 미신이라고들 하는데 이번 기회에 제대로 알고 넘어가자. 그래야만 역학(=역술) 공부를 죄스럽지 않은 마음으로 사명감을 가지고 공부할 수 있기 때문이다.

누구나 생년, 월, 일, 시가 있다. 그것을 아라비아 숫자로 쓰면 ○○년, ○○월, ○○일, ○○시 즉 횡서(=가로)로 쓰게 된다.

그런데 한자는 종서(=세로)로 쓰기 때문에 생년, 월, 일, 시는 네 개의 기둥(=四柱) 처럼 보인다. 이것이 四柱라는 말이 된 것이다. 즉 사주란, 한자 60甲子로 쓰는 생년, 월, 일, 시다.

그런데 자신의, 각자의 생년, 월, 일, 시를 정확히 알고자 함이 왜 미신인가? 또 자신의 四柱(=생년, 월, 일, 시)에 담긴 하느님의 뜻(destiny=운명)을 알아 좇고자 함이 왜 미신인가?

四柱(destiny=하느님의 뜻)를 알고자 함은 미신이 아니다. 피조물인 인간(=종)이라면 조물주인 주인님(=주님)의 뜻에 따르고 순종함이 마땅하지 아니한가? 내 뜻이 아닌, 주인님의 뜻에 따르는 그것이 바로 순명(順命)이다.

역학 마니아들 보아라

본의든 아니든, 자의든 타의든 뒤늦게 운명(destiny)에 관심을 갖게된 이들은 '남에게 베풀고는 살았을지언정 남의 마음을 아프게 하면서 살아온 사람들은 없다.' 그래서 더욱 불공평(?)한 자신의 운명을 알고파 역학마니아가 된 역학도들이다.

운명을 알고파서 이 책 저 책, 이 학원 저 학원을 기웃거려도 보고, 또 다녀도 보았지만 역시 답을 얻을 수 없었던 역학도들은 이제는 易地思之로 자신을 생각해 보아라.

다시 말하면 하느님 입장에서 나를, 자신을 생각해 보라는 말이다. 그것은 하느님이 당신을 선택하시어 당신을 부르시기 때문이다. 왜?, 하느님의 뜻(destiny)대로 살아온 당신에게 새로운 사명을 주시기 위해서이다.

중상과 비방의 뜻(서경룡신부님/PBC)

하느님께서 선택해 쓰실 때는 먼저 단련시키는 방법이 있는데 그것은 견디기 어려운 중상과 모략을 받게 하시고, 억울한 누명을 쓰게 하시고, 질병에 시달리게 하시고 궁핍해지게 하시는 것 등이다.

보다 크게 쓰시기 위해서 선택된 이들일수록 그 단련의 농도가 깊고 또한 길다. 그러므로 고초와 고난이 깊고 클수록 오히려 크게 쓰시기 위해서 선택해 주셨음에 감사하고 기꺼히 극복하고 이겨내야 한다.

우연(?)하게 천주교용어사전에서 '연옥(煉獄)' 을 찾아보게 되었다. 연옥의 뜻은, 천국에 들어가기 전까지 정화되는 곳이 연옥이라고 했다. 설명 중 정화되는 과정을 鍛鍊(단련)이라 부언했다.

그 단련을 日數로 계산해 보면,

단(鍛)은 1,000日 ,
련(鍊)은 10,000日로, 合日하면 11,000日.
年으로 말하면 최소한 30년의 기간이다.

그러므로 당신은 하느님께 선택되었고 쓰실데가 있기에 지금 단련을 받고 있는 것이라 생각해라. 그리고 이제 이 책으로 그 힘들었던 단련을 끝내기 바란다. 위로하기 위한 말이 아니다. 이제와서 뒤돌아 보니 나야말로 주님이 쓰실데가 있기에 불러 그 큰 고난을 주셨고 잘나가던 나를 선택해 불러 동방박사(占匠人=magos)로 변신케 해서 여러분들을 새로운 동방박사(=magos)로 훈련시키려 하셨다는 것으로 깨닫게 되었다.

이 책 표지에 밝힌 **'독보적 역리 5가지'** 는 시중의 어느 易書나 어느 易

術人도 생각하지 못한 글자 그대로 독보적인, 독창적인 易理다. 하느님께서 직접 가르쳐 주신 것이다. 그러므로 정직한 하느님의 성소(聖召=부르심)를 믿는 이들은 이 책으로 공부해라. 그러면 단시간 내에 동방박사(=預言者)가 될 수 있다. 그리고 풍요로운 여생(餘生)이 보장될 수 있다.

베이비붐(1955~1963) 세대 보아라

직장인 1,155명에게 물었다(2008년. 채용정보업체 인크루트).

'현 직장에서의 예상 정년' 을, 그 결과 평균 48세로 집계됐다.

취업포털 커리어는 직장인 376명에게 물었다(2011년).

직장인 53%가 "언제나 창업 구상"이라고 답했다.

그 53%는 지장에 다니면서도 별도의 사업아이템을 찾거나 창업 정보를 수시로 모으는 등 '창업강박증' 을 겪고 있다는 답변을 했다.

조사 대상은 모두 베이비붐 세대들이다.

50대 창업자들은 모두가 베이비붐 세대다.

대부분이 커피전문점, 식당, 편의점 등으로만 몰린다. 그런데 그 결과 샐러리맨 출신 50대의 창업은 대부분 100戰 98敗다.

왜? 세상물정에 미숙(?)한 전 직장인들 끼리 한정된 시장을 놓고 이전투구하기 때문이다. 프랜차이저만 좋은 일 시킨다. 50대 창업의 실패는 그대로 빈곤층으로 곤두박질 치기 십상이다. 다시 재기하기에는 시간이 절대 부족하다.

그래서 내가 앞에서 말하기를, 여러 가지 이유로 易學에 입문하게 된 늦깎이들은 '하늘의 은총' 이고 '더 큰 사명을 주시기위함' 이라고 말한 것이다.

다시 말하지만 직장에 있을 때 부터라도 늦기 전에 나를 스승으로 해서 易學을 배워 두어라. 이 책을 보는 이들은 창조주께서 착한 당신에게 복과 상을 주시기 위해서 나를 만나게 하셨다고 믿어라. 그러면 여생이 풍요로워질 것이다. 또 영육간에 평화가 올 것이다.

무엇을 하던 사업은 인인성사(因人成事=사람의 도움으로 일을 이룸)로 이루어지는 법이다. 그러므로 고객이 당신에게 만족해야만 성공할 수가 있다.

다음 4개의 도표는 고객을 만족시킬 수 있는 도표이다. 다시 말하면, 자녀교육에 유난히 관심이 많은 우리나라 학부모, 특히 엄마들의 교육정서와 운명론(=예정론)을 신봉하는 문화정서를 십분반영시키고 고객 스스로가 운명(destiny=하느님의 섭리)을 믿게 하고 순명하게 할 수 있는, 하늘이 입력시켜 놓은 '팔자분수도(八字分數圖)' 다.

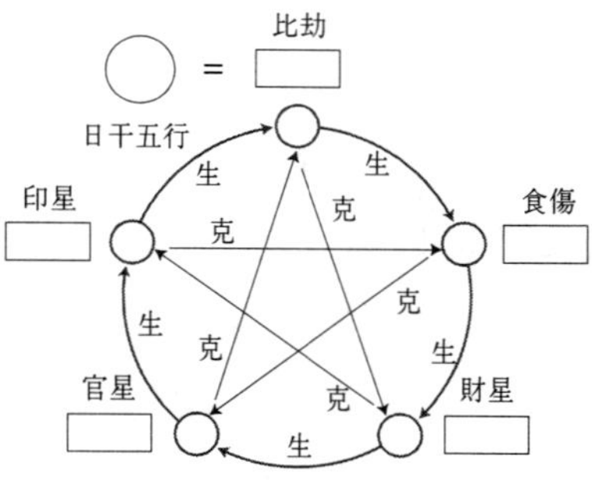

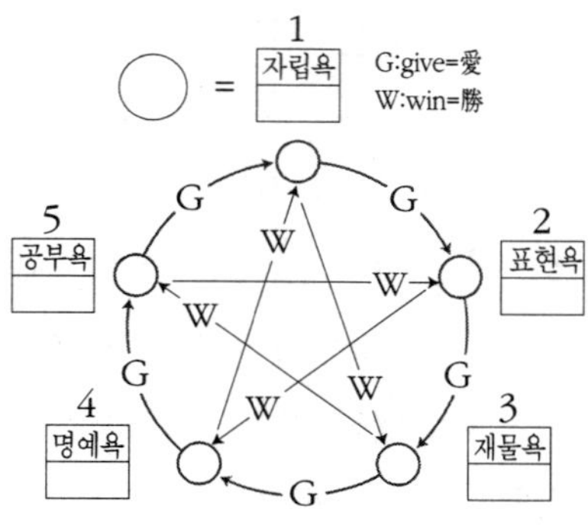

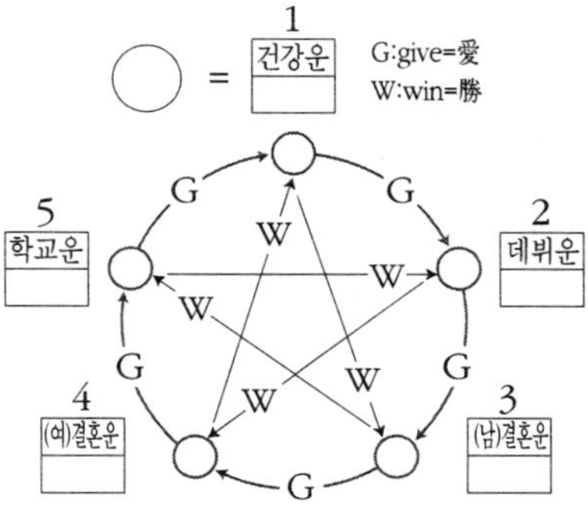

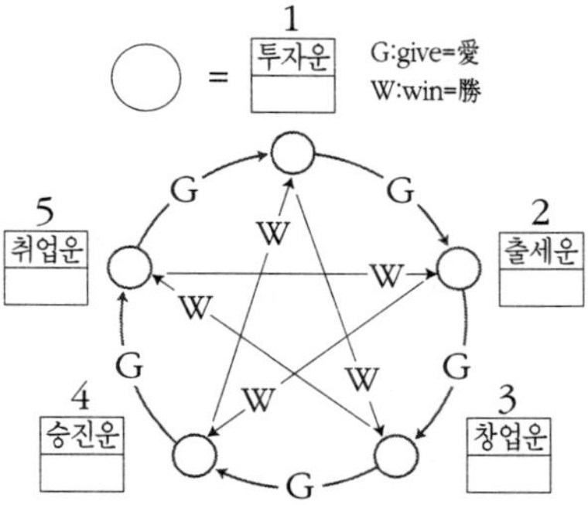

나는 입시생들을 가르친 입시학원 강사였다.

나는 하느님께 師事받은 동방박사(magos)이다.

나는 운명상담을 통해 당신을 부르시는 주님의 뜻(destiny)을 전하려는 교우(教友)다.

나는 2044년 한반도에서 役事하실 주님의 뜻을 전할 國史선생이였다.

그 2044년을 위해 일찍이 **易學報國學會**라는 브랜드를 만들어 두었다.

易學報國學會 會員이 되면,

하나, 4조 원대 운명시장 독점 가능

하나, 1,500억 원대 결혼정보시장 독점 가능

하나, 전문분야 별 1인 기업 창업가능

하나, 전국대학교(344개교) 교수로 변신가능

하나, 전국평생교육기관(3,591개) 출강 가능

제I부

역리편

왕초보 기초다지기

연필로 쓰면서 연습하십시오,

숙달될 때까지는 계속 썼다 지웠다 해야 하니까요.

오행의 사랑(相生)과 다툼(相克)

지구를 중심으로 이 우주에는 많은 행성(行星)들이 있다. 그 중에서 지구 가까이에 있는 행성으로 목성(木星), 화성(火星), 토성(土星), 금성(金星), 수성(水星)이 있는데 이는 태양에서 발산되는 천기(天氣:陽)를 받아 또 하나의 기(氣)를 형성하게 된다. 즉 木氣, 火氣, 土氣, 金氣, 水氣가 되는데, 이 木, 火, 土, 金, 水 다섯 가지를 오행이라 하는 것이다. 이렇게 해서 오행기(五行氣)가 지기(地氣:陰)와 어울리면서 춘·하·추·동의 사계절(四季節)이 생겨나는 것이다. 그래서 사람도 태어나는 순간 어느 별(星)의 기력(氣力)을 더 많이 받느냐에 따라 체질과 성격은 물론이고 운명까지도 결정된다.

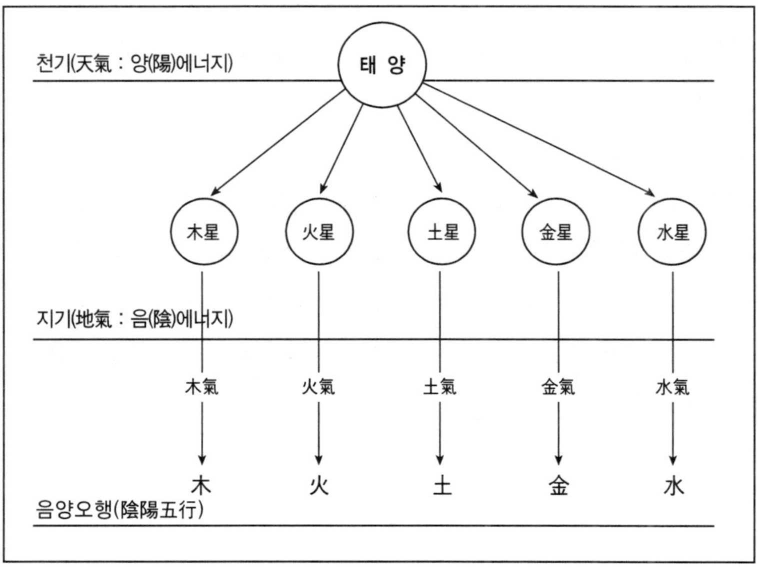

공중에 가득한 공기(空氣=우주 공간에 떠 있는 기) 중에는 木氣, 火氣, 土氣, 金氣, 水氣가 있다. 사람은 물론이고 모든 생명체는 각기 자기만의 고유한 기(氣)가 있어서 숨쉬기(=공기를 호흡하기)를 반복하면서 공기 중에서 자기에게 필요한 기는 축적하고 해로운 기를 내뱉음으로써 살아가게 되는 것이다. 이때 필요한 기(氣)가 부족하게 되면 기력(氣力)이 약하다고 한다. 이처럼 공기 속에 있는 5氣 중에서 자기에게 이로운 氣는 힘을 키워주고 몸도 편안하게 해주며 운세(運勢)도 강하게 해준다. 반대로 자기에게 해로운 氣는 힘을 빠지게 하며 운로(運路)를 막아서 추진하는 일도 방해하게 만든다.

어떤 곳에 갔을 때, 상큼한 기분이 들기도 하고 처음 와 본 곳이지만 전에도 와 본 곳 같기도 한 정감을 느끼게 되고 마음도 평화로워질 때가 있다. 반대로 어떤 곳에서는 섬뜩해지거나 기분(氣分)이 나빠지고 갑자기 머리가 아픈 경우가 있다. 이런 현상들은 자기의 氣와 그곳의 氣가 궁합이 맞느냐 안 맞느냐에 따라서 생기는 결과이다. 사주를 간명(看命)하는 것도 이와 마찬가지 이치이다.

즉 그 사람 사주의 氣가 행운(行運)에서 만나는 氣와 궁합이 맞으면 마음먹은 대로 일이 성취될 것이고, 궁합이 맞지 않거나 서로 다투는 꼴이 되면 하는 일마다 일이 꼬이거나 실패하게 되는 것이다. 그것을 미리 알아서 대처하든가, 아니면 스스로 대처해 나가는 방법을 터득하는 것이 역학을 배우는 참된 목적이다.

• **오행간의 상생(相生)은 사랑이다. 주는 것이다.**

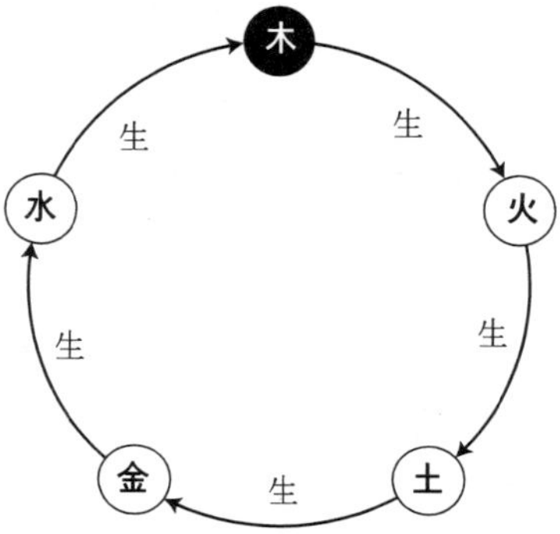

• 목(木)생 화(火)
나무가 타서 불이 커지고,

• 화(火)생 토(土)
불 탄 재가 흙을 키우고,

• 토(土)생 금(金)
땅에서 금석(金石)을 키우고,

• 금(金)생 수(水)
금석(金石)에서 물이 생기고,

• 수(水)생 목(木)
물이 나무를 자라게 한다.

상생이란 한 오행이 사랑하는 오행을 돕고 베풀면서 결국 자기도 도움을 받고 사랑을 받는 관계이다. 사랑은 둥근 원이다. 사랑은 위에서 흘러내리는 물이다. 아래로 아래로 흘러만 가는 물이다. 사랑은 어버이의 마음이다. 자식들에게 주어도 주어도 더 주고만 싶은 내리사랑이다.

봄은 여름을 위해서 희생하고, 여름은 가을을 위해서 물러나며, 가을은 겨울을 위해서 물러나고, 겨울은 다시 봄을 위해 희생하는 것이 사계절의 순환 법칙이다. 이것이 상생의 법칙이다.

오행간의 상생 연습하기

소리내 읽으면서 ( ) 속에 해당되는 오행을 써 넣어라.

木생(　　　), 火생(　　　), 土생(　　　), 金생(　　　), 水생(　　　)
火생(　　　), 土생(　　　), 金생(　　　), 水생(　　　), 木생(　　　)
土생(　　　), 金생(　　　), 水생(　　　), 木생(　　　), 火생(　　　)
金생(　　　), 水생(　　　), 木생(　　　), 火생(　　　), 土생(　　　)
水생(　　　), 木생(　　　), 火생(　　　), 土생(　　　), 金생(　　　)

土생(　　　), 金생(　　　), 水생(　　　), 木생(　　　), 火생(　　　)
火생(　　　), 土생(　　　), 金생(　　　), 水생(　　　), 木생(　　　)
木생(　　　), 火생(　　　), 土생(　　　), 金생(　　　), 水생(　　　)
水생(　　　), 木생(　　　), 火생(　　　), 土생(　　　), 金생(　　　)
金생(　　　), 水생(　　　), 木생(　　　), 火생(　　　), 土생(　　　)

오행간의 상생도 만들기

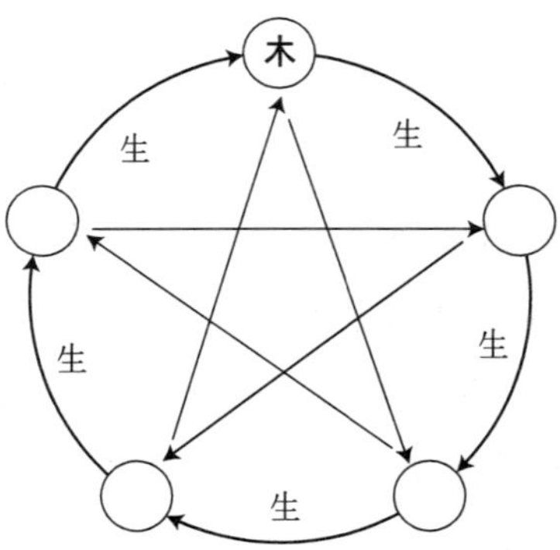

먼저 木생 火라고 소리내어 읽으면서 목(木)을 기준해 시계방향 첫 번째 ◯속에 화(火)라 써 넣는다. 다음에는 화생토(火生土)라 읽으면서 ◯속에 토(土)를 써 넣는다. 다음 토생금(土生金)이라 읽으면서 금(金)을 써넣는다. 같은 방법으로 금생수(金生水)라 써넣고 다시 수생목(水生木)이라 읽고 쓴다. 그러면 ◯속에 5行이 채워진다.

오행의 상생 연습하기(1~20)

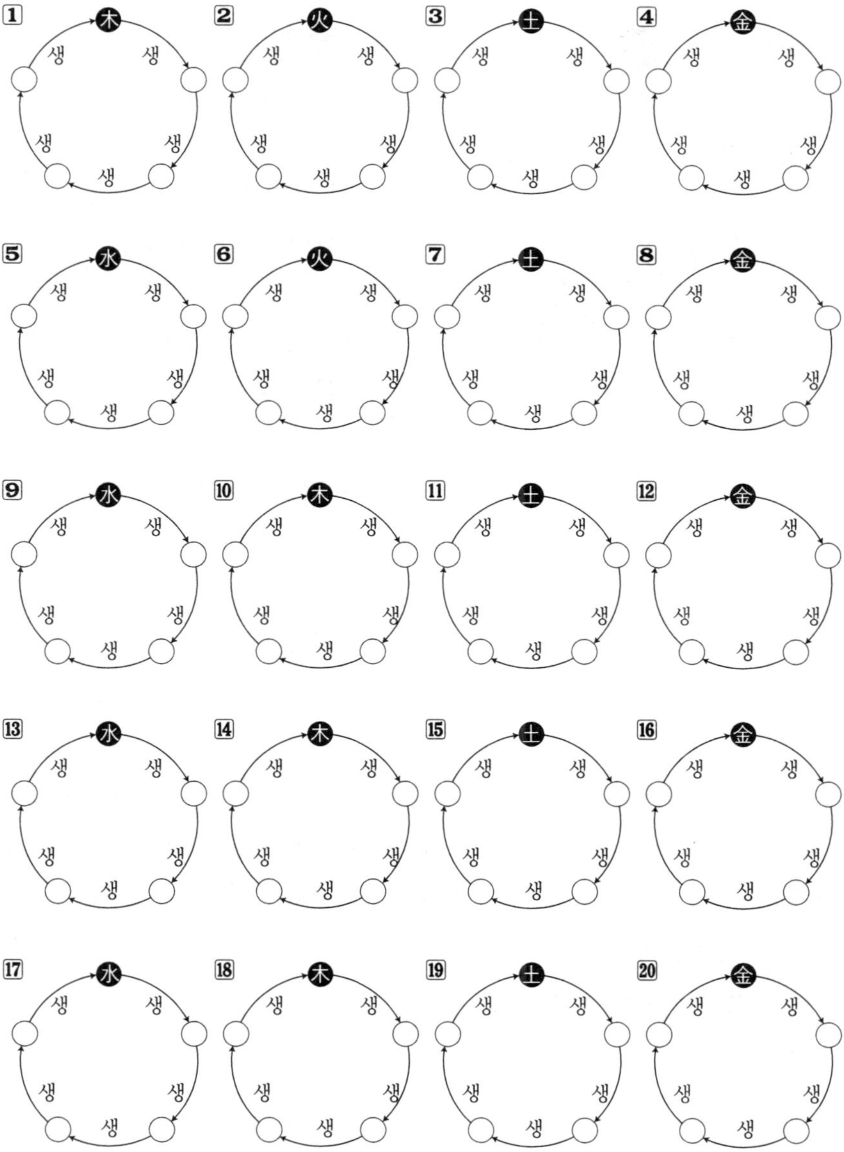

• **오행간의 상극(相克)은 이김(=勝)이다. 견제하는 것이다.**

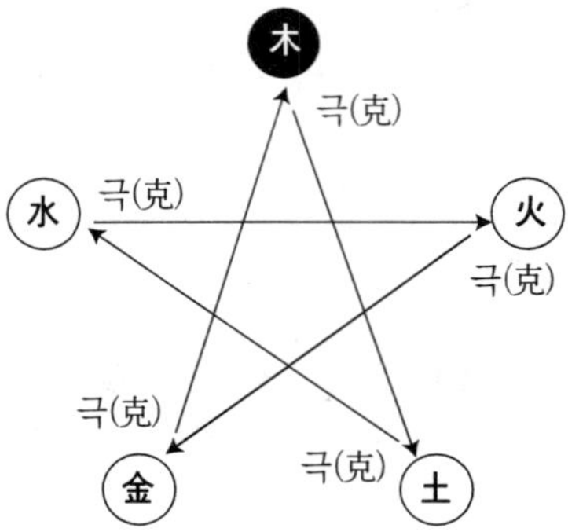

• 목(木)극 토(土)
나무 뿌리가 흙을 괴롭히고,

• 토(土)극 수(水)
흙이 물길을 막고,

• 수(水)극 화(火)
물이 불을 끄고,

• 화(火)극 금(金)
불로 쇠를 녹이며,

• 금(金)극 목(木)
쇠로 나무를 쓰러뜨린다.

상극이란, 싫어하는 오행끼리 만나면 서로 미워하고, 극하고, 이기려고 하는 관계이다. 미움은 표창이다. 내가 미운 이를 찌른 표창이 손잡이 없는 부메랑이 되어 결국은 내게로 날아온다. 돌고돌아 결국은 나도 다친다. 미움은 별처럼 생겼다. 하늘의 별은 아름답지만 미움이란 별은 어디를 만져도 상처만 생긴다.

木극(　　　), 土극(　　　), 水극(　　　), 火극(　　　), 金극(　　　)
火극(　　　), 金극(　　　), 木극(　　　), 土극(　　　), 水극(　　　)
土극(　　　), 水극(　　　), 火극(　　　), 金극(　　　), 木극(　　　)
金극(　　　), 木극(　　　), 土극(　　　), 水극(　　　), 火극(　　　)
水극(　　　), 火극(　　　), 金극(　　　), 木극(　　　), 土극(　　　)

土극(　　　), 水극(　　　), 火극(　　　), 金극(　　　), 木극(　　　)
火극(　　　), 金극(　　　), 木극(　　　), 土극(　　　), 水극(　　　)
木극(　　　), 土극(　　　), 水극(　　　), 火극(　　　), 金극(　　　)
金극(　　　), 木극(　　　), 土극(　　　), 水극(　　　), 火극(　　　)
水극(　　　), 火극(　　　), 金극(　　　), 木극(　　　), 土극(　　　)

오행의 상극도 만들기

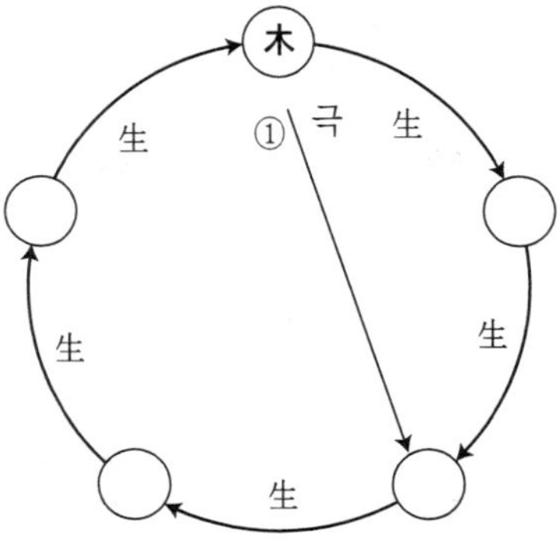

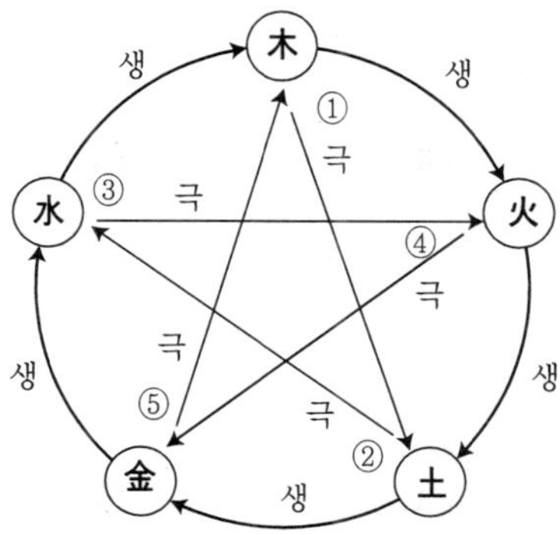

먼저, 木극 土라 읽으면서 ①처럼 화살표를 긋는다. 다음은 土극 水하면서 ①과 같은 요령으로 표시한다. 다음은 水극 火, 火극 金, 金극 木 순으로 화살표를 그으면 아래 그림과 같이 된다. ①~⑤까지의 화살표가 생긴다.

오행의 상극 연습하기(1~20)

1
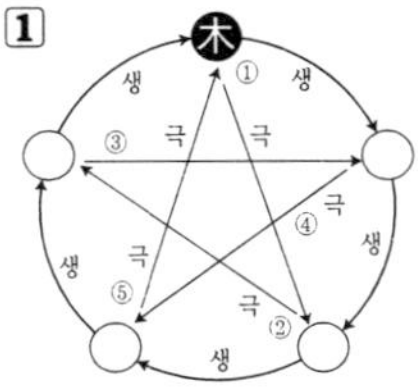

2
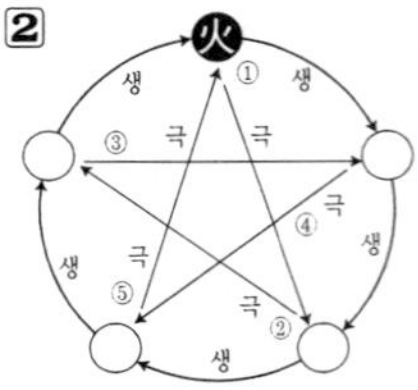

3
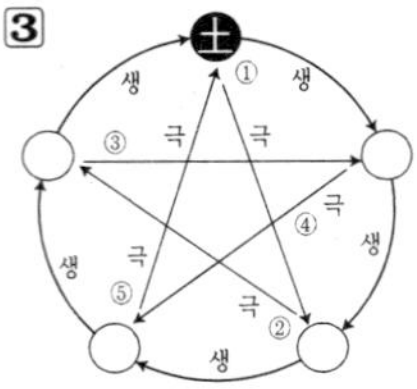

4
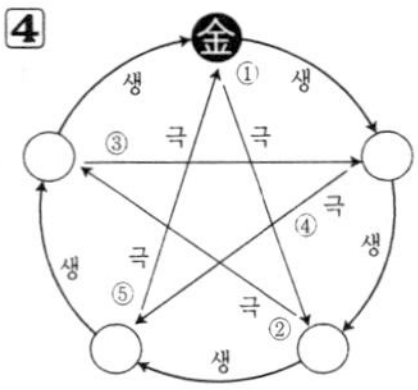

5
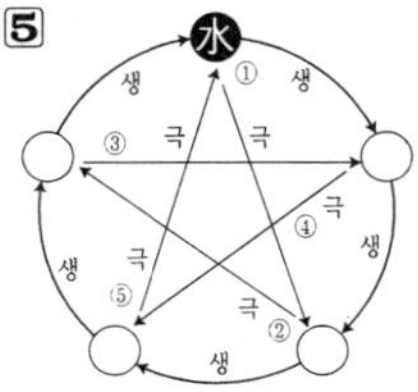

6
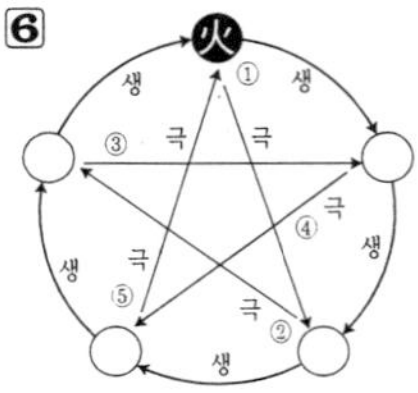

7
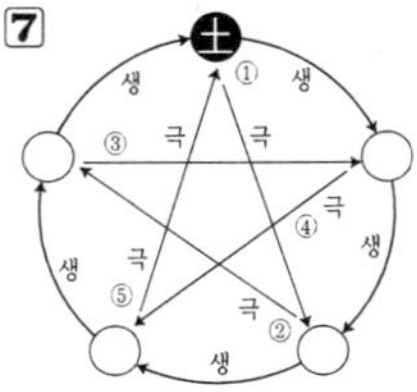

8
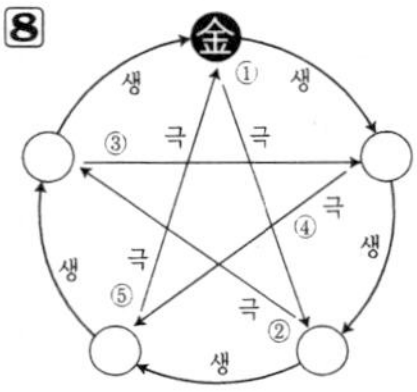

9
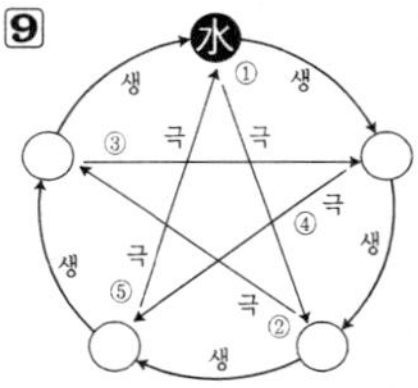

10
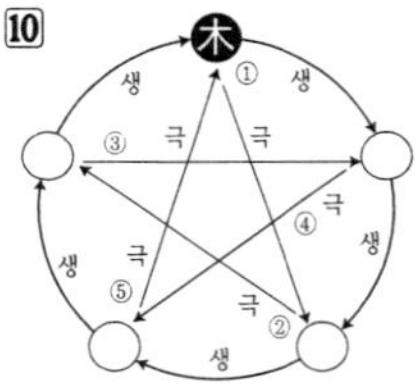

11
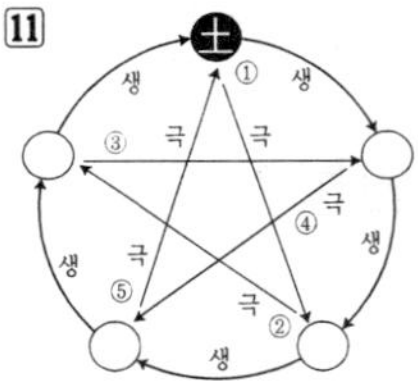

12
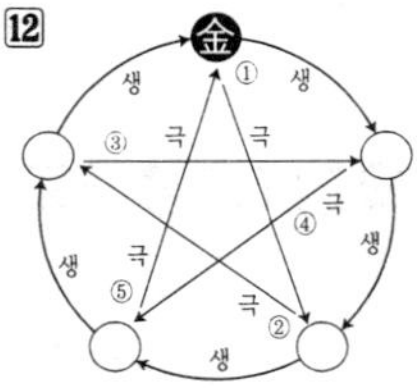

13
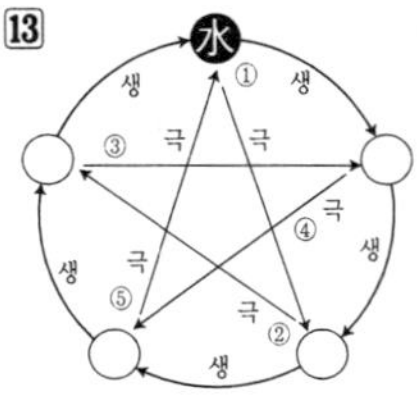

14
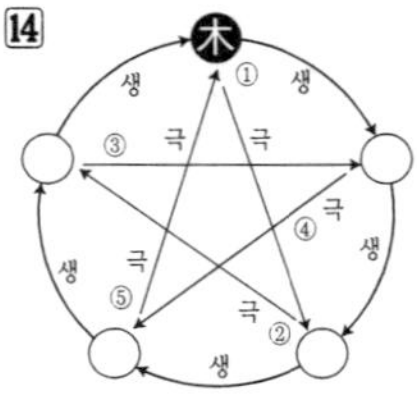

15
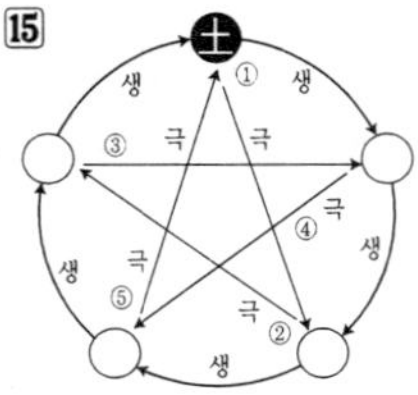

16

17
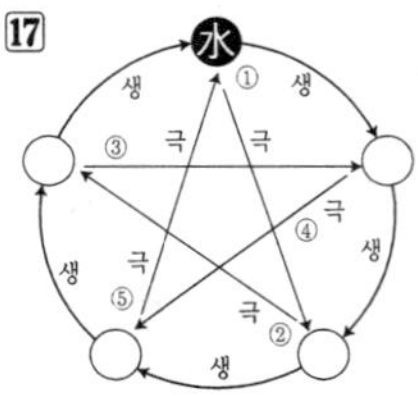

18

19
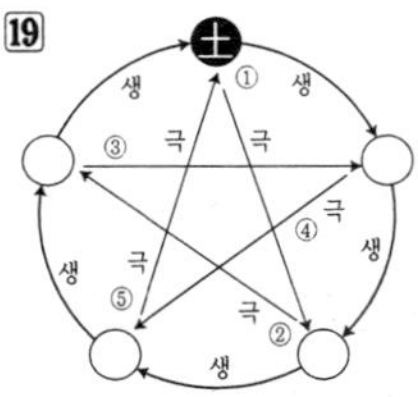

20
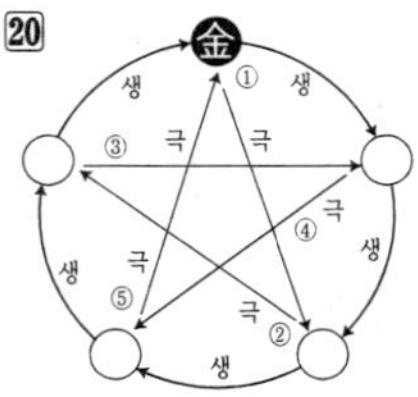

도움말 먼저 상생도를 완성한 후 화살표로 극(克)하는 오행을 표시하라.

모범 답안

1

2

3

4

5

6

7

8

9

10

11

12

13

14

15

16

17

18

19

20

오행의 또다른 이름

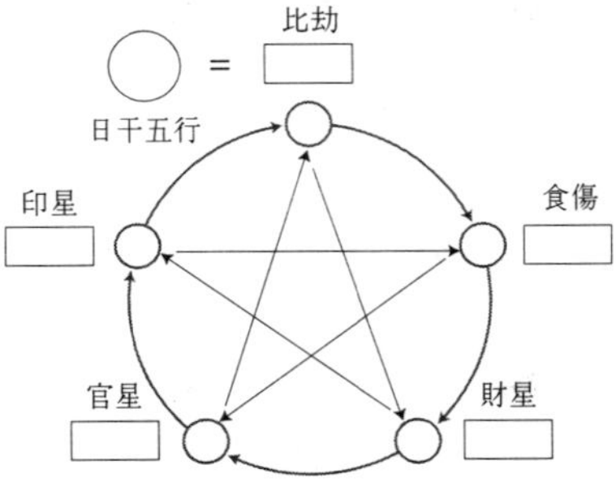

1. 나(=日干五行)와 같은 오행의 대명사는 비·겁(比·劫)
2. 내(=日干五行)가 생하는 오행의 대명사는 식·상(食·傷)
3. 내(=日干五行)가 극하는 오행의 대명사는 재성(財星)
4. 나(=日干五行)를 극하는 오행의 대명사는 관성(官星)
5. 나(=日干五行)를 생하는 오행의 대명사는 인성(印星)

연습해 보기

1. 나와 같은 오행의 대명사는 ( )
2. 내가 생하는 오행의 대명사는 ( )
3. 내가 극하는 오행의 대명사는 ( )
4. 나를 극하는 오행의 대명사는 ( )
5. 나를 생하는 오행의 대명사는 ( )

1. 나와 같은 오행의 대명사는 ( )
2. 내가 생하는 오행의 대명사는 ( )
3. 내가 극하는 오행의 대명사는 ( )
4. 나를 극하는 오행의 대명사는 ( )
5. 나를 생하는 오행의 대명사는 ( )

1. 나와　같은 오행의 대명사는 (　　　　　)
2. 내가 생하는 오행의 대명사는 (　　　　　)
3. 내가 극하는 오행의 대명사는 (　　　　　)
4. 나를 극하는 오행의 대명사는 (　　　　　)
5. 나를 생하는 오행의 대명사는 (　　　　　)

1. 나와　같은 오행의 대명사는 (　　　　　)
2. 내가 생하는 오행의 대명사는 (　　　　　)
3. 내가 극하는 오행의 대명사는 (　　　　　)
4. 나를 극하는 오행의 대명사는 (　　　　　)
5. 나를 생하는 오행의 대명사는 (　　　　　)

1. 나와　같은 오행의 대명사는 (　　　　　)
2. 내가 생하는 오행의 대명사는 (　　　　　)
3. 내가 극하는 오행의 대명사는 (　　　　　)
4. 나를 극하는 오행의 대명사는 (　　　　　)
5. 나를 생하는 오행의 대명사는 (　　　　　)

1. 나와　같은 오행의 대명사는 (　　　　　)
2. 내가 생하는 오행의 대명사는 (　　　　　)
3. 내가 극하는 오행의 대명사는 (　　　　　)
4. 나를 극하는 오행의 대명사는 (　　　　　)
5. 나를 생하는 오행의 대명사는 (　　　　　)

10天干(=10干)

1	2	3	4	5	6	7	8	9	10
甲木	乙木	丙火	丁火	戊土	己土	庚金	辛金	壬水	癸水

바로(1~10)외우기

甲돌이가 乙지로에서 丙丁들 戊己를 빼앗고 庚찰에 辛고하더니 壬癸하더라.

1. (　　) – (　　) – (　　)(　　) – (　　)(　　) – (　　) – (　　) – (　　)(　　).
2. (　　) – (　　) – (　　)(　　) – (　　)(　　) – (　　) – (　　) – (　　)(　　).
3. (　　) – (　　) – (　　)(　　) – (　　)(　　) – (　　) – (　　) – (　　)(　　).
4. (　　) – (　　) – (　　)(　　) – (　　)(　　) – (　　) – (　　) – (　　)(　　).
5. (　　) – (　　) – (　　)(　　) – (　　)(　　) – (　　) – (　　) – (　　)(　　).
6. (　　) – (　　) – (　　)(　　) – (　　)(　　) – (　　) – (　　) – (　　)(　　).
7. (　　) – (　　) – (　　)(　　) – (　　)(　　) – (　　) – (　　) – (　　)(　　).
8. (　　) – (　　) – (　　)(　　) – (　　)(　　) – (　　) – (　　) – (　　)(　　).
9. (　　) – (　　) – (　　)(　　) – (　　)(　　) – (　　) – (　　) – (　　)(　　).
10. (　　) – (　　) – (　　)(　　) – (　　)(　　) – (　　) – (　　) – (　　)(　　).

거꾸로(10~1)외우기

癸(개)가 壬辛하면 庚己는 없을 戊, 丁성으로 丙乙 치료하면 甲자기 낫는다.

1. (　　) – (　　)(　　) – (　　)(　　) – (　　), (　　) – (　　)(　　) – (　　).
2. (　　) – (　　)(　　) – (　　)(　　) – (　　), (　　) – (　　)(　　) – (　　).
3. (　　) – (　　)(　　) – (　　)(　　) – (　　), (　　) – (　　)(　　) – (　　).
4. (　　) – (　　)(　　) – (　　)(　　) – (　　), (　　) – (　　)(　　) – (　　).
5. (　　) – (　　)(　　) – (　　)(　　) – (　　), (　　) – (　　)(　　) – (　　).
6. (　　) – (　　)(　　) – (　　)(　　) – (　　), (　　) – (　　)(　　) – (　　).
7. (　　) – (　　)(　　) – (　　)(　　) – (　　), (　　) – (　　)(　　) – (　　).
8. (　　) – (　　)(　　) – (　　)(　　) – (　　), (　　) – (　　)(　　) – (　　).
9. (　　) – (　　)(　　) – (　　)(　　) – (　　), (　　) – (　　)(　　) – (　　).
10. (　　) – (　　)(　　) – (　　)(　　) – (　　), (　　) – (　　)(　　) – (　　).

10天干(=10干)

1	2	3	4	5	6	7	8	9	10
甲木	乙木	丙火	丁火	戊土	己土	庚金	辛金	壬水	癸水

바로(1~10)외우기

甲돌이가 乙지로에서 丙丁들 戊己를 빼앗고 庚찰에 辛고하더니 壬癸하더라.

1. (　)－(　)－(　)(　)－(　)(　)－(　)－(　)－(　)(　).
2. (　)－(　)－(　)(　)－(　)(　)－(　)－(　)－(　)(　).
3. (　)－(　)－(　)(　)－(　)(　)－(　)－(　)－(　)(　).
4. (　)－(　)－(　)(　)－(　)(　)－(　)－(　)－(　)(　).
5. (　)－(　)－(　)(　)－(　)(　)－(　)－(　)－(　)(　).
6. (　)－(　)－(　)(　)－(　)(　)－(　)－(　)－(　)(　).
7. (　)－(　)－(　)(　)－(　)(　)－(　)－(　)－(　)(　).
8. (　)－(　)－(　)(　)－(　)(　)－(　)－(　)－(　)(　).
9. (　)－(　)－(　)(　)－(　)(　)－(　)－(　)－(　)(　).
10. (　)－(　)－(　)(　)－(　)(　)－(　)－(　)－(　)(　).

거꾸로(10~1)외우기

癸(개)가 壬辛하면 庚己는 없을 戊, 丁성으로 丙乙 치료하면 甲자기 낫는다.

1. (　)－(　)(　)－(　)(　)－(　), (　)－(　)(　)－(　).
2. (　)－(　)(　)－(　)(　)－(　), (　)－(　)(　)－(　).
3. (　)－(　)(　)－(　)(　)－(　), (　)－(　)(　)－(　).
4. (　)－(　)(　)－(　)(　)－(　), (　)－(　)(　)－(　).
5. (　)－(　)(　)－(　)(　)－(　), (　)－(　)(　)－(　).
6. (　)－(　)(　)－(　)(　)－(　), (　)－(　)(　)－(　).
7. (　)－(　)(　)－(　)(　)－(　), (　)－(　)(　)－(　).
8. (　)－(　)(　)－(　)(　)－(　), (　)－(　)(　)－(　).
9. (　)－(　)(　)－(　)(　)－(　), (　)－(　)(　)－(　).
10. (　)－(　)(　)－(　)(　)－(　), (　)－(　)(　)－(　).

10天干(=10干)

1	2	3	4	5	6	7	8	9	10
甲木	乙木	丙火	丁火	戊土	己土	庚金	辛金	壬水	癸水

바로(1~10)외우기

甲돌이가 乙지로에서 丙丁들 戊己를 빼앗고 庚찰에 辛고하더니 壬癸하더라.

1. (　)－(　)－(　)(　)－(　)(　)－(　)－(　)－(　)(　).
2. (　)－(　)－(　)(　)－(　)(　)－(　)－(　)－(　)(　).
3. (　)－(　)－(　)(　)－(　)(　)－(　)－(　)－(　)(　).
4. (　)－(　)－(　)(　)－(　)(　)－(　)－(　)－(　)(　).
5. (　)－(　)－(　)(　)－(　)(　)－(　)－(　)－(　)(　).
6. (　)－(　)－(　)(　)－(　)(　)－(　)－(　)－(　)(　).
7. (　)－(　)－(　)(　)－(　)(　)－(　)－(　)－(　)(　).
8. (　)－(　)－(　)(　)－(　)(　)－(　)－(　)－(　)(　).
9. (　)－(　)－(　)(　)－(　)(　)－(　)－(　)－(　)(　).
10. (　)－(　)－(　)(　)－(　)(　)－(　)－(　)－(　)(　).

거꾸로(10~1)외우기

癸(개)가 壬辛하면 庚己는 없을 戊, 丁성으로 丙乙 치료하면 甲자기 낫는다.

1. (　)－(　)(　)－(　)(　)－(　), (　)－(　)(　)－(　).
2. (　)－(　)(　)－(　)(　)－(　), (　)－(　)(　)－(　).
3. (　)－(　)(　)－(　)(　)－(　), (　)－(　)(　)－(　).
4. (　)－(　)(　)－(　)(　)－(　), (　)－(　)(　)－(　).
5. (　)－(　)(　)－(　)(　)－(　), (　)－(　)(　)－(　).
6. (　)－(　)(　)－(　)(　)－(　), (　)－(　)(　)－(　).
7. (　)－(　)(　)－(　)(　)－(　), (　)－(　)(　)－(　).
8. (　)－(　)(　)－(　)(　)－(　), (　)－(　)(　)－(　).
9. (　)－(　)(　)－(　)(　)－(　), (　)－(　)(　)－(　).
10. (　)－(　)(　)－(　)(　)－(　), (　)－(　)(　)－(　).

十天干(십천간)과 오행 함께 써보기

甲木	乙木	丙火	丁火	戊土	己土	庚金	辛金	壬水	癸水
갑木	을木	병火	정火	무土	기土	경金	신金	임水	계水

十天干(십천간)과 오행 함께 써보기

甲木	乙木	丙火	丁火	戊土	己土	庚金	辛金	壬水	癸水
갑木	을木	병火	정火	무土	기土	경金	신金	임水	계水

손가락마디로 짚어보는 10天干(=干) 순서

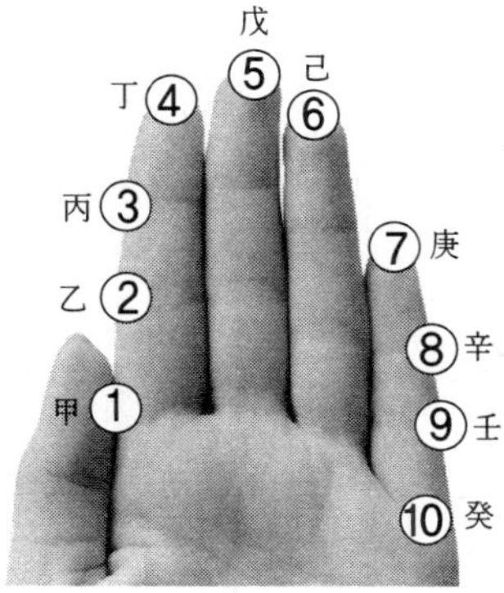

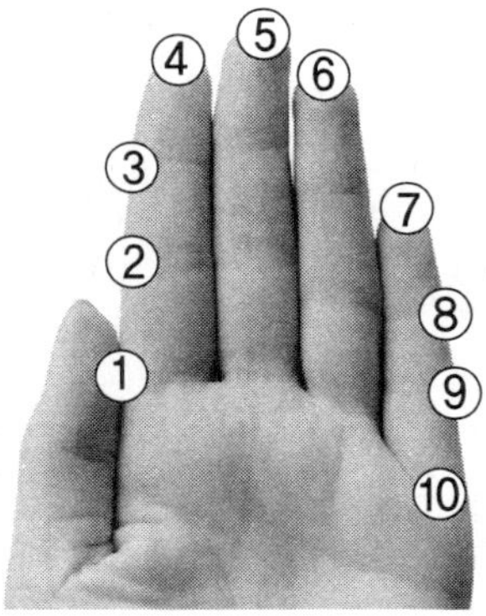

• 손가락 마디를 짚으면서 순서(1~10)대로 짚으면서 숙달연습하기.

• 손가락 마디를 짚으면서 거꾸로(10~1) 짚으면서 숙달연습하기.

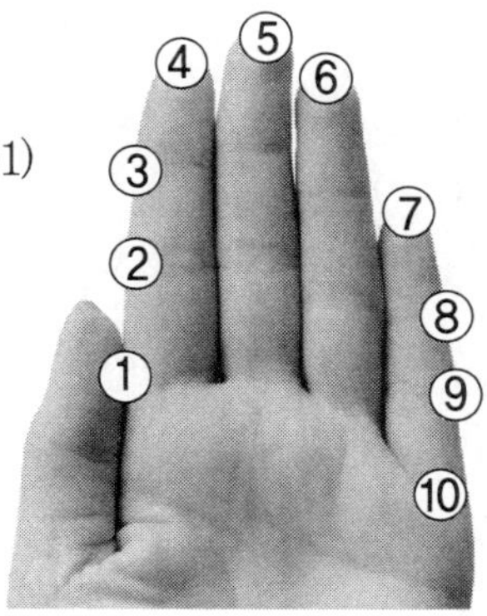

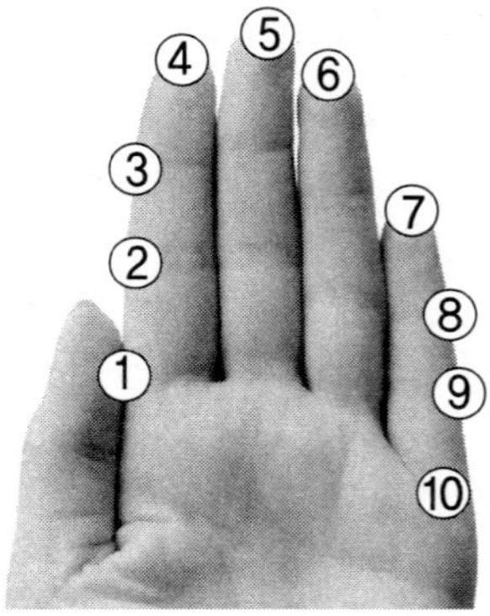

• 왼쪽 손가락 마디의 순서를 보면서 10 干을 순서(1~10)대로 숙달연습하기.

바로(1~10)외우기

甲돌이가 乙지로에서 丙丁의 戊己를 빼앗고 庚찰에 辛고하더니 壬癸하더라.

1. (　) – (　) – (　)(　) – (　)(　) – (　) – (　) – (　)(　).
2. (　) – (　) – (　)(　) – (　)(　) – (　) – (　) – (　)(　).
3. (　) – (　) – (　)(　) – (　)(　) – (　) – (　) – (　)(　).
4. (　) – (　) – (　)(　) – (　)(　) – (　) – (　) – (　)(　).
5. (　) – (　) – (　)(　) – (　)(　) – (　) – (　) – (　)(　).
6. (　) – (　) – (　)(　) – (　)(　) – (　) – (　) – (　)(　).
7. (　) – (　) – (　)(　) – (　)(　) – (　) – (　) – (　)(　).
8. (　) – (　) – (　)(　) – (　)(　) – (　) – (　) – (　)(　).
9. (　) – (　) – (　)(　) – (　)(　) – (　) – (　) – (　)(　).
10. (　) – (　) – (　)(　) – (　)(　) – (　) – (　) – (　)(　).

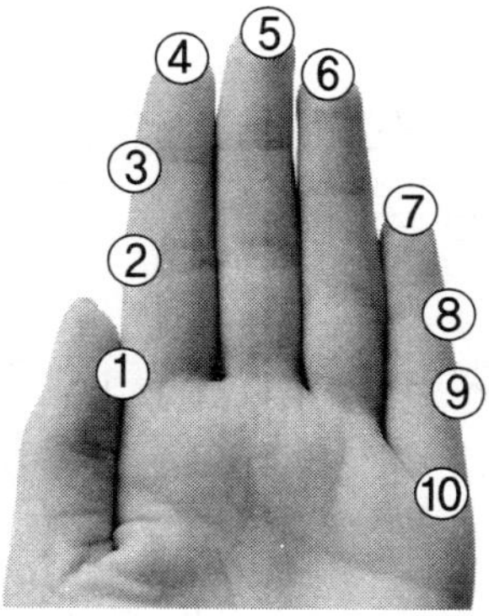

• 왼쪽 손가락 마디의 순서를 보면서 10干을 거꾸로(10~1)대로 숙달연습하기.

거꾸로(10~1)외우기

癸(개)가 壬辛하면 庚己는 없을 戊, 丁성으로 丙乙 치료하면 甲자기 낫는다.

1. ( ) - ( )( ) - ( )( ) - ( ), ( ) - ( )( ) - ( ).
2. ( ) - ( )( ) - ( )( ) - ( ), ( ) - ( )( ) - ( ).
3. ( ) - ( )( ) - ( )( ) - ( ), ( ) - ( )( ) - ( ).
4. ( ) - ( )( ) - ( )( ) - ( ), ( ) - ( )( ) - ( ).
5. ( ) - ( )( ) - ( )( ) - ( ), ( ) - ( )( ) - ( ).
6. ( ) - ( )( ) - ( )( ) - ( ), ( ) - ( )( ) - ( ).
7. ( ) - ( )( ) - ( )( ) - ( ), ( ) - ( )( ) - ( ).
8. ( ) - ( )( ) - ( )( ) - ( ), ( ) - ( )( ) - ( ).
9. ( ) - ( )( ) - ( )( ) - ( ), ( ) - ( )( ) - ( ).
10. ( ) - ( )( ) - ( )( ) - ( ), ( ) - ( )( ) - ( ).

12地支(=12支)

1	2	3	4	5	6	7	8	9	10	11	12
寅木	卯木	辰土	巳火	午火	未土	申金	酉金	戌土	亥水	子水	丑土

바로(1~12)외우기

寅순이 卯자, 辰한 巳랑 午!~솔래未여, 申나는 酉행가 戌먹고 亥롱대, 子丑 파티 열렸네.

1. ( ) – ( ), ( ) – ( ), ( ) – ( ), ( ) – ( ), ( ) – ( ) ( )( ).
2. ( ) – ( ), ( ) – ( ), ( ) – ( ), ( ) – ( ), ( ) – ( ) ( )( ).
3. ( ) – ( ), ( ) – ( ), ( ) – ( ), ( ) – ( ), ( ) – ( ) ( )( ).
4. ( ) – ( ), ( ) – ( ), ( ) – ( ), ( ) – ( ), ( ) – ( ) ( )( ).
5. ( ) – ( ), ( ) – ( ), ( ) – ( ), ( ) – ( ), ( ) – ( ) ( )( ).
6. ( ) – ( ), ( ) – ( ), ( ) – ( ), ( ) – ( ), ( ) – ( ) ( )( ).
7. ( ) – ( ), ( ) – ( ), ( ) – ( ), ( ) – ( ), ( ) – ( ) ( )( ).
8. ( ) – ( ), ( ) – ( ), ( ) – ( ), ( ) – ( ), ( ) – ( ) ( )( ).
9. ( ) – ( ), ( ) – ( ), ( ) – ( ), ( ) – ( ), ( ) – ( ) ( )( ).
10. ( ) – ( ), ( ) – ( ), ( ) – ( ), ( ) – ( ), ( ) – ( ) ( )( ).

거꾸로(12~1)외우기

丑(죽)子, 亥장戌. 酉申 未午(워)라. 巳辰 속, 卯한 寅연.

1. ( )( ), ( ) – ( ), ( ) ( ), ( )( ) – ( )( ),( ) – ( ).
2. ( )( ), ( ) – ( ), ( ) ( ), ( )( ) – ( )( ),( ) – ( ).
3. ( )( ), ( ) – ( ), ( ) ( ), ( )( ) – ( )( ),( ) – ( ).
4. ( )( ), ( ) – ( ), ( ) ( ), ( )( ) – ( )( ),( ) – ( ).
5. ( )( ), ( ) – ( ), ( ) ( ), ( )( ) – ( )( ),( ) – ( ).
6. ( )( ), ( ) – ( ), ( ) ( ), ( )( ) – ( )( ),( ) – ( ).
7. ( )( ), ( ) – ( ), ( ) ( ), ( )( ) – ( )( ),( ) – ( ).
8. ( )( ), ( ) – ( ), ( ) ( ), ( )( ) – ( )( ),( ) – ( ).
9. ( )( ), ( ) – ( ), ( ) ( ), ( )( ) – ( )( ),( ) – ( ).
10. ( )( ), ( ) – ( ), ( ) ( ), ( )( ) – ( )( ),( ) – ( ).

12地支(=12支)

1	2	3	4	5	6	7	8	9	10	11	12
寅木	卯木	辰土	巳火	午火	未土	申金	酉金	戌土	亥水	子水	丑土

바로(1~12)외우기

寅순이 卯자, 辰한 巳랑 午!~솔래未여, 申나는 酉행가 戌먹고 亥롱대, 子丑 파티 열렸네.

1. ( )－( ), ( )－( ), ( )－( ), ( )－( ), ( )－( ), ( )( ).
2. ( )－( ), ( )－( ), ( )－( ), ( )－( ), ( )－( ), ( )( ).
3. ( )－( ), ( )－( ), ( )－( ), ( )－( ), ( )－( ), ( )( ).
4. ( )－( ), ( )－( ), ( )－( ), ( )－( ), ( )－( ), ( )( ).
5. ( )－( ), ( )－( ), ( )－( ), ( )－( ), ( )－( ), ( )( ).
6. ( )－( ), ( )－( ), ( )－( ), ( )－( ), ( )－( ), ( )( ).
7. ( )－( ), ( )－( ), ( )－( ), ( )－( ), ( )－( ), ( )( ).
8. ( )－( ), ( )－( ), ( )－( ), ( )－( ), ( )－( ), ( )( ).
9. ( )－( ), ( )－( ), ( )－( ), ( )－( ), ( )－( ), ( )( ).
10. ( )－( ), ( )－( ), ( )－( ), ( )－( ), ( )－( ), ( )( ).

거꾸로(12~1)외우기

丑(죽)子, 亥장戌. 酉申 未午(워)라. 巳辰 속, 卯한 寅연.

1. ( )( ), ( )－( ), ( )( ), ( )( )－( )( ),( )－( ).
2. ( )( ), ( )－( ), ( )( ), ( )( )－( )( ),( )－( ).
3. ( )( ), ( )－( ), ( )( ), ( )( )－( )( ),( )－( ).
4. ( )( ), ( )－( ), ( )( ), ( )( )－( )( ),( )－( ).
5. ( )( ), ( )－( ), ( )( ), ( )( )－( )( ),( )－( ).
6. ( )( ), ( )－( ), ( )( ), ( )( )－( )( ),( )－( ).
7. ( )( ), ( )－( ), ( )( ), ( )( )－( )( ),( )－( ).
8. ( )( ), ( )－( ), ( )( ), ( )( )－( )( ),( )－( ).
9. ( )( ), ( )－( ), ( )( ), ( )( )－( )( ),( )－( ).
10. ( )( ), ( )－( ), ( )( ), ( )( )－( )( ),( )－( ).

十二地支(십이지지)와 오행 함께 써보기

寅木	卯木	辰土	巳火	午火	未土	申金	酉金	戌土	亥水	子水	丑土
인木	묘木	진土	사火	오火	미土	신金	유金	술土	해水	자水	축土

十二地支(십이지지)와 오행 함께 써보기

寅木	卯木	辰土	巳火	午火	未土	申金	酉金	戌土	亥水	子水	丑土
인木	묘木	진土	사火	오火	미土	신金	유金	술土	해水	자水	축土

손가락마디로 짚어보는 12地支(=12支) 순서

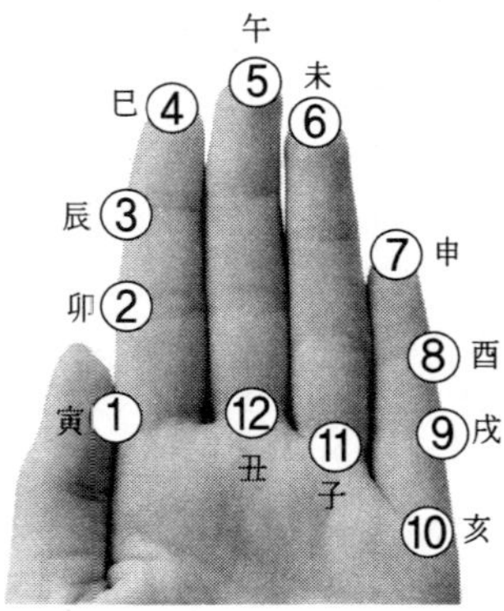

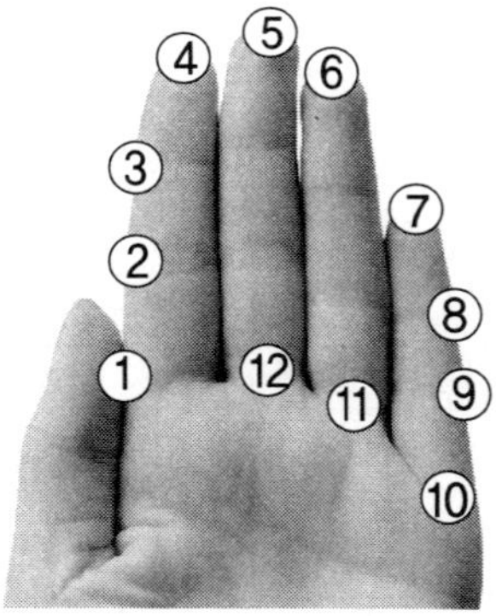

• 손가락 마디를 짚으면서 순서(1~12)대로 짚어 보면서 숙달연습하기.

• 손가락 마디를 짚으면서 거꾸로(12~1)대로 짚어 보면서 숙달연습하기.

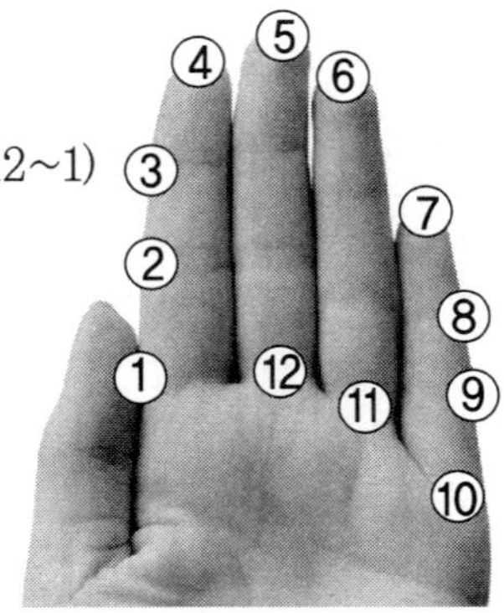

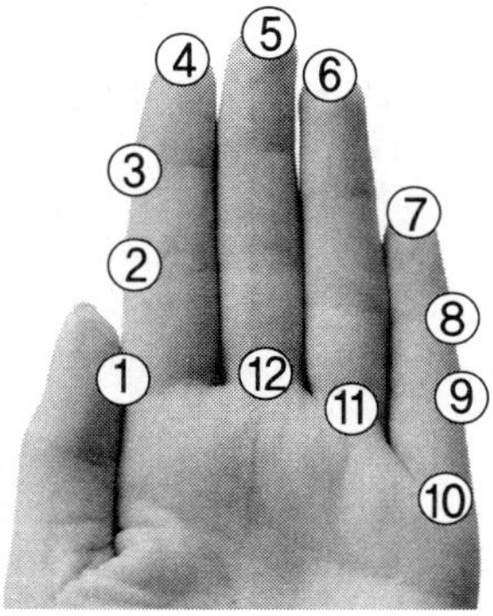

• 왼쪽 손가락 마디의 순서를 보면서 12支를 순서(1~12)대로 숙달연습하기.

바로(1~12)외우기

寅순이 卯자, 辰한 巳랑 午!~솔래未여, 申나는 酉행가 戌먹고 亥롱대, 子丑 파티 열렸네.

1. (　) – (　), (　) – (　), (　) – (　), (　) – (　), (　) – (　), (　)(　).
2. (　) – (　), (　) – (　), (　) – (　), (　) – (　), (　) – (　), (　)(　).
3. (　) – (　), (　) – (　), (　) – (　), (　) – (　), (　) – (　), (　)(　).
4. (　) – (　), (　) – (　), (　) – (　), (　) – (　), (　) – (　), (　)(　).
5. (　) – (　), (　) – (　), (　) – (　), (　) – (　), (　) – (　), (　)(　).
6. (　) – (　), (　) – (　), (　) – (　), (　) – (　), (　) – (　), (　)(　).
7. (　) – (　), (　) – (　), (　) – (　), (　) – (　), (　) – (　), (　)(　).
8. (　) – (　), (　) – (　), (　) – (　), (　) – (　), (　) – (　), (　)(　).
9. (　) – (　), (　) – (　), (　) – (　), (　) – (　), (　) – (　), (　)(　).
10. (　) – (　), (　) – (　), (　) – (　), (　) – (　), (　) – (　), (　)(　).

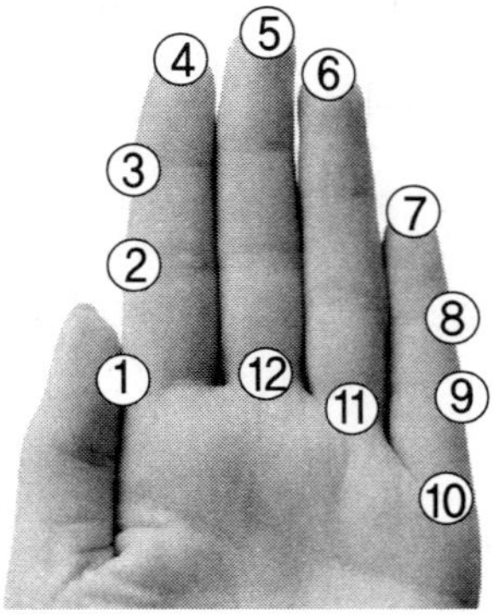

• 왼쪽 손가락 마디의 순서를 보면서 12支를 거꾸로(12~1) 숙달연습하기.

거꾸로(1~12)외우기

丑(축)子, 亥장戌. 酉申 未午(워)라. 巳辰 속, 卯한 寅연.

1. ( )( ), ( )－( ), ( )( ), ( )( ), ( )( )( )－( ).
2. ( )( ), ( )－( ), ( )( ), ( )( ), ( )( )( )－( ).
3. ( )( ), ( )－( ), ( )( ), ( )( ), ( )( )( )－( ).
4. ( )( ), ( )－( ), ( )( ), ( )( ), ( )( )( )－( ).
5. ( )( ), ( )－( ), ( )( ), ( )( ), ( )( )( )－( ).
6. ( )( ), ( )－( ), ( )( ), ( )( ), ( )( )( )－( ).
7. ( )( ), ( )－( ), ( )( ), ( )( ), ( )( )( )－( ).
8. ( )( ), ( )－( ), ( )( ), ( )( ), ( )( )( )－( ).
9. ( )( ), ( )－( ), ( )( ), ( )( ), ( )( )( )－( ).
10. ( )( ), ( )－( ), ( )( ), ( )( ), ( )( )( )－( ).

10天干·12地支의 부부오행·형제오행

• 10天干

부부오행 : ① 甲己(=木+土) ② 乙庚(=木+金) ③ 丙辛(=火+金)
④ 丁壬(=火+金) ⑤ 戊癸(=土+水)

형제오행 : ① 甲乙(=木+木) ② 丙丁(=火+火) ③ 戊己(=土+土)
④ 庚辛(=金+金) ⑤ 壬癸(=水+水)

• 12地支

부부오행 : ① 子午(=水+火) ② 丑未(=土+土) ③ 寅申(=木+金)
④ 卯酉(=木+金) ⑤ 辰戌(=土+土) ⑥ 巳亥(=火+亥)

형제오행 : ① 寅卯(=木+木) ② 巳午(=火+火)
③ 辰戌丑未(=土+土) ④ 申酉(=金+金)
⑤ 亥子(=水+水)

참 고

火(巳午)와 **水**(亥子)의 음양은 十神(=六神)으로 분류 때는 음양이 반대로 바뀐다.

예) 음巳火 → 양巳火 양午火 → 음午火
음亥水 → 양亥水 양子水 → 음子水

60갑자표(六十甲子表)

1	갑자甲子	11	갑술甲戌	21	갑신甲申	31	갑오甲午	41	갑진甲辰	51	갑인甲寅
2	을축乙丑	12	을해乙亥	22	을유乙酉	32	을미乙未	42	을사乙巳	52	을묘乙卯
3	병인丙寅	13	병자丙子	23	병술丙戌	33	병신丙申	43	병오丙午	53	병진丙辰
4	정묘丁卯	14	정축丁丑	24	정해丁亥	34	정유丁酉	44	정미丁未	54	정사丁巳
5	무진戊辰	15	무인戊寅	25	무자戊子	35	무술戊戌	45	무신戊申	55	무오戊午
6	기사己巳	16	기묘己卯	26	기축己丑	36	기해己亥	46	기유己酉	56	기미己未
7	경오庚午	17	경진庚辰	27	경인庚寅	37	경자庚子	47	경술庚戌	57	경신庚申
8	신미辛未	18	신사辛巳	28	신묘辛卯	38	신축辛丑	48	신해辛亥	58	신유辛酉
9	임신壬申	19	임오壬午	29	임진壬辰	39	임인壬寅	49	임자壬子	59	임술壬戌
10	계유癸酉	20	계미癸未	30	계사癸巳	40	계묘癸卯	50	계축癸丑	60	계해癸亥

※ 숫자는 60갑자 중 첫 번째 시작인 갑자로부터 해서 2번 을축, 3번 병인,… 순서로 60번째 즉 마지막인 계해까지의 순서이다.

[四柱의 構成]

年 柱	① 年干	② 年支
月 柱	③ 月干	④ 月支
日 柱	⑤ 日干	⑥ 日支
時 柱	⑦ 時干	⑧ 時支

[예 1]

년 주	① 을	② 유
월 주	③ 갑	④ 신
일 주	⑤ 기	⑥ 유
시 주	⑦ 병	⑧ 술

(예 1)의 사주 중 일주(日柱)의 ⑤와 ⑥의 글자가 위 60갑자표(日柱六十甲子表)중에서 몇 번째인가를 찾아서 번호를 안 다음 해당되는 번호를 찾아서 보면 된다.

1. 60甲子의 순서를 쉽게 찾는 법

60甲子의 글자가

- 갑(甲)으로 시작되면 1자가 들어가는 번호에서 찾는다.
  ① 1, 11,121, 31, 41, 51번 중에 있다.
  ② 예를 들어서 갑자라면 1번, 갑술이라면 11번, 갑신은 21번, 갑오는 31번, 갑인은 51번이다.
- 을(乙)로 시작되면 2, 12, 22, 32, 42, 52번 중에서 찾는다.
- 병(丙)으로 시작되면 3, 13, 23, 33, 43, 53번 중에서 찾는다.
- 정(丁)으로 시작되면 4, 14, 24, 34, 44, 54번 중에서 찾는다.
- 무(戊)로 시작되면 5, 15, 25, 35, 45, 55번 중에서 찾는다.
- 기(己)로 시작되면 6, 16, 26, 36, 46, 56번 중에서 찾는다.
- 경(경)으로 시작되면 7, 17, 27, 37, 47, 57번 중에서 찾는다.
- 신(辛)으로 시작되면 8, 18, 28, 38, 48, 58번 중에서 찾는다.
- 임(壬)으로 시작되면 9, 19, 29, 39, 49, 59번 중에서 찾는다.
- 계(癸)로 시작되면 10, 20, 30, 40, 50, 60번 중에서 찾는다.

2. 60甲子 연상법(聯想法)으로 외우기

역학을 가르치는 선생들은 60갑자는 순서대로 또는 역순으로 외워야만 한다고들 하지만 내가보기에는 꼭 외울 필요는 없다. 옛날에는 60갑자를 외우는 사람이라고 모두 역술인만은 아니었다. 양반들에게는 필수적인 암기과목이었다. 왜냐하면 그 당시는 연, 월, 일, 시를 60갑자로 표시했기 때문이다. 그런 시대에서도 60갑자를 하루만에 외우면 천재라고 했다. 보통은 몇개 월이 걸렸다. 그런데 지금처럼 바쁘게 사는 세상에 별 쓸모도 없는 60갑자 외우려고 몇개 월씩 시간을 낭비할 필요가 있겠는가?

상담하는 데는 앞에서 외운, 10천간과 12지지를 바르게, 거꾸로만 짚을 수만 있으면 아무 문제될 것이 없다. 다만 여유가 있을 때, 옛 사람들이 몇 달 걸려서 겨우 외웠다는 60갑자를 '60갑자 외우기'의 기억술로 기억하면 30분~1시간이면 충분히 기억할 수 있으니 심심할 때 외워보는 여유를 즐겨 보기 바란다.

〈준비〉

첫째, 60甲子를 10개씩으로 나누면 6개의 章(장)이 되는데

- 1~9번 까지의 장을 영(=0)의 장이라 해서 영화촬영장을 연상(聯想)시킨다.
- 10~19번 까지의 장은 십(=10)의 장이라 해서 십자가(=10)가 있는 교회를 연상한다.
- 20~29번 까지의 장은 이십(=20)의 장이라 해서 이(=2)순신장군을 연상한다.
- 30~39번 까지의 장은 삽십(=30)의 장이라 해서 삼(=3)팔선을 연상한다.
- 40~49번 까지의 장은, 사십(=40)의 장이라 해서 사막을 연상한다.
- 50~59번 까지의 장은, 오십(=50)의 장이라 해서 오(=5)리를 연상한다.
- 60~69번의 장은, 육십(=60)의 장이라 해서 육(=6)군을 연상한다.

둘째, 6개의 각 장마다 그림이 있고 각 그림마다는 9개씩의 차례, 즉 순서가 있다. 그 번호의 위치를 눈에 삼삼하게 익숙해질 때까지 보아둔다.

〈외우기〉

각 장마다의 번호에는 각기 명칭이 있다. 그러므로 그 번호의 명칭에 60갑자의 순서대로 代入(대입=聯想연상)하면서 마음 속으로 읽으며 그 모양과 상태를 머릿속에 그리면서 저장한다.

0의 장 1번~9번

0. 영화

1. 조명기사 머리
2. 조명판
3. 조명기사 다리

4. 촬영기
5. 촬영기 렌즈
6. 촬영기 받침대
7. 차 지붕
8. 차 창문
9. 차 바퀴

1. 조명기사 머리를 **갑자**(甲子)기 때렸다.
2. 조명판을 **축**(乙丑)으로 해서 돌려라.
3. 조명기사 다리는 **병인**(丙寅)의 다리다.
4. 촬영기는 아주 **정묘**(丁卯)하다.
5. 촬영기 렌즈는 **무진**(戊辰)장 멀리까지 찍는다.
6. 촬영기는 **기사**(己巳)만 다룬다.
7. 차 지붕에는 **경오**(庚午)가 바른 사람만 앉는다.
8. 차창에 **신미**(辛未)역을 뿌렸다.
9. 차 바퀴에 **임신**(壬申)부가 깔렸다.

10의 장 10번~19번

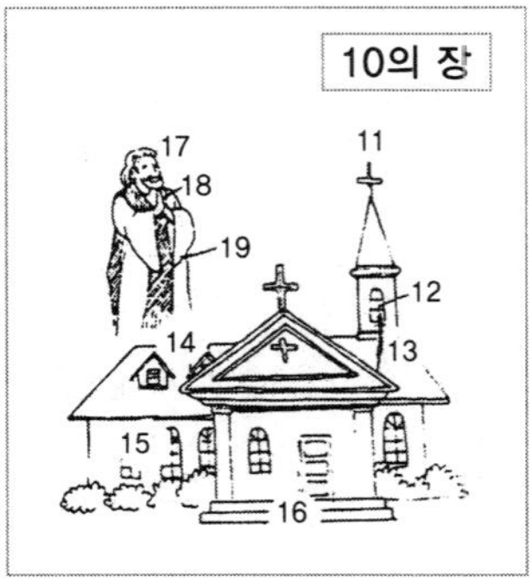

10. 십자가

11. 교회 종탑
12. 교회 종
13. 종 줄

14. 교회 지붕
15. 창문
16. 출입구 계단

17. 목사 머리
18. 목사 손
19. 목사 옷

10. 십자가를 **계유**(癸酉) 세웠다.

11. 종탑을 세우는데 비싼 **갑술**(값을=甲戌) 치렀다.

12. 종을 **해**(乙亥) 병대가 친다.

13. 종줄에 **병자**(丙子)가 목을 매달았다.

14. 지붕을 **정축**(丁丑)했다.

15. 창문을 **무인**(戊寅)이 뚫고 나왔다.

16. 계단이 **기묘**(己卯)하게 생겼다.

17. 목사머리를 떼어 **경진**(庚辰)대회에 보냈다.

18. 목사 손은 **신사**(辛巳)손이다.

19. 목사가 옷을 입고 **임오**(壬午)기를 기다린다.

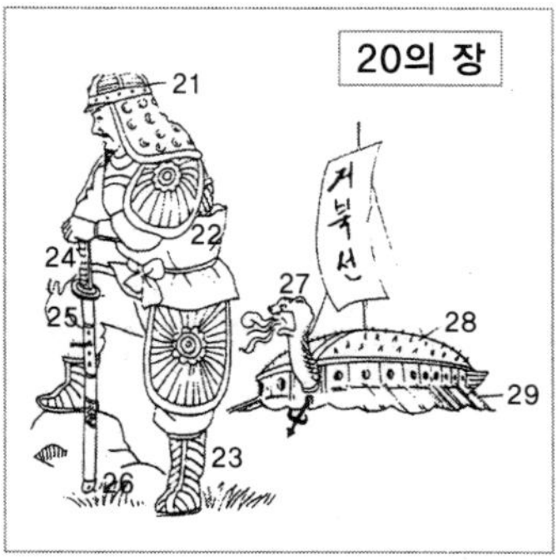

20. 이순신

21. 투구
22. 갑옷
23. 군화

24. 칼자루
25. 칼
26. 칼집

27. 거북선 머리
28. 거북선
29. 삿대(=노)

20. 이순신장군은 **계미**(癸未)를 타고 싸운다.

21. 장군의 투구는 **갑**싼**신**(甲申)으로 만들었다.

22. 갑옷**을 유**(乙酉)리 섬유로 만들어 입었다.

23. 군화로 **병술**(丙戌)을 차 던졌다.

24. 칼자루를 잡는 순서를 **정해**(丁亥)라.

25. 칼로 **무자**(戊子)비하게 베었다.

26. 칼집을 **기축**(己丑)으로 한바퀴 돌았다.

27. 거북선 대가리가 **경인**(庚寅)선 전철에 치였다.

28. 거북선 활약이 **신묘**(辛卯)하다.

29. 거북선 노를 **임진**(壬辰)왜란 때 잃어버렸다.

30의 장 30번~39번

30. 삼팔선

31. 깃봉
32. 태극기
33. 태극기 막대기
34. 철조망
35. 말뚝
36. 들풀
37. 철모
38. 총
39. 군화

30. 삼팔선에서 **계사**(癸巳)라고 외친다.

31. 깃봉은 **갑오**(甲午)다.

32. 태극기을(乙) **미**(未)사포로 만들었다.

33. **병신**(丙申)이 깃대를 껴안았다.

34. **정유**(丁酉)관으로 철조망을 만들었다.

35. **무술**(戊戌)로 말뚝을 뽑았다.

36. 풀이 무성한 때를 **기해**(己亥) 넘어왔다.

37. **경자**(庚子)가 철모를 썼다.

38. 총은 **신축**(辛丑)성이 있다.

39. 군화신고 **임인**(壬寅) 간다.

40의 장 40번~49번

40. 사막

41. 야자수 잎
42. 야자수 열매
43. 야자수 나무
44. 모자
45. 낙타줄
46. 신발
47. 낙타머리
48. 낙타 육봉
49. 낙타 꼬리

40. 사막에서 **계묘**(癸卯)가 슬피운다.

41. 야자수 잎도 **갑진**(甲辰) 보물이다.

42. 열매를 **을사**(乙巳)안고 춤춘다.

43. 나무에 기대면 **병오**(丙午)른다.

44. 모자를 **정미**(丁未)소 쌀포대로 만들어 썼다.

45. 낙타줄을 **무신**(戊申)이 잡고 있다.

46. 신발을 **기유**(己酉)신었다.

47. 낙타머리는 **경술**(庚戌)하게 때리지 마라.

48. 낙타 육봉 사이로 **신해**(辛亥)물이 흐른다.

49. 낙타 꼬리도 **임자**(壬子)가 있다.

50의 장 50번~59번

50. 오리

51. 오리 머리
52. 오리 몸통
53. 오리 꼬리

54. 돛대 기둥
55. 황포돛
56. 뱃바닥
57. 뱃머리
58. 뱃사공
59. 노

50. 오리도 **계축**(癸丑)이다.

51. 오리 머리를 **갑**자기 **인**(甲寅)두로 때렸다.

52. 오리 몸통**을 묘**(乙卯)하게 만들었다.

53. 오리 꼬리털로 **병**을 **진**(丙辰)찰한다.

54. 남녀가 돛대에서 **정사**(丁巳)했다.

55. 황포 돛에 **무**당이 **오**(戊午)줌을 쌌다.

56. 배 밑에서 **기미**(己未)독립만세를 불렀다.

57. 뱃머리를 유리하게 **경신**(庚申)해라.

58. 뱃사공이 신나**서 유**(辛酉)행가를 부른다.

59. 노를 저으며 **임** 그리워 **술**(壬戌) 마시네.

60의 장 60번~69번

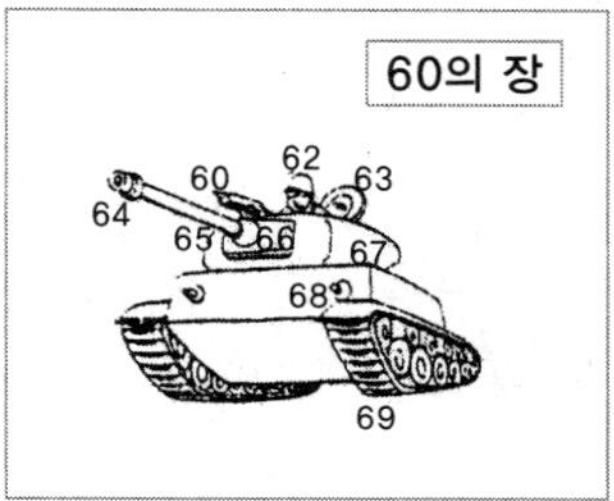

60. 육군

60. 육군들이 계해(癸亥)

지장간(支藏干)의 天干과 司令日數

12支에 담긴 지장간 個數 : 36個
12支에 담긴 지장간 日數 : 360日

• 맹(孟)

인(寅) · 사(巳) · 신(申) · 해(亥) 7, 7, 16日
1月 4月 7月 10月

• 중(仲)

묘(卯) · 오(午) · 유(酉) · 자(子) 10, 20日
2月 5月 8月 11月

• 계(季)

진(辰) · 미(未) · 술(戌) · 축(丑) 9, 3, 18日
3月 6月 9月 12月

예 외

• **午**(丙10, 己9, 丁11) · **申**(己3 戊7, 壬3, 庚17)

※ 근거 : 서자평의 월률분야론

1. 지장간 외우기

	지장간		
	초기	중기	정기
寅	戊$_{7}$	戊$_{7}$	甲$_{16}$
卯	甲$_{10}$		乙$_{20}$
辰	乙$_{9}$	癸$_{3}$	戊$_{18}$
巳	戊$_{7}$	庚$_{7}$	丙$_{16}$
午	丙$_{10}$	己$_{9}$	丁$_{11}$
未	丁$_{9}$	乙$_{3}$	己$_{18}$
申	己$_{3}$戊$_{7}$	壬$_{3}$	庚$_{17}$
酉	庚$_{10}$		辛$_{20}$
戌	辛$_{9}$	丁$_{3}$	戊$_{18}$
亥	戊$_{7}$	甲$_{7}$	壬$_{16}$
子	壬$_{10}$		癸$_{20}$
丑	癸$_{9}$	辛$_{3}$	己$_{18}$

寅	간은 戊丙장수 하겠다고 꼴甲을 떤다.
卯	한 것은 甲돌이가 왜 乙지로에서 죽었냐다.
辰	한 맛乙 내려면 癸란과 戊를 섞어라.
巳	戊라이가 庚찰에게 터지고 丙원에 실려 갔다.
午	마담이 丙난 것은 己丁사실이다.
未	우면 고운 丁乙 己대하지 마라.
申	己루처럼 戊壬승차하면 庚친다.
酉	리하게 庚辛하라.
戌	은 辛丁때 戊척 마신다.
亥	저戊는 甲판에서 壬그리워 운다.
子	야! 선생壬, 癸시냐?
丑	선생도 癸辛己요?

※ 위 문장을 연상하면서 (　　) 속을 채워 보시오.

寅　간은 (　　)(　　)장수 하겠다고 꼴(　　)을 떤다.
卯　한 것은 (　　)돌이가 왜 (　　)지로에서 죽었냐다.
辰　한 맛(　　) 내려면 (　　)란과 (　　)를 섞어라.
巳　(　　)라이가 (　　)찰에게 터지고 (　　)원에 실려 갔다.
午　마담이 (　　)난 것은 (　　)(　　)사실이다.
未　우면 고운 (　　)(　　) (　　)대하지 마라.
申　(　　)루처럼 (　　)(　　)승차하면 (　　)친다.
酉　리하게 (　　)(　　)하라.
戌　은 (　　)(　　)때 (　　)척 마신다.
亥　저(　　)는 (　　)판에서 (　　)그리워 운다.
子　야! 선생(　　), (　　)시냐?
丑　선생도 (　　)(　　)(　　)요?

〈숙달 연습해보기〉

(　　)속에 지장간을 써 넣어라.

인(寅) – (　　)·(　　)·(　　)
묘(卯) – (　　)·　　　(　　)
진(辰) – (　　)·(　　)·(　　)
사(巳) – (　　)·(　　)·(　　)
오(午) – (　　)·(　　)·(　　)
미(未) – (　　)·(　　)·(　　)
신(申) – (　　)·(　　)·(　　)·(　　)
유(酉) – (　　)·　　　(　　)
술(戌) – (　　)·(　　)·(　　)
해(亥) – (　　)·(　　)·(　　)
자(子) – (　　)·　　　(　　)
축(丑) – (　　)·(　　)·(　　)

인(寅) – (　　)·(　　)·(　　)
묘(卯) – (　　)·　　　(　　)
진(辰) – (　　)·(　　)·(　　)
사(巳) – (　　)·(　　)·(　　)
오(午) – (　　)·(　　)·(　　)
미(未) – (　　)·(　　)·(　　)
신(申) – (　　)·(　　)·(　　)·(　　)
유(酉) – (　　)·　　　(　　)
술(戌) – (　　)·(　　)·(　　)
해(亥) – (　　)·(　　)·(　　)
자(子) – (　　)·　　　(　　)
축(丑) – (　　)·(　　)·(　　)

〈모범 답안〉

인(寅) – (戊)·(丙)·(甲)
묘(卯) – (甲)·　　　(乙)
진(辰) – (乙)·(癸)·(戊)
사(巳) – (戊)·(庚)·(丙)
오(午) – (丙)·(己)·(丁)
미(未) – (丁)·(乙)·(己)
신(申) – (己)·(戊)·(壬)·(庚)
유(酉) – (庚)·　　　(辛)
술(戌) – (辛)·(丁)·(戊)
해(亥) – (戊)·(甲)·(壬)
자(子) – (壬)·　　　(癸)
축(丑) – (癸)·(辛)·(己)

2. 합(合) · 충(沖) · 파(破) 외우기

간합(干合)

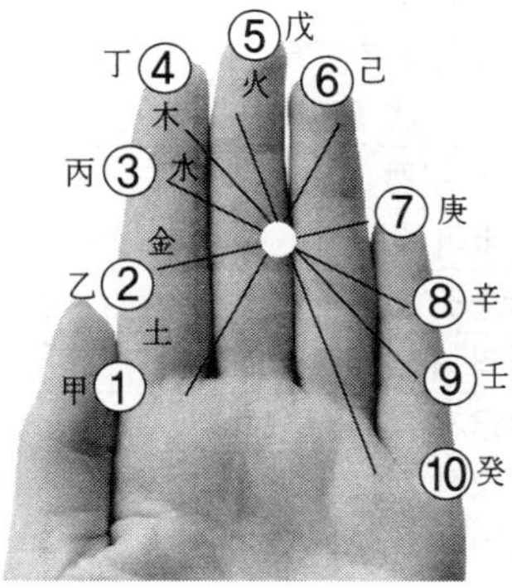

간충(干沖)

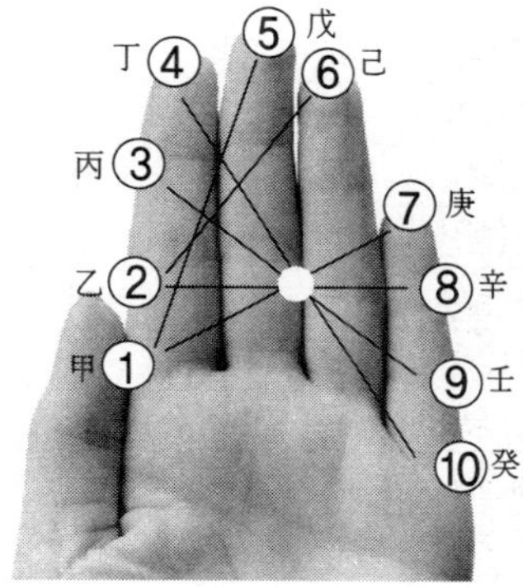

지합(支合)

0˚(행성간의 각도)

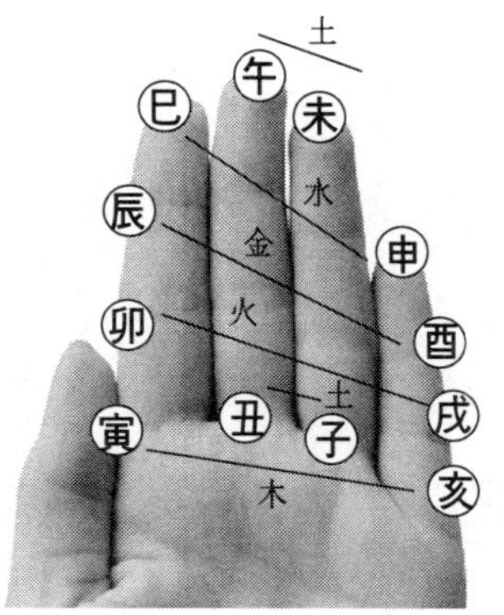

지충(支沖)

180˚(행성간의 각도)

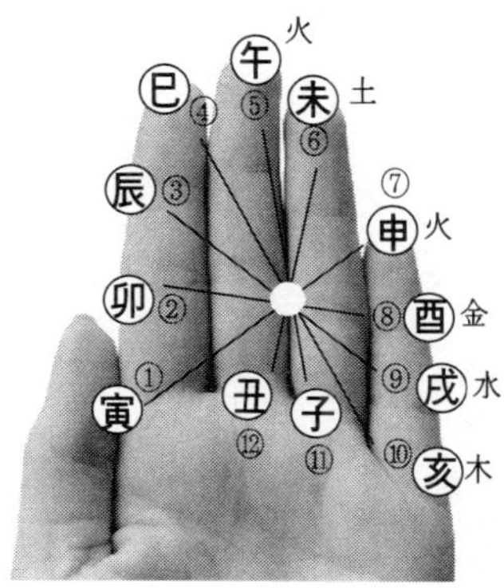

합(合)·충(沖)·파(破)

十二支	合	沖	破
子(자)	丑	午	酉
丑(소)	子	未	辰
寅(범)	亥	申	亥
卯(토끼)	戌	酉	午
辰(용)	酉	戌	丑
巳(뱀)	申	亥	申
午(말)	未	子	卯
未(양)	午	丑	戌
申(원숭이)	巳	寅	巳
酉(닭)	辰	卯	子
戌(개)	卯	辰	未
亥(돼지)	寅	巳	寅

子(자)	축(丑)파티 열렸네. 午류(酉)동에서.
丑(축)	子소리 未辰해.
寅(인)	亥전술 申통亥.
卯(묘)	한 기戌 酉명하午.
辰(진)	한 우酉 戌로 丑배.
巳(사)	申이 좋아하는 亥구申.
午(오)	未子 맛이 卯해.
未(미)	리 午면 丑하戌.
申(신)	巳가 내게 寅巳해.
酉(유)	식한 辰도개 卯子.
戌(술)	취한 卯지기 辰짜 未안해.
亥(해)	寅巳절의 많은 寅파.

참 고

合, 破가 함께 있는 支의 경우는 시작(合)은 좋지만 끝이 안 좋다(破).

3. 연상법으로 신살(神殺 = 神煞) 외우기

貴神 (= 吉神)

天乙貴人(천을귀인)

日干	戊 · 庚 · 甲	己 · 乙	丙 · 丁	辛	壬 · 癸
支	未 · 丑	子 · 申	亥 · 酉	寅 · 午	巳 · 卯

· 戊장한 庚찰이 甲자기 未식丑구 하잔다.
· 잘 己乙(를) 子申 있냐?
· 丙丁놀이 亥酉.
· 辛문이 寅제 午네.
· 壬 癸실때 巳卯(모) 해라.

· ( )장한 ( )찰이 ( )자기 ( )식( )구 하잔다.
· 잘 ( )( )( )( ) 있냐?
· ( )( )놀이 ( )( )
· ( )문이 ( )제 ( )네.
· ( )( )실 때 ( )( )해라.

· ( )장한 ( )찰이 ( )자기 ( )식( )구 하잔다.
· 잘 ( )( )( )( ) 있냐?
· ( )( )놀이 ( )( )
· ( )문이 ( )제 ( )네.
· ( )( )실 때 ( )( )해라.

金與祿(금여록)

日干	甲	乙	丙	丁	戊	己	庚	辛	壬	癸
支	辰	巳	未	申	未	申	戌	亥	丑	寅

· 甲辰 보물.
· 乙지로 巳가.
· 丙든 未친개.
· 丁申대 할머니.
· 戊未 건조.
· 己생 申발.
· 조선이 망한 庚戌국치.
· 청나라가 망한 辛亥혁명.
· 壬금받아 저丑.
· 개(癸)寅 사정.

· (　　)(　　)보물.
· (　　)지로 (　　)가.
· (　　)든 (　　)친개.
· 불쌍한 (　　)대 할머니.
· (　　) 건조.
· (　　)생 (　　)발.
· 조선이 망한 (　　)국치.
· 청나라가 망한 (　　)혁명.
· (　　)금받아 저(　　).
· 개(　　)(　　) 사정.

凶殺(= 凶神)

魁罡殺(괴강살)

戊戌 · 庚辰 · 壬辰 · 庚戌

· 戊戌, 庚辰 대회를 자주 열어서 壬辰왜란과 庚戌 국치를 잊지 말자.

· (　　), (　　) 대회를 자주 열어서 (　　)왜란과 (　　) 국치를 잊지 말자.

· (　　), (　　) 대회를 자주 열어서 (　　)왜란과 (　　) 국치를 잊지 말자.

· (　　), (　　) 대회를 자주 열어서 (　　)왜란과 (　　) 국치를 잊지 말자.

· (　　), (　　) 대회를 자주 열어서 (　　)왜란과 (　　) 국치를 잊지 말자.

· (　　), (　　) 대회를 자주 열어서 (　　)왜란과 (　　) 국치를 잊지 말자.

· (　　), (　　) 대회를 자주 열어서 (　　)왜란과 (　　) 국치를 잊지 말자.

羊刃殺(양인살)

日干	支
甲	卯
乙	辰
丙	午
丁	未
戊	午
己	未
庚	酉
辛	戌
壬	子
癸	丑

甲옷 입은 卯지기.
乙지로 辰달래.
丙아리 午줌.
丁未소 방아간.
戊당 집 午리새끼.
己未 주근깨.
庚酉 보일러.
辛戌도 좋아.
壬子가 따로 있나?
癸(개)도 가丑이다.

· 甲옷 입은 ( )지기.
· 乙지로 ( )달래.
· 丙아리 ( )줌.
· 丁( )소 방아간.
· 戊당 집 ( )리새끼.
· 己( ) 주근깨.
· 庚( ) 보일러.
· 辛( )도 좋아.
· 壬( )가 따로 있나?
· 癸도 가( )이다.

· 甲옷 입은 ( )지기.
· 乙지로 ( )달래.
· 丙아리 ( )줌.
· 丁( )소 방아간.
· 戊당 집 ( )리새끼.
· 己( ) 주근깨.
· 庚( ) 보일러.
· 辛( )도 좋아.
· 壬( )가 따로 있나?
· 癸도 가( )이다.

사주학(四柱學)

1. 사주학(四柱學)이란

주(柱)란 기둥을 말한다. 사람이 태어나는 순간에 각자에게 결정되어지는 생년(生年), 월(月), 일(日), 시(時), 네 기둥을 사주(四柱)라 하며, 각주(各柱)마다 담기는 두 글자씩의 간지(干支)의 기(氣)가 우주 자연의 기류(氣流)와 어떤 관계에 놓여지는가에 따른 운명의 길, 흉(吉, 凶)을 알아보는 학문을 사주학이라 한다.

이 사주학은 사주(四柱)의 기(氣)를 자연의 기(氣)에 조화(調和)시킴으로써 평화와 행복을 추구하는 학문이라 해서 자연과학(自然科學) 또는 기상학(氣象學)이라고도 부르는데 나는 기상학(氣象學)쪽에 보다 많은 비중을 두고 있다. 또한 옛부터 사주를 통해서 천명(天命)의 이치(理致)를 안다고 해서 명리학(命理學)이라고도 한다.

中國은 명(命)을 계산(計算)한다고 해서 산명학(算命學)이라 고한다. 日本은 명(命)을 추리(推理)한다 해서 추명학(推命學)이라고 한다.

여기에 비해서 우리는 명(命)을 자세히 살펴 본다는 뜻에서 간명학(看命學)이라고도 한다.

그런데 운명(運命 destiny=하느님의 뜻, 섭리), 즉 하느님이 뜻이 있어 각자의 사주팔자(四柱八字=destiny)에다 입력시켜 놓은 사주(四柱=

運命)을 놓고 계산(計算)해 본다는 등, 추리(推理)해 본다 등의 인공적인 말 보다는 겸손하게 간명(看命=자세히 봄)해 본다는 말이 보다 더 신학(神學)적이고 순명(順命)적이라 하겠다.

2. 역학(易學)을 공부하는 방법

이 책은 해박한 이론이나 해설서로 쓴 책이 아니다. 거두절미하고 왕초보자도 누구나 독학으로도 역학, 즉 운명상담의 대가가 될 수 있도록 쓴 책이다. 따라서, 이 책으로 공부하는 동안은 내가 하자는 대로 해야만 뜻을 이룰 수가 있다.

엉터리 책을 만났거나 엉터리 선생을 만났던 역학도(易學徒)는 말할 것도 없고 설령 좋은 책을 만나 독학으로 공부하는 역학도들 중에도 시간이 지날수록 역학을 어렵게 생각하고 포기하게 되는 이유가 눈으로만 공부하기 때문이다. 또 하나 가장 큰 이유는 책을 읽다가 이해가 안된다 싶으면 무작정 저자에게 전화로 질문하기 때문이다.

무엇보다 중요한 것은, 아니 꼭 알아두어야 할 것은 이 책의 **'독보적 역리 5가지'** 는 그 어느 누가 가르쳐 준 것이 아니다. 하나 하나가 모두 깊은 사유를 하고 하늘의 계시를 받으며 이룩해 낸 결과다. 그러므로 이 책을 가까이 하면서 열심히 공부한다면 어느날 하느님과 만나게 될 것이며 나보다 더 큰 지혜를 얻어서 하느님이 이 땅, 이 민족에게 '당신의 뜻, 섭리(=destiny)' 를 전하는 예언자(**預言者**+豫言者)가 되리라고 나는 장담한다.

다시 본론으로 돌아오자.

그러므로 이제부터라도 제대로 공부해서 빨리 운명(destiny=하느님의 뜻)을 간명(看命)해 보고 싶다면, 무식하게(?) 공부해야만 빨리 꿈을 이룰 수가 있다. 그러니 연습 문제가 있을 때는 눈으로만 풀지 말고, 쓰면서 중얼거리고 그 소리를 자기의 귀로 들으면서 공부해야 한다. 그렇게 해서 손, 입, 귀에 젖어들어 녹아내려야만 필요할 때 술술 입에서 그리고 손에서 나오게 된다. 그러므로 이제부터 여러분은 이 책의 저자가 누구인지도 모르고 또 어디에 있는지도 모른다는 각오로 모르는 부분은 혼자 끙끙 앓으면서 생각하고 또 생각하거라. 그러면 어느날 어느 순간에 번개치듯 막혔던 난제(難題)의 문리(文理=글의 뜻을 깨달아 아는 힘)가 터진다.

그렇게 한 번 깨닫게 되면 그 다음부터는 공부가 쉬워지고, 그 재미에서 벗어날 수가 없게 된다. 이 말은 피나는 독학만으로 천하제일검(天下第一劍)이 되는 무협지의 이야기만이 아니다. 그런 마음과 각오로 공부한다면 반드시 '세계 제일의 간명사(看命士)'가 될 수 있다. 되거라. 금세기 세계 최고 최대의 히트상품이며 블루오션마켓(Blue Ocean Market)은 운명시장(運命市場이다. 현재 우리나라 운명시장만 해도 4조원 대다.

자! 도전을 시작하자.
아자! 그래서 세계를 품어라.
또, 그래서 글로벌시대의 세계인(世界人)이 되거라.
세계는 그대의 것이 되리니.

사주 구성과 사주 세우는 법

1. 사주(四柱) 구성

연주(年柱)	① 연간(年干)	② 연지(年支)
월주(月柱)	③ 월간(月干)	④ 월지(月支)
일주(日柱)	⑤ 일간(日干)	⑥ 일지(日支)
시주(時柱)	⑦ 시간(時干)	⑧ 시지(時支)

앞으로 신주(身主), 명주(命主), 일주(日主) 또는 나(我)라고 하는 말은 일주(日柱)의 일간(日干)을 말하는 것이다.

또 신약(身弱)하다 또는 신강(身强)하다든가 중화(中和)되었다는 등의 말은 모두가 일간(日干)의 역량(力量)을 말하는 것이다.

2. 사주 세우는 법

1) 연주(年柱) 세우기

① 자기가 태어난 연도(해)의 간지(干支)를 만세력(萬歲曆)에서 찾아 세우면 된다.

② 사주학(또는 역학)에서는 입춘일(立春日 : 양력으로는 2월 3~5일경)시각(時刻)이 되면서부터 새해 1월 1일로 보고 새해 간지(干支)를 쓴다. 그러므로 양력으로는 신년(新年)에 태어났지만 입춘일 전에 태어난 사람은 작년(지난해) 간지를 써야 한다.

2) 월주(月柱) 세우기

① 만세력을 보고 적으면 되지만 절(節)에 따라서 월의 간지(干支)가 결정된다.

② 태어난 달의 절(節)이 지나서 다음 달 절기 전까지는 태어난 달의 간지를 사용하고, 절기가 지나지 않았으면 전월(前月)의 간지를 사용한다.

③ 수지법으로 월간(月干)을 알려면, 연간(年干) 합화(合化)의 오행을 생(生)해 주는 오행의 양간(陽干)이 인월(寅月 : 1월)의 간(干)으로 보면 된다.

3) 일주(日柱) 세우기

① 일주란 생일(生日)을 말하는 것으로 절기와는 관계가 없다. 만세력에 있는 그대로 쓰면 된다.

4) 시주(時柱) 세우기

① 시주(時柱)도 절기와는 관계없다. 태어난 시간(時間)을 그대로 쓰면 된다. 이때 태어난 시간이 시지(時支)가 된다.

② 시간(時干)은 일간(日干) 합화(合化) 오행을 극(剋)하는 오행의 양간(陽干)이 자시(子時)가 된다.

③ 이 책은 徐子平 선생의 易理에 따른다. 子平 선생은 야자시(夜子時) 또는 조자시(朝子時)란 말을 쓰지 않았다. 그러므로 시중의 역술인 중에서 내세우는 야자시·조자시 등의 궤변은 무시해라.

④ 이 책의 시간(時干)은 남·녀 日干에 따라 다름을 반드시 알고 그 日干에 따라야 한다.

3. 만세력(萬歲曆)

영어를 공부하려면 영어사전이 필요하듯 역학을 공부하려면 만세력은 반드시 준비해야 할 필수품이다.

시중에는 만세력의 종류도 많으나 만세력이 필요한 이유는 한 가지이다. 즉, 사주를 정확히 세우자는데 있다. 그래야 올바른 사주 감정을 할 수 있기 때문이다.

그 뜻과 용도에 맞추어 펴낸 만세력이 「한글 사주·대운 만세력」이다.

해당되는 년, 월, 일의 만세력을 펼치면 종서(從書=세로)로 연주(생년), 월주(생월), 일주(생일), 시주(생시)의 순서로 되었다. 그러므로 아래의 사주작성표에 해당되는 간지(干支)를 써 넣으면, 사주 작성이 된다. 단, '시주(생시)' 는 만세력에 넣을 수가 없다. 그러므로 시주(생시)를 세울 때는 뒷쪽 페이지에 있는 「시간(時干) 찾는 조견표」를 보고 세워라.

〈사주작성표〉

연주(年柱)	
월주(月柱)	
일주(日柱)	
시주(時柱)	

초보자는 물론이고, 역학을 오랫동안 공부한 역술인이라도 본인이 펴낸 '한글 사주 대운 만세력' 으로 바꾸길 권한다. 역학은 '태음태양력(=절기력)' 을 기준으로 하는데 지금 시중의 대부분 만세력은 태음력 위주의 만세력이어서 윤달(閏月)에 따른 절기(節氣) 변화를 알기가 어렵다. 또는 윤달 표시는 되었으되 윤달이 6월에 들었다면 음력 6월, 즉 未月이 2번 있다. 그러므로 윤6월生도 6月 절기로 보는 사주이니 맞을 리가 없다. 그래서 위 만세력을 추천하는 것이니 바꾸어라. 2070년까지의 만세력이다.

4. 시간(時干) 찾는 조견표

일간(日干) / 시간(時干) / 시지(時支)		갑(甲)	을(乙)	병(丙)	정(丁)	무(戊)	기(己)	경(庚)	신(辛)	임(壬)	계(癸)
자(子)	23:30~1:30	갑	병	무	경	임	갑	병	무	경	임
축(丑)	1:30~3:30	을	정	기	신	계	을	정	기	신	계
인(寅)	3:30~5:30	병	무	경	임	갑	병	무	경	임	갑
묘(卯)	5:30~7:30	정	기	신	계	을	정	기	신	계	을
진(辰)	7:30~9:30	무	경	임	갑	병	무	경	임	갑	병
사(巳)	9:30~11:30	기	신	계	을	정	기	신	계	을	정
오(午)	11:30~13:30	경	임	갑	병	무	경	임	갑	병	무
미(未)	13:30~5:30	신	계	을	정	기	신	계	을	정	기
신(申)	15:30~17:30	임	갑	병	무	경	임	갑	병	무	경
유(酉)	17:30~19:30	계	을	정	기	신	계	을	정	기	신
술(戌)	19:30~21:30	갑	병	무	경	임	갑	병	무	경	임
해(亥)	21:30~23:30	을	정	기	신	계	을	정	기	신	계

③ '시간(時干)찾는 조견표'를 이용하는게 편리하다.

④ **보는 법** – 예를 들어서 남자 갑자(甲子)일 생이 진시(辰時)에 태어났을 때 시간(時干)을 찾아보자.

갑자(甲子)일 생이면 일간(日干)이 갑(甲)이다. '조견표' 맨 윗줄에서 갑(甲)을 찾으면 맨 앞에 있다. 그 줄을 따라서 밑으로 진(辰)이라 씌어져 있는 칸까지 내려오면 무(戊)라 씌어져 있다. 그 '무'가 시간(時干)이며 '진'은 시지(時支)가 된다. 그래서 시주(時柱)를 쓰면 **무진(戊辰)**이다.

⑤ 여자의 日干은 日支의 지장천간(=지장간)이다. 예를 들어서 甲子日柱라면 남자의 日干은 甲이지만 **여자의 日干은 子水다.** 고로 초기생일 때는 壬水가 여자의 日干이 되고 중기일 때, 정기일 때는 癸水가 日干이 된다. 즉 위 표의 '日干'은 남·녀에 따라서 다르다. 그러나 시지(時支=태어난 時間)은 남·녀 공용이다.

현재의 만세력을 보면 모두라고 해도 좋을 만큼 거의 대부분이 연·월의 간지(干支)가 따로 적혀 있을 뿐만 아니라 절기(節氣)가 바뀌는 일시(日時)도 초보자로서는 쉽게 알아보기가 어렵게 되어 있다. 그래서 여간 조심하지 않으면 엉뚱하게도 남의 사주를 세우는 실수를 범하게 된다.

그래서 초보자도 쉽게 정확한 사주를 세울 수 있도록 또 대운수를 쉽게 산출할 수 있도록 함께 표기한 만세력인 **'한글 四柱·大運만세력'** 을 펴냈다. 그러므로 지금까지 가지고 있는 옛 만세력 일랑은 과감히(?) 버리고 위 만세력을 구입하기 바란다.

[예 1] 男

연	1962
월	음력11
일	16
시	미(未)

연주(생년)	
월주(생월)	
일주(생일)	
시주(생시)	

[예 2] 男

연	1959
월	양력12
일	24
시	사(巳)

연주(생년)	
월주(생월)	
일주(생일)	
시주(생시)	

[예 1]의 사주의 간지(干支)

연주(생년)	임 인
월주(생월)	임 자
일주(생일)	갑 신
시주(생시)	신 미

[예 2]의 사주의 간지(干支)

연주(생년)	기 해
월주(생월)	병 자
일주(생일)	경 진
시주(생시)	신 사

사주세우기 숙달 연습하기

※ 男命, 正氣生을 표준으로 함.

① 1979년 음 5월 19일 인(寅)시

연주(생년)	
월주(생월)	
일주(생일)	
시주(생시)	

② 1965년 음 5월 21일 축(丑)시

연주(생년)	
월주(생월)	
일주(생일)	
시주(생시)	

③ 1953년 음 5월 9일 사(巳)시

연주(생년)	
월주(생월)	
일주(생일)	
시주(생시)	

④ 1968년 음 6월 25일 묘(卯)시

연주(생년)	
월주(생월)	
일주(생일)	
시주(생시)	

⑤ 1960년 음 8월 8일 신(申)시

연주(생년)	
월주(생월)	
일주(생일)	
시주(생시)	

⑥ 1970년 음 8월 17일 진(辰)시

연주(생년)	
월주(생월)	
일주(생일)	
시주(생시)	

⑦ 1982년 음 윤4월 14일 신(申))시

연주(생년)	
월주(생월)	
일주(생일)	
시주(생시)	

⑧ 1977년 음 12월 20일 오(午)시

연주(생년)	
월주(생월)	
일주(생일)	
시주(생시)	

⑨ 1978년 음 7월 22일 묘(卯)시

연주(생년)	
월주(생월)	
일주(생일)	
시주(생시)	

⑩ 1985년 음 12월 26일 유(酉)시

연주(생년)	
월주(생월)	
일주(생일)	
시주(생시)	

⑪ 1979년 음 1월 7일 술(戌)시

연주(생년)	
월주(생월)	
일주(생일)	
시주(생시)	

⑫ 1988년 음 10월 29일 진(辰)시

연주(생년)	
월주(생월)	
일주(생일)	
시주(생시)	

모범 답안

① 1979년 음 5월 19일 인(寅)시

연주(생년)	기 미
월주(생월)	경 오
일주(생일)	신 해
시주(생시)	경 인

② 1965년 음 5월 21일 축(丑)시

연주(생년)	을 사
월주(생월)	임 오
일주(생일)	을 사
시주(생시)	정 축

③ 1953년 음 5월 9일 사(巳)시

연주(생년)	계 사
월주(생월)	무 오
일주(생일)	신 축
시주(생시)	계 사

④ 1968년 음 6월 25일 묘(卯)시

연주(생년)	무 신
월주(생월)	기 미
일주(생일)	신 묘
시주(생시)	신 묘

⑤ 1960년 음 8월 8일 신(申)시

연주(생년)	경 자
월주(생월)	을 유
일주(생일)	기 미
시주(생시)	임 신

⑥ 1970년 음 8월 17일 진(辰)시

연주(생년)	경 술
월주(생월)	을 유
일주(생일)	경 자
시주(생시)	경 진

⑦ 1982년 음 윤4월 14일 신(申))시

연주(생년)	임 술
월주(생월)	을 사
일주(생일)	기 미
시주(생시)	임 신

⑧ 1977년 음 12월 20일 오(午)시

연주(생년)	정 사
월주(생월)	계 축
일주(생일)	경 인
시주(생시)	임 오

⑨ 1978년 음 7월 22일 묘(卯)시

연주(생년)	무 오
월주(생월)	경 신
일주(생일)	기 미
시주(생시)	정 묘

⑩ 1985년 음 12월 26일 유(酉)시

연주(생년)	병 인
월주(생월)	경 인
일주(생일)	기 묘
시주(생시)	계 유

⑪ 1979년 음 1월 7일 술(戌)시

연주(생년)	무 오
월주(생월)	을 축
일주(생일)	신 축
시주(생시)	무 술

⑫ 1988년 음 10월 29일 진(辰)시

연주(생년)	무 진
월주(생월)	갑 자
일주(생일)	병 신
시주(생시)	임 진

용신(用神)

1. 용신의 뜻

글자를 보면 쓸 용(用)자와 신 신(神)자이다. 역학에서 신(神)이란, **무형의 에너지**(Invisibe Energe=**氣**)를 말하는데 길신(吉神)의 신(神) 또는 귀신(貴神)의 신(神)자를 합쳐서 **용신**(用神)이라 한다. 이 용신의 역할이란 일간(日干=신주身主=명주命主)를 이롭게 도와 주는 것이다. 다시 말하면 일간(日干)을 편안케 해 주고 보호해 주는 오행(五行)이나 육친(六親)을 말한다.

2. 용신이 필요한 이유

사람은 태어나는 연, 월, 일, 시에 따라서 각기 다른 사주를 지니게 된다. 사주가 다르면 팔자도 다르다. 그 팔자(八字) 속에 음양오행(陰陽五行)이 골고루 담겨 있다면 그런 사주를 중화(中和)된 사주라 하여 최상(最上)의 사주로 친다. 왜냐하면 그런 사람은 오행끼리 서로 생(生)해 주기도 하고 또 적당히 견제도 하기 때문에 흉기(凶氣)가 침투해도 그 흉기가 생해 주어야 할 오행 때문에 기세(氣勢)가 설기(洩氣)된다. 또 그 흉기가 극하는 오행을 극하다가 힘이 빠지게 되거나 아니면 그 흉기를 극하는 오행이나 육친을 만나면 신나게 두들겨 맞다 보니 일간(日干), 즉 신주(身主)를 괴롭힐 수가 없게 된다.

반면에 일간을 돕는 생기(生氣)가 온다면 일간을 더욱 건강하게 만드는 역할을 하게 된다. 사람이 영육(靈肉)간에 건강하다면 돈을 많이 벌어 부(富)를 축적할 것이고, 그 다음은 명예를 좇을 것이다. 사주가 조화(調和) 또는 중화(中和)가 되면 틀림없이 부와 명예를 모두 얻을 수 있다.

그렇지만 그토록 좋은 사주를 지닌 사람은 거의 없다. 혹자는 재벌 총수들의 사주가 그런 사주가 아닐까 생각하겠지만 결론부터 말하면 아니올시다다.

물론 보통 사람보다야 좋은 사주일지는 몰라도 뛰어나게 좋은 사주도 아니다. 다음에 공부하겠지만 그런 재벌 총수의 사주는 사주 자체에서 부족한 오행을 대운(大運) 등 행운(行運)에서 잘 만난 경우이다.

대부분 팔자(八字)를 보면 木·火·土·金·水 오행 중 빠진 오행이 있는 사주도 있고, 또는 어느 오행으로 몰려 있기 마련이다. 이렇게 몰려 있을 때 일간(日干=身主)을 돕는 쪽으로 몰려 있으면 신강(身强)하다 하고, 반대로 일간의 힘을 약하게 하는 쪽으로 몰려 있으면 신약(身弱)하다고 하는 것이다. 이렇게 사주의 팔자가 강하거나 약해서 팔자의 조화와 중화가 깨지면 하는 일에 막힘이 많고 파란이 생기게 되는 것이다.

이때는 먼저 신강, 신약을 안 다음 강하면 극(克)하거나 설기(洩氣)시키고 약하면 생부(生扶)해 주어서 최대한 사주를 조화 또는 중화시켜야 하는데, 용신은 이 역할을 해 주는 오행(또는 육친)을 가리킨다.

3. 시중에 떠도는 용신법(用神法)에 현혹되지 마라.

용신법, 즉 용신 잡는 방법에 관한 한 통일된 법칙이 없다. 다만 자기식으로 그럴듯한 자기만의 이론을 내세우지만 그 이론이라는게 제가쟁명식이다. 다시 말하면 백인백색이란 말이다.

시중의 역학서나 역술가들이 흔히 말하는 용신법을 크게 나누면 **억부법(抑扶法)·병약법(病藥法)·조후법(調候法)·전왕법(專旺法)·통관법(通關法)**이 있다.

이 중에서 역술가의 경험과 감(感)으로 이들 중 어느 하나의 용신법을 쓰는 것이다. 그런데 여기에서 문제가 생긴다. 무슨 말이냐 하면, 한 사람의 사주를 놓고 간명하는데 어느 날은 용신을 억부법으로 잡았다 하자. 그래서 운명 감정을 했는데 얼마 후 전의 그 사람이 다시 운명 감정을 해 달라고 왔을 때, 그날은 억부법이 아니라 통관법으로 용신을 잡아 운명 감정을 했다면 억부법으로 용신을 잡았을 때와는 감정이 달라질 수밖에 없게 되고 만다.

나는 사주학(四柱學), 즉 역학(易學)은 자연과학이요, 기상학(氣象學)이라고 했다. 예로 들면, 목기(木氣)가 강해지면 계절은 봄으로 바뀐다. 금기(金氣)가 강해지면 가을이 된다. 이처럼 어느 오행이 주관하느냐에 따라서 거대한 자연도 계절이 바뀌는 터에 대자연에 비하면 작은 모래알 같은 우리 인간의 사주라면 어느 오행을 택하느냐에 따라서 운명의 진로가 달라질 것은 명명 백백한 일이다.

그러니 여러분은 내가 하라는 대로만 하기를 간곡히 바란다. 내가 제시하는 방법은 이론이 아니다. 나도 초보자 시절 **용신** 잡는 법 때문에 너무나 아까운 시간을 허비했었다. 그래서 누구나 쉽게 배워서 정확하게 쓸 수 있도록 개발했고 오랜 시간 걸려서 다각도로 검증해서 여러분에게 권하는 것이니 내 방법대로 해다오. 그래야만 한 사람의 사주를 언제 감정해도 똑같은, 그리고 정확한 운명 감정을 할 수 있게 된다. 똑같은 사주를 감정해 줄 때마다 다르게 횡설수설한다면 자신은 물론이고 역학 자체가 불신받게 된다는 것을 항상 명심해 둘 일이다. 특히 하느님을 창조주라고 믿는 신앙인들은!

대운(大運)

1. 대운(大運)의 뜻

흔히 쓰는 말로 다 팔아먹어도 팔자(八字)는 못 팔아먹는다는 말이 있다. 그 말은 사주 팔자는 숙명이어서 영원히 변하지 않는다는 뜻이다. 그러나 세상을 살아가노라면 좋은 날도 있고 어려운 일을 겪게도 된다. 그 이유는 각자 사주의 기(氣)가 각자의 대운 속에서 좋은 기와 만나면 좋은 변화가 생기고 나쁜 기를 받을 때는 나쁜 변화가 생기게 되기 때문이다.

대운이란 인생살이에서 10년을 주기(週期)로 바뀌는 운명의 변화를 말한다. 그래서 타고난 사주가 아무리 좋아도 대운을 잘못 만나면 큰 뜻을 이룰 수가 없다. 반대로 사주가 신통치 않아도 대운을 잘 만나면 위의 사주보다는 훨씬 낫다. 우리 주변을 보면 누가 보아도 성공할 수밖에 없다고 생각할 정도로 열심히 일하고 노력을 하는데도 현실적으로는 그렇지 못한 사람들이 있다. 그 사람은 아직 성공할 수 있는 대운을 못 만났기 때문이다.

자, 여기서 우리 신강(身强), 신약(身弱) 사주를 비교해 보기로 하자.

신강 사주인 사람은 현실적으로 생각만큼 뜻을 이루지 못했지만 굽힘없이 꾸준하게 목표 달성을 위해 계속해서 노력한다. 그러다가 좋은 대운이 찾아오면 그 사람은 뜻을 이루게 되는 것이다. 어떤 뜻한 바나 꿈을 이루어 낸 뒤 그 사람은 생각하게 된다. 꿈을 이루기 위해 얼마나 힘이 들었나를. 다시 시작해서 이 꿈을 이루려면 불가능하다는 것도 생각하게 된다. 그래서 그런 이는 모험을 하지 않게 된다. 또한 돌다리도 다시 두들겨 보고 건너는 식의 생활을 하게 되니까 그런 이들은 계속해서 운이 뻗어 나가게 되는 것이다.

신약(身弱) 사주라면 어떨까? 그런 사주는 정신력이 약하다 보니 끈기가 부족하고 추진력도 약할 수밖에 없다. 대체로 꿈만 컷지 노력이 부족하다. 몇 번 도전해 보다가 뜻대로 안되면 불만만 커지고 불평만 높아지게 된다. 정작 좋은 대운을 만나도 -자신은 몰라도- 망설이고 주춤거리다 기회를 잃고 마는 경우가 흔하다. 그래서 남자는 일단 신강(身强)한 사주가 좋은 것이다.

다시 비유해 보겠다. 사주 구성상 화기(火氣)가 약해서 신약했던 사주라면 대운에서 용신인 火운(丙, 丁)이나 木운(甲, 乙)을 만나면 신강해져 발복(發福)하게 된다.

가장 좋은 사주란 사주가 음양오행의 조화를 이루는 것이라 했다. 그러나 수많은 사주는 부족한 오행이 있고 필요한 오행이 있게 마련이다. 그런 오행을 다행히 대운에서 한 번 만났다면 10년 대통(大通)했다 하여, 일생중 그런 대운을 계속해서 세 번 만났다면 30년 대통운을 만났다고 하는 것이다.

2. 대운 세우는 법

대운이 바뀌는 나이를 대운수(大運數)라 하는데 사람마다 다르고 생일(生日)이 같아도 남녀가 다르다. 다만 주기가 10년마다 바뀌는 것은 공통적이다. 또 남녀의 생년(生年)이 양년(陽年)이냐 음년(陰年)이냐에 따라서 대운의 진행 방향이 순행(順行=시계방향) 또는 역행(逆行=시계 반대

방향)으로 달라진다. 대운수(大運數)는 만세력을 보면 일주(日柱) 밑에 대운 칸이 있고 남녀별로 적혀 있으니 찾아서 쓰면 된다. 대운수(數)는 1~10까지 있으니 해당되는 수(數)가 첫 대운이 시작되는 나이이다.

예를 들어서 대운수가 3이면 대운이 시작되는 첫 간지(干支)가 3살 때라는 것이다. 누구나 10년마다 대운이 바뀐다고 했으니, 3살+10년=13살이니 대운 두번째 간지는 13살 때 바뀐다고 보면 된다. 그러면 세 번째 간지는 23살, 네 번째 간지는 33살 때 바뀐다고 생각하면 된다.

① **순행**(順行=시계 방향)하는 대운 : 연주(年柱)의 연간(年干)을 기준해서 남자가 양간(陽干), 즉 남자 해에 태어나고 여자는 음간(陰干), 즉 여자 해에 태어났으면 순행한다.

(예) 甲에서 시작한다면 乙→丙→丁→戊→己→庚→辛→壬→癸의 순서로 진행한다. 지(支)도 子에서 시작한다면 丑→寅→卯→辰→巳→午→未→申→酉→戌→亥의 순서로 진행한다.

② **역행**(逆行=시계 반대 방향)하는 대운 : 연주(年柱)의 연간(年干)을 기준해서 남자가 음년(陰年), 즉 여자 해에 태어나고 여자가 양년(陽年), 즉 남자 해에 태어났으면 역행한다.

(예) 甲에서 시작한다면 癸→壬→辛→庚→己→戊→丁→丙→乙의 순서로 진행된다. 지(支)도 子에서 시작한다면 亥→戌→酉→申→未→午→巳→辰→卯→寅→丑의 순서로 진행된다.

대운세우기 실습

[예 1] 3대운 남자의 대운 간지

연주	壬 午
월주	壬 寅
일주	己 酉
시주	甲 子

월주	3세	13세	23세	33세	43세	53세
壬	癸	甲	乙	丙	丁	戊
寅	卯	辰	巳	午	未	申

- 남자가 양(陽)년生이므로 순행한다.
- 월주(月柱)가 출발기준이다.
- 월주는 대운 간지가 아니다. 그러므로 月柱는 대운이 순행하든 역행하든 출발의 기준 干支일 뿐이다.

보충설명 남녀가 같은 일주(日柱), 즉 생일이 같아도 대운수는 다르지만 대운이 10년마다 바뀌는 것은 같다. 그래서 대운이 바뀔 때마다 10년씩을 더해가면 된다.

[연습 1] 7대운 남자의 대운 간지를 써 보라.

연주	辛 酉
월주	丙 申
일주	壬 子
시주	癸 卯

• 남자가 음(陰)년생이므로 역행한다.

월주	7세	17세	27세	37세	47세	57세
丙	乙	甲	癸	壬	辛	
申	酉	申	未	午	巳	

[연습 2] 6대운 여자의 대운 간지를 써 보라.

연주	己 巳
월주	丁 丑
일주	癸 酉
시주	甲 子

• 여자가 음(陰)년 생이므로 순행한다.

월주	6세	16세	26세	36세	46세	56세	66세
丁	戊	己	庚		壬		
丑	寅	卯	辰	巳		未	

[연습 3] 10대운 여자의 대운 간지를 써 보라.

연주	壬 辰
월주	辛 巳
일주	丁 酉
시주	庚 辰

• 여자가 양(陽)년생이므로 역행한다.

월주	10세	20세	30세	40세	50세	60세	70세
辛		己					甲
巳	辰				子		戌

모범 답안

[연습 1]

월주	7세	17세	27세	37세	47세	57세
丙	乙	甲	癸	壬	辛	**庚**
申	酉	申	未	午	巳	**辰**

[연습 2]

월주	6세	16세	26세	36세	46세	56세	66세
丁	戊	己	庚	**辛**	壬	**癸**	**甲**
丑	寅	卯	辰	巳	**午**	未	**申**

[연습 3]

월주	10세	20세	30세	40세	50세	60세	70세
辛	**庚**	己	**戊**	**丁**	**丙**	**乙**	甲
巳	辰	**卯**	**寅**	**丑**	子	**亥**	戌

3. 대운 보는 법

[보기] 3대운, 역행, 남자

1운	2운	3운	4운	5운	6운	7운
3세	13세	23세	33세	43세	53세	63세
壬	辛	庚	己	戊	丁	丙
辰	卯	寅	丑	子	亥	戌
8세	18세	28세	38세	48세	58세	68세

[예 1] 丁火일생, 身弱四柱의 3大運

신약한 사주란 일간(日干) 정화(丁火)가 약하다는 말이다. 신약할 때의 용신은 일간(日干)과 같은 오행인 비겁이거나 일간을 생해 주는 오행인 인성이라 배웠다. 그러니까 대운에서 비겁운(運)이나 인성운(運)이 되는 오행을 만나면 힘을 얻는 만큼 대발(大發), 수복(受福)하게 된다. 그러나 일간이 약한 사주가 일간 오행이 생해 주어야 하는 오행인 식상운을 만나거나 힘이 약한 일간 오행이 극해야 하는 오행인 재성운을 만나거나 또는 일간 오행을 극해 오는 오행을 만난다면 더욱 신약(身弱)해지게 되므로 매사불성(每事不成)이고 심신이 고달퍼지게 된다.

위 [보기]의 3운 중 23~27세까지의 대운을 보자.

일간 정화(丁火)와 경금(庚金)의 관계는 화극금(火剋金)이다. 또한 육친(六親)으로 보면 정재이다. 문제는 신약 사주라는 것인데, 결과적으로 보면 화극금(火剋金), 아극재(我剋財)하느라고 더욱 약해졌을 터이니, 신주(身主)가 직장인이라면 파란이 있었을 것이고, 사업하는 이라면 사업상 막힘이 많았을 것이다. 건강을 보아도 신약한 정화(丁火)가 강한 경금(庚金)을 극하다 보니 건강에도 문제가 있었다고 보면 틀림없다. 다행히 28세~32세까지는 인목(寅木) 대운이 온다.

약한 일간 정화(丁火) 오행을 생해 주는 인목(寅木) 오행이 온다. 육친으로 보면 정인(正印)이다. 그래서 그 대운 동안은 언제 아팠느냐는 듯이 건강도 좋아지고 발복(發福)하게 된다.

[예 2] 丁火일생, 身强四柱의 3大運

신강 일주(日主) 정화(丁火)의 용신은 일주(日主)의 힘을 빼게 하는 오행이다. 일주가 火니까 용신은 화극금(火剋金) 또는 수극화(水剋火), 그러니까 金(=육친으로는 財星)이나 水(=육친으로는 官星)이다. 그렇게 해서 강한 일주(日主)의 기운(氣運)이 빠져서 (=설기 洩氣), 사주 내의 오행의 힘이 균형이 잡힐 수록 만사여의(萬事如意)하게 되는 것이다. 이것이 신약 사주와 다른 것이다. 다시 말하면 신약 사주일 때는 일주(또는 일간)와 같은 오행이나 일주를 생해 주는 오행이 용신이고, 또한 그런 오행이 드는 행운(行運)을 만날 때 크게 발복한다.

반대로 신강 사주 때에는 일주(또는 일간)의 힘을 설기시키는 오행이 용신이다. 또한 그런 오행이 드는 행운을 만날 때 대발(大發)한다.

위 [보기]의 3대운 중 23~27세의 대운을 보자.

일간 정화(丁火)와 대운 경금(庚金)의 관계는 화극금(火剋金)이다. 육친은 정재이다. 일간이 금(金)을 극하느라고 강한 일주(日柱)가 설기되어 강한 사주가 조화(調和)를 이룸으로써 크게 발복하게 된다. 그러나 28~32세에는 강한 정화(丁火)를 대운 인목(寅木)이 생해 주는 목생화(木生火)의 대 운이 들게 되어 강한 사주가 더욱 강해지므로 오히려 어려운 일이 많아지고 파동이 생기게 된다.

대운세우기 숙달 연습하기 1

※ 사주를 세우고 대운을 뽑아 다음 양식에 써 보아라(한글 사주·대운 만세력 참고).

[연습]

1. 1957년 (음) 6월 11일 亥시생 남자.
2. 1963년 (음) 4월 22일 卯시생 여자.
3. 1970년 (음) 10월 12일 未시생 여자.
4. 1965년 (음) 7월 14일 午시생 여자.
5. 1965년 (음) 12월 3일 酉시생 남자.
6. 1965년 (음) 5월 21일 丑시생 남자.
7. 1962년 (음) 4월 5일 巳시생 여자.
8. 1958년 (음) 10월 3일 巳시생 남자.
9. 1959년 (음) 8월 25일 巳시생 여자.
10. 1954년 (음) 6월 26일 卯시생 남자.

참 고 여자時柱의 時干은 日支오행의 正氣로 해서 時柱를 세웠다.

[연습 1] 대운 : 운 (순운 · 역운)

사주＼간지	간	지
연주		
월주		
일주		
시주		

나이						
간						
지						
나이						

[연습 2] 대운 : 운 (순운 · 역운)

사주＼간지	간	지
연주		
월주		
일주		
시주		

나이						
간						
지						
나이						

[연습 3] 대운 : 운 (순운 · 역운)

사주＼간지	간	지
연주		
월주		
일주		
시주		

나이						
간						
지						
나이						

[연습 4] 대운 : 운 (순운 · 역운)

사주＼간지	간	지
연주		
월주		
일주		
시주		

나이						
간						
지						
나이						

[연습 5] 대운 : 운 (순운 · 역운)

사주＼간지	간	지
연주		
월주		
일주		
시주		

나이						
간						
지						
나이						

[연습 6] 대운 : 운 (순운 · 역운)

사주 \ 간지	간	지
연주		
월주		
일주		
시주		

나이						
간						
지						
나이						

[연습 7] 대운 : 운 (순운 · 역운)

사주 \ 간지	간	지
연주		
월주		
일주		
시주		

나이						
간						
지						
나이						

[연습 8] 대운 : 운 (순운 · 역운)

사주 \ 간지	간	지
연주		
월주		
일주		
시주		

나이						
간						
지						
나이						

[연습 9] 대운 : 운 (순운 · 역운)

사주 \ 간지	간	지
연주		
월주		
일주		
시주		

나이						
간						
지						
나이						

[연습 10] 대운 : 운 (순운 · 역운)

사주 \ 간지	간	지
연주		
월주		
일주		
시주		

나이						
간						
지						
나이						

모범 답안

[연습 1]

사주＼간지	간	지
연주	丁	酉
월주	丁	未
일주	辛	巳
시주	己	亥

대운 : 1대운 (순운 · 역운)

나이	1세	11세	21세	31세	41세	51세
간	丙	乙	甲	癸	壬	辛
지	午	巳	辰	卯	寅	丑
나이	6세	16세	26세	36세	46세	56세

[연습 2]

사주＼간지	간	지
연주	癸	卯
월주	丁	巳
일주	戊	午
시주	癸	卯

대운 : 8대운 (순운 · 역운)

나이	8세	18세	28세	38세	48세	58세
간	戊	己	庚	辛	壬	癸
지	午	未	申	酉	戌	亥
나이	13세	23세	33세	43세	53세	63세

[연습 3]

사주＼간지	간	지
연주	庚	戌
월주	丁	亥
일주	甲	午
시주	丁	未

대운 : 1대운 (순운 · 역운)

나이	1세	11세	21세	31세	41세	51세
간	丙	乙	甲	癸	壬	辛
지	戌	酉	申	未	午	巳
나이	6세	16세	26세	36세	46세	56세

[연습 4]

사주＼간지	간	지
연주	乙	巳
월주	甲	申
일주	丙	申
시주	壬	午

대운 : 10대운 (순운 · 역운)

나이	10세	20세	30세	40세	50세	60세
간	丙	丁	戊	己	庚	辛
지	戌	亥	子	丑	寅	卯
나이	15세	25세	35세	45세	55세	65세

[연습 5]

사주＼간지	간	지
연주	乙	巳
월주	戊	子
일주	癸	丑
시주	辛	酉

대운 : 6대운 (순운 · 역운)

나이	6세	16세	26세	36세	46세	56세
간	丙	乙	甲	癸	壬	辛
지	戌	酉	申	未	午	巳
나이	11세	21세	31세	41세	51세	61세

[연습 6]

대운 : 5대운 (순운 · 역운)

사주 \ 간지	간	지
연주	乙	巳
월주	壬	午
일주	乙	巳
시주	丁	丑

나이	5세	15세	25세	35세	45세	55세
간	辛	庚	己	戊	丁	丙
지	巳	辰	卯	寅	丑	子
나이	10세	20세	30세	40세	50세	60세

[연습 7]

대운 : 1대운 (순운 · 역운)

사주 \ 간지	간	지
연주	壬	寅
월주	乙	巳
일주	丙	午
시주	乙	巳

나이	1세	11세	21세	31세	41세	51세
간	甲	癸	壬	辛	庚	己
지	辰	卯	寅	丑	子	亥
나이	6세	16세	26세	36세	46세	56세

[연습 8]

대운 : 8대운 (순운 · 역운)

사주 \ 간지	간	지
연주	戊	戌
월주	癸	亥
일주	甲	午
시주	己	巳

나이	8세	18세	28세	38세	48세	58세
간	甲	乙	丙	丁	戊	己
지	子	丑	寅	卯	辰	巳
나이	13세	23세	33세	43세	53세	63세

[연습 9]

대운 : 4대운 (순운 · 역운)

사주 \ 간지	간	지
연주	己	亥
월주	癸	酉
일주	壬	子
시주	丁	巳

나이	14세	24세	34세	44세	54세	64세
간	乙	丙	丁	戊	己	庚
지	亥	子	丑	寅	卯	辰
나이	19세	29세	39세	49세	59세	69세

[연습 10]

대운 : 4대운 (순운 · 역운)

사주 \ 간지	간	지
연주	甲	午
월주	辛	未
일주	壬	午
시주	癸	卯

나이	4세	14세	24세	34세	44세	54세
간	癸	甲	乙	丙	丁	戊
지	酉	戌	亥	子	丑	寅
나이	9세	19세	29세	39세	49세	59세

예고(豫告)

Ⅰ부에서는 남·여 사주세우기, 용신, 대운을 중심으로 소개했다.

Ⅱ부에서는 남·여 사주의 각기 다른 日干, 또 남·여의 각기 다른 日干에 맞춘 時柱세우는 방법을 터득한 후 용신공식(=팔자분수도)으로 용신을 찾는 용신법을 공부하게 된다.

제II부

역술편

역술 총정리

• 이책만의 자랑 – 독보적 역리 5가지 •

지장간(支藏干)

남·여 사주(四柱) 바로 세우기

팔자분수도(八字分數圖)

용신법(用神法)

재육신(再六神)

東洋命理學에 영향 준 西洋占星學

서양 宿命占星學 → 七政四餘學(=五星學) → 동양 命理學

西洋 占星學	→	東洋 命理學
• 行星間의 상호작용	→	十神작용(=生·克·制·化)
• 行星間의 상호각도	→	0°(合), 180°(沖), 45°(破)
• 行星間의 각도작용	→	神殺 (=星殺)
• 行星間의 분화, 교환, 혼합	→	支藏干
• 七政(日, 月, 木, 火, 土, 金, 水)의 干支化	→	60甲子

이 책이 준거한 역리는 子平易理다.

1. 기존의 年柱, 年支 중심(**天動說**)에서 자평의 日柱, 日干 중심(**地動說**)의 四柱論만을 따름.
2. 자평이 따른 태양태음력(=절기력) 사용.
3. 子平式 支藏干 및 月律分野(=司令日數)에 따름.
4. 子平式 日干 기준 抑扶用神 看命法에 따름.
5. 子平式 六親宮理論에 따름.

命理學에서 쓰는 神의 뜻

흔히 그리스도교에서 四柱命理學을 미신이라고 오해하는 이유가 '神'이란 말 때문이다.

그리스도교에서 말하는, 즉 종교상의 神은 the God(유일신), the creaton(조물주)이다. 무속신앙에서 쓰는 神은 鬼神(귀신), 雜神(잡신)의 준 말인데 demon(귀신), sundry evil spirits(잡신)의 神을 말한다.

그러나 易學에서 쓰는 神이란, 눈에 보이지 않는 氣(Invisible Energe=무명의 힘)를 말하는 것이다.

氣는 神처럼 눈에는 보이지 않지만 그 작용은 느낄 수 있기 때문에 학술용어상 神이라고 쓰는 것이지 그리스도교에서 말하는 종교상의 神도 아니고 무속신앙에서 쓰는 虛神의 神도 아니다.

서양 점성술에는 氣라는 말이 없다. 서양 천문학에서도 氣라는 말을 쓰지 않는다. 그래서 서양에서는 행성과 행성간의 角度에서 오는 角力, 즉 物力(=Energe)를 중요시한다.

우리는 氣와 氣간의 氣力을 중시한다. 그래서 영어로는 氣를 무형의 에너지(invisibe energe)라는 말을 만들어 표현한다. 이로써 命理學이 미신이 아님을 이해하는 데 도움이 됐으면 한다.

이 氣가 작용을 하지 않을 때는 五行이라 하고, 氣가 吉·凶작용을 할 때는 吉(=貴)神, 凶(=殺)神이라고 한다.

지장간(支藏干)의 생기별(生氣別) 적용

1. 지장간의 뜻

지장간 또는 암장(暗藏)이란, 地支 속에 숨어 있는 天干을 말하는 데 각 支마다 2개 내지 3개 또는 4개의 天干이 들어 있다.

그 天干들 마다 오행이 다르거나 오행이 같을 때는 陰과 陽이 다르기 때문에 四柱運命學에서는 대단히 중요시 한다.

天干은 하늘이다. 地支는 땅이다.

하늘은 남자이고 땅은 여자이다.

하늘은 척 보면 날씨가 맑은지 흐린지 한 눈에 알 수 있지만, 땅은 파 보기 전에는 그 속에 무엇이 들어 있는지를 알 수가 없다. 그래서 여자는 남자들의 얼굴만 흘깃 보아도 무엇을 감추고 있는지 한 눈에 알아 내지만, 남자는 여자의 얼굴을 아무리 뜯어 보아도 그 속을 알 수가 없는 것과 같다.

지장간 음·양 도표

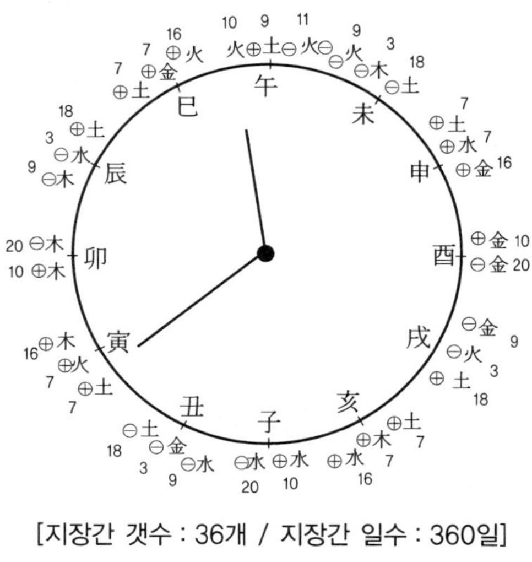

[지장간 갯수 : 36개 / 지장간 일수 : 360일]

지장간이란 그와 같은 것이어서 각기 다르게 구성되

는 四柱의 日干과 대비되는 支 중에서 정확히 해당되는 天干을 찾아내야만 정확한 四柱를 해독할 수 있는 첫 단계가 된다.

특히 지지장천간(地支藏天干)을 정확히 알아야 하는 까닭은, 四柱命理學은 地支를 天干으로 치환(置換=바꿈)하여 天氣와 地氣를 대조하는 원리이므로 반드시 지장간을 알아야 한다.

2. 지장간의 구분

1) 초기(初氣) : 초기生

入節 후 中氣 시작 직전까지 主氣가 되는 기운으로 이 기간 중에 태어난 사람을 初氣生이라고 한다.

2) 중기(中氣) : 중기生

初氣와 正氣의 중간 기운으로 이 기간 중에 태어난 사람을 中氣生이라고 한다.

支藏天干 도표

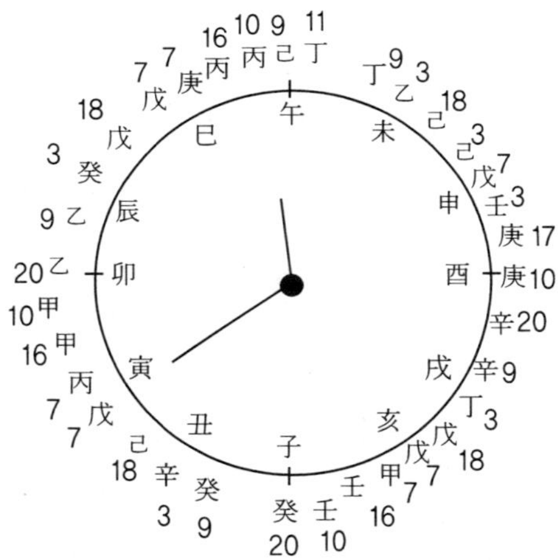

3) 정기(正氣) : 정기生

中氣 이후 새 入節 전까지, 즉 그 달 말까지의 기운으로 이 기간 중에 태어난 사람을 正氣生이라고 한다.

3. 초·중·정기생 구분법

한글 사주 대운만세력(박규병/신아사) 참조

본 만세력을 보면 月柱 60甲子 중 고딕체(=굵은 글자)로 인쇄된 干支가 있다. 그 날이 절기(節氣)가 바뀐 날이다. 그러므로 그 절기가 바뀐 날 부터 며칠 후에 태어났는가에 따라서 자신이 초기생인가, 중기생인가, 정기생인가를 알 수 있다.

男(=乾)·女(=坤) 사주(四柱) 바로 세우기

사주 구성

연주(생년)	①年 干	②年 支
월주(생월)	③月 干	④月 支
일주(생일)	⑤日 干	⑥日 支
시주(생시)	⑦時 干	⑧時 支

→

서자평식 六親宮

①조부	②조모
③부 · 형제	④모 · 자매
⑤본인	⑥배우자
⑦아들	⑧딸

5行別 서양12宮의 男·女

5行	12宮	12支	性(陰 · 陽)
木	인마궁	寅	男 · 陽
	쌍어궁	亥	女 · 陰
火	백양궁	戌	男 · 陽
	천갈궁	卯	女 · 陰
土	보병궁	子	男 · 陽
	마갈궁	丑	女 · 陰
金	천칭궁	辰	男 · 陽
	금우궁	酉	女 · 陰
水	쌍자궁	申	男 · 陽
	처녀궁	巳	女 · 陰

• 남자 사주

[예 1]

연주(생년)	①戊土	②辰土
월주(생월)	③甲木	④子水
일주(생일)	⑤丙火	⑥申金
시주(생시)	⑦壬水	⑧辰土

男子의 사주일 경우, 당연히 日干은 丙火이다. 따라서, 日支 申金은 배우자이므로 妻가 된다. 위 六親官과 四柱구성과 같다.

또한 四柱구성의 ①, ③, ⑤, ⑦은 남자(=乾)의 자리(=宮)다. ②, ④, ⑥, ⑧은 여자(=(=坤)의 자리(=宮)다. 남자에게는 자식이 官星이므로 壬水가 자식이다.

• 여자 사주

앞쪽수 남자사주의 [예 1]의 四柱를 다시 보자.

기존식으로 日干을 따진다면 여자 日干도 ⑤의 五行이 되는 셈이다. 그러므로 여자의 日干도 丙火가 되고 배우자는 배우자리인 ⑥의 申金이 된다. 그러면 남자의 日干 丙火는 배우자 자리인 ⑥ 申金자리로 내려가야 한다. 그런데 ②, ④, ⑥, ⑧은 여자(=坤)궁이다. 다시 말하면 남자가 여자가 되고 여자가 남자가 된다는 이야기가 되는데 과연 맞는 말일까?

또 남자에게는 관성(官星) 壬水가 자식이다. 여자에게는 관성(官星)은 남편(=배우자)인데 日柱의 日干을 남·여 공용으로 쓴다면, 남자의 자식은 壬水며 여자에게 壬水는 남편이 된다. 잘못된 역리다.

앞쪽수의 「5행별 서양 12宮의 남(陽)·여(陰)」을 보자.

5행별 서양 12宮 의 男·女 표를 보면, 5행마다 두개씩 별자리(星座)가 있고 각 별자리는 男性과 女性으로 나뉘어 있다. 우리식으로 말하면, 陽과 陰으로 나누어서 분명히 男女별 자리를 구분하고 있다. 그러므로 여자의 日干은 日支의 支藏天干이 日干이 된다. 더 자세히 말하면 支藏干 초, 중, 정기 중에서 해당되는 支藏天干이 日干이 된다. [예 1]의 사주를 아래 팔자분수도(八字分數圖)에 남·녀 사주로 구분하여 각각 代入해 보자.

팔자분수도

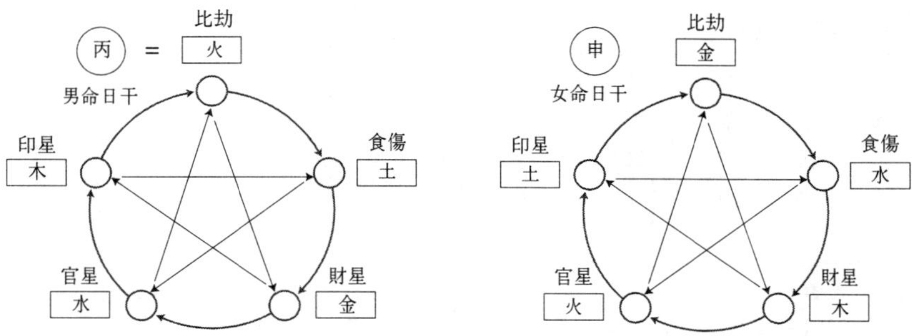

男命 (=乾命)	**女命 (=坤命)**
배우자 : 財星 金	배우자 : 官星 火
자 식 : 官星 水	자 식 : 食傷 水

生氣別 四柱세우기 연습

日干 五行은 개수에 포함되지 않는다. 대신 月支오행은 2개로 한다. 그러면 4柱 8字가 된다. 자세한 설명은 用神편에서 하겠다.

예) 月支오행이 木이라면 木+木=2木, 즉 木오행이 2개가 된다.

연습문제 1

男命, 中氣 : 10日生

연	辛	丑	癸	辛	己
월	乙	未	丁	乙	己
일	庚	戌	辛	丁	戊
시	甲	申	己戊	壬	庚

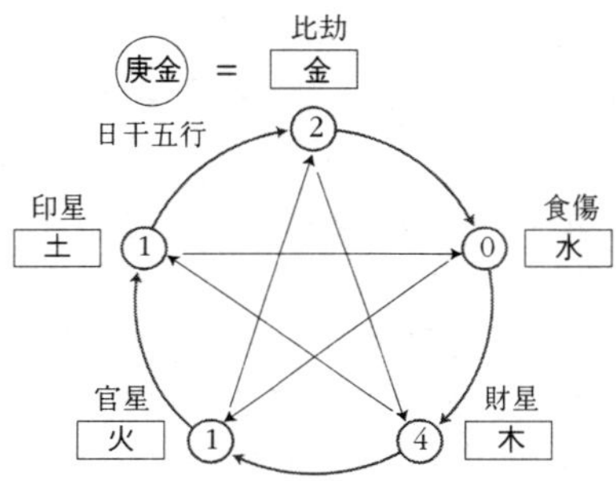

연습문제 2

女命, 中氣 : 10日生

연	辛	丑	癸	辛	己
월	乙	未	丁	乙	己
일	庚	戌	辛	丁	戊
시	庚	申	己戊	壬	庚

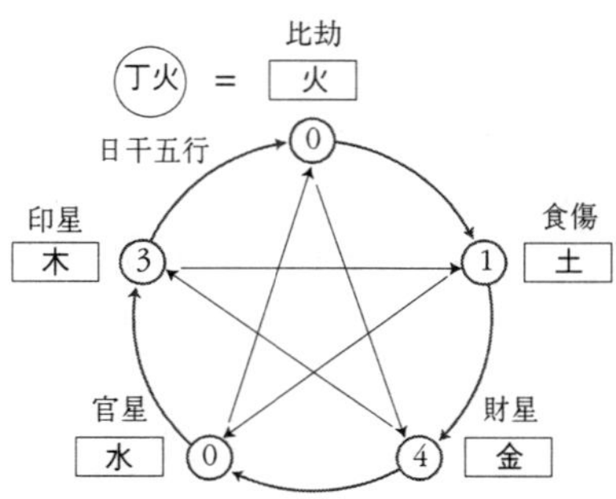

보충설명

- 女命이며 中氣生이므로 日干은 丁火다.
- 時干은 日干 丁에 기준한 것이다.
- 合·沖·破 등을 따질 때는 남·여 공히 같은 支를 써서 따져 본다.

연습문제 3

男命, 初氣 : 4日生

연	庚	子	壬	癸	癸
월	甲	申	己戊	壬	庚
일	庚	午	丙	己	丁
시	戊	辰	乙	癸	戊

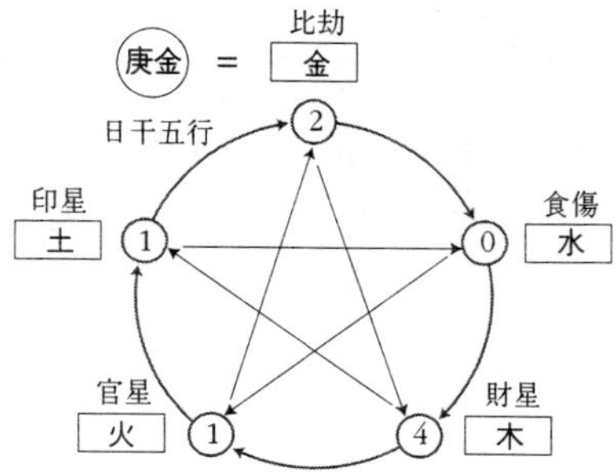

연습문제 4

女命, 初氣 : 4日生

연	庚	子	壬	癸	癸
월	甲	申	己戊	壬	庚
일	庚	午	丙	己	丁
시	戊	辰	乙	癸	戊

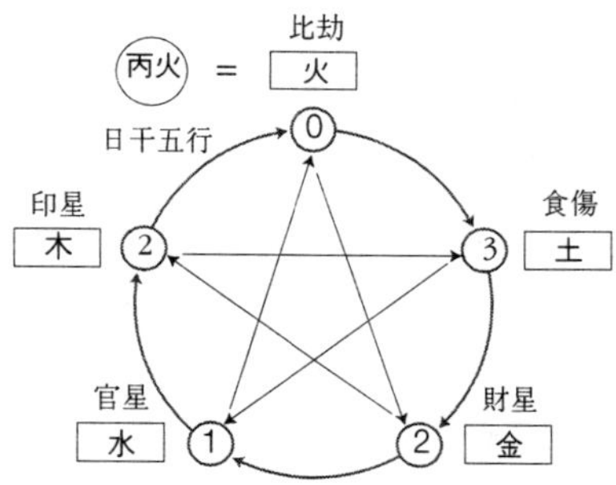

보충설명

- 女命이며 初氣生이므로 日干은 丙火다.
- 時干은 日干 丙에 기준한 것이다.

연습문제 5

女命, 정기 : 20日生

연	甲	寅	戊	丙	甲
월	癸	酉	庚	辛	辛
일	癸	酉	庚	辛	辛
시	庚	寅	癸	戊	甲

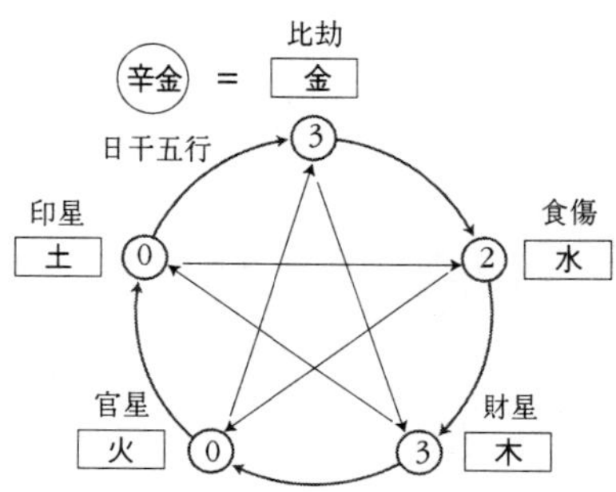

연습문제 6

男命, 정기 : 18日生

연	丁	未	丁	乙	㉠己
월	癸	卯	甲	乙	(乙)
일	辛	卯	甲	乙	(乙)
시	丁	酉	庚	辛	(辛)

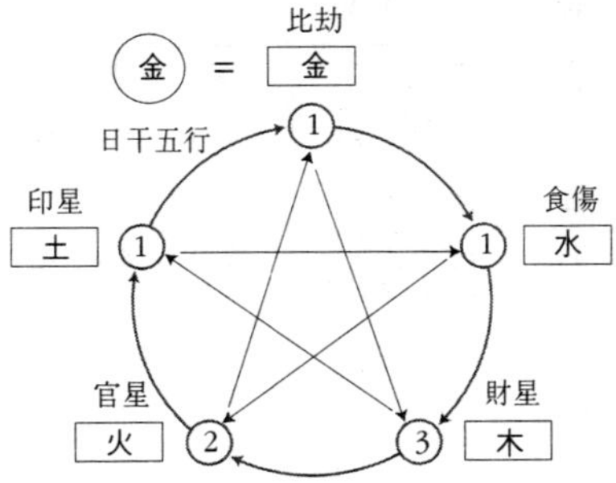

1. 지(支)속의 지장간들

인(寅) (戊 土 7일간, 丙 火 7일간, 甲 木 16일간)

1 2 3 4 5 6 7 8 9 10 11 12 13 14 15 16 17 18 19 20 21 22 23 24 25 26 27 28 29 30일
└ 초기 戊土 ┘ └ 중기 丙火 ┘ └ 정기 甲木 ┘

묘(卯) (甲 木 10일간, 乙 木 20일간)

1 2 3 4 5 6 7 8 9 10 11 12 13 14 15 16 17 18 19 20 21 22 23 24 25 26 27 28 29 30일
└ 초기 甲木 ┘ └ 정기 乙木 ┘

진(辰) (乙 木 9일간, 癸 水 3일간, 戊 土 18일간)

1 2 3 4 5 6 7 8 9 10 11 12 13 14 15 16 17 18 19 20 21 22 23 24 25 26 27 28 29 30일
└ 초기 甲木 ┘ └ 중기 癸水 ┘ └ 정기 戊土 ┘

사(巳) (戊 土 7일간, 庚 金 7일간, 丙 火 16일간)

1 2 3 4 5 6 7 8 9 10 11 12 13 14 15 16 17 18 19 20 21 22 23 24 25 26 27 28 29 30일
└ 초기 戊土 ┘ └ 중기 庚金 ┘ └ 정기 丙火 ┘

오(午) (丙 火 10일간, 己 土 9일간, 丁 火 11일간)

1 2 3 4 5 6 7 8 9 10 11 12 13 14 15 16 17 18 19 20 21 22 23 24 25 26 27 28 29 30일
└ 초기 丙火 ┘ └ 중기 己土 ┘ └ 정기 丁火 ┘

미(未) (丁 火 9일간, 乙 土 3일간, 己 土 18일간)

1 2 3 4 5 6 7 8 9 10 11 12 13 14 15 16 17 18 19 20 21 22 23 24 25 26 27 28 29 30일
└ 초기 丁火 ┘ └ 중기 乙木 ┘ └ 정기 己土 ┘

신(申) (己 土 3일간, 戊 土 7일간, 壬 水 3일간, 庚 金 17일간)

1 2 3 4 5 6 7 8 9 10 11 12 13 14 15 16 17 18 19 20 21 22 23 24 25 26 27 28 29 30일
└ 초기 己土 ┘ └ 초중기 戊土 ┘ └ 중기 壬水 ┘ └ 정기 庚金 ┘

유(酉) (庚 金 10일간, 辛 金 20일간)

1 2 3 4 5 6 7 8 9 10 11 12 13 14 15 16 17 18 19 20 21 22 23 24 25 26 27 28 29 30일
└ 초기 庚金 ┘ └ 정기 辛金 ┘

술(戌) (辛 金 9일간, 丁 火 3일간, 戊 土 18일간)

1 2 3 4 5 6 7 8 9 10 11 12 13 14 15 16 17 18 19 20 21 22 23 24 25 26 27 28 29 30일
└ 초기 辛金 ┘ └ 중기 丁火 ┘ └ 정기 戊土 ┘

해(亥) (戊 土 7일간, 甲 木 7일간, 壬 水 16일간)

1 2 3 4 5 6 7 8 9 10 11 12 13 14 15 16 17 18 19 20 21 22 23 24 25 26 27 28 29 30일
└ 초기 戊土 ┘ └ 중기 甲木 ┘ └ 정기 壬水 ┘

자(子) (壬 水 10일간, 癸 水 20일간)

1 2 3 4 5 6 7 8 9 10 11 12 13 14 15 16 17 18 19 20 21 22 23 24 25 26 27 28 29 30일
└ 초기 壬水 ┘ └ 정기 癸水 ┘

축(丑) (癸 水 9일간, 辛 金 3일간, 己 土 18일간)

1 2 3 4 5 6 7 8 9 10 11 12 13 14 15 16 17 18 19 20 21 22 23 24 25 26 27 28 29 30일
└ 초기 癸水 ┘ └ 중기 辛金 ┘ └ 정기 己土 ┘

2. 12支의 지장간들과 司令日數(=관장 日數)

참 고

支에 따라서 초·중·정기의 일수(日數)가 다르다.

孟 : 寅, 巳, 申, 亥
7+7+16=30일

仲 : 卯, 午, 酉, 子
10+20=30일

季 : 辰, 未, 戌, 丑
9+3+18=30일

[예외] **午** : 10일+9일+11일=30일
(丙) (己) (丁)

申 : 3일+7일+3일+17일=30일
(己) (戊) (壬) (庚)

보충설명

- 천간(天干)에는 지장간이 없다. 그러니까 10간(干)은 그 자체가 오행이다. 그러나 12支(天干)에는 천간(=암장)이 2~4개가 있어서 절기력(節氣曆)으로 보는 30일(=한달) 동안에 해당되는 날짜동안의 主氣(주기=사령기 司令氣)가 되는 것이다.
- 우리는 일상 생활에서 한 달을 셋으로 구분할 때 초순, 중순, 하순이라고 부르는데 초순이 초기에 해당되고 중순이 중기, 하순이 정기에 해당되는 셈이다.
- 앞 쪽수 '支속의 지장간들' 인 지장간 표를 보면 각 지(支) 밑에는 1~30일(日)까지가 적혀 있고, 그 날짜 밑에는 해당되는 날짜 가운데 오행이 있고 초기, 또는 중기, 정기로 구별되어 있다. 날짜는 일반 달력 날짜가 아니고 節(절)이 바뀌는 날을 1일로 해서 그 다음 달, 또 그 다음 달로 30일 간씩의 절기력(節氣曆)을 적어 놓은 것이다.

  예 : **寅**이란 지(支)를 보면 입춘(立春)이 든 날을 1일로 해서 7일까지는 초기라 해서 戊土의 기(氣)가 주기(主氣)가 되다가 8일부터 14일까지 7일동안은 중기가 돼서 丙火가 주기(主氣)가 되고 15일부터 30일까지 16일 동안은 정기로 甲木이 주기(主氣)가 된다는 말이다.

3. 12支의 지장간들과 司令日數(=관장 日數) 외우기

寅 간은 戊丙장수하겠다고 꼴甲들 떤다.

卯 한 것은 甲돌이가 왜 乙지로에서 죽었냐다.

辰 한 맛乙 내려면 癸란과 戊를 섞어라.

巳戊 라이가 庚찰에게 터지고 丙원에 실려갔다.

午 마담이 丙난 것은 己丁사실이다.

未 우면 고은 丁乙 己대하지 마라.

申己 루처럼 戊壬승차하면 庚친다.

酉 리하게 庚辛해라.

戌 은 辛丁때 戊척 마신다.

亥 저 戊는 甲판에서 壬 그리워 운다.

子 야! 선생壬 癸시냐?

丑 선생님도 癸辛己요?

참 고 소리나는 대로 읽으면서 암장천간을 외워라.
예) 인(寅)간은 무병(戊丙)장수하겠다고 꼴갑(甲)들 떤다.

팔자분수도(八字分數圖)

1. 팔자분수도의 뜻

八字分數圖

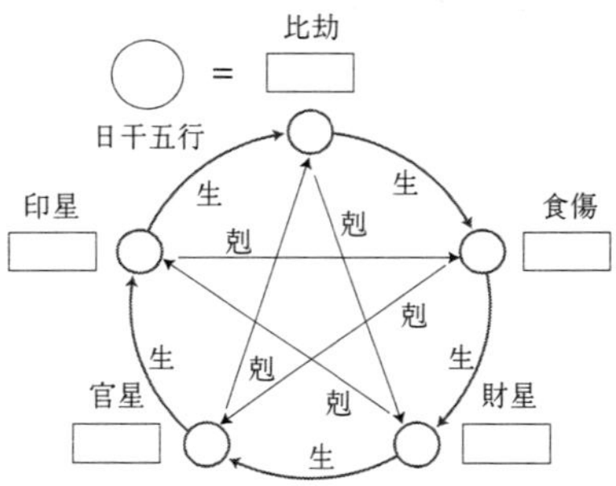

分數라는 한자의 '分'은 4柱8字의 8(=八)을 칼(=刀)로 나눈다는 해자(解字)다. '數'는 그 갯수를 나타내는 말이다. 그러므로 팔자분수도란 각자가 타고난 八字를 음양오행으로 나누어서, 오행의 또다른 이름인 五星(=六神)에다 대입시켜 놓은 그림이라는 말이다. 八字分數圖에다 六神(=五星)을 배열하면 用神公式이라고 하는 것은 내가 命名한 것이다. 그러므로 八字分數圖나 用神公式이라는 말은 같은 동의어로 생각해라.

2. 용신공식(=팔자분수도) 작성법

1) 남·여 日干오행은 항상, 상단 비겁칸(▭) 왼쪽에 있는 ◯속에 쓴 후, 日干오행을 뺀 나머지 比劫의 갯수를 比劫밑에 있는 작은 동그라미(◯)속에 적는다. 比劫밑에 있는 네모(▭)속에는 日干오행과 같은 오행을 적는다.

用神公式(=八字分數圖)

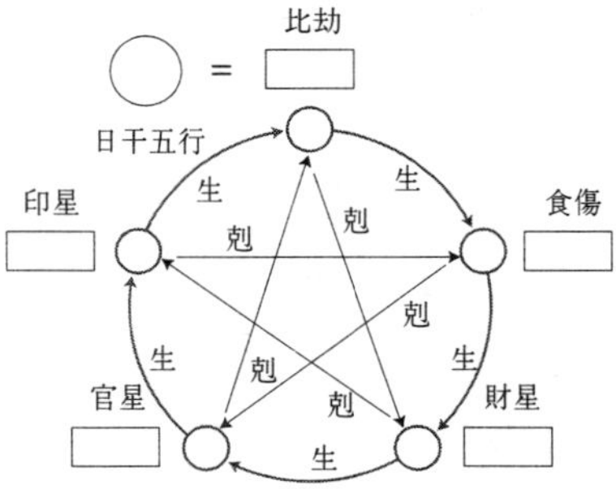

이 때 명심할 것은 日干오행은 팔자분수도(=용신공식)의 갯수에서는 셈하지 않고 제외하는 대신, 月支오행은 '그 月支오행+1=2개'로 적는다. 예를 들어 月支오행이 木이라면 '木+木=2개木'으로 적는다는 것인데 그 이유는 뒤 用神法에서 설명하겠다.

2) 比劫오행을 출발점으로 해서 시계방향으로 相生을 해나가면 끝의 印星은 항상 比劫을 生해 주는 오행으로 끝나게 된다.

3) 八字分數圖(=用神公式)에서 日干오행을 比劫으로 하여 相生방향으로 써 나가면 바깥(外)쪽은 相生을 표시하고 안쪽(內)의 화살표는 화살표끝이 剋을 당하는 오행이 된다.

4) 八字分數圖(=用神公式)에서 오행의 자리는 日干오행에 따라 그 자리가 달라지지만 五星(=六神)의 위치는 불변의 위치이다. 그런 이유로 앞으로는 오행의 이름대신 五星(=六神)의 이름을 쓸 것이니 각 오성의 위치를 기억해 두어야 한다.

[예 1]

사주팔자내의 오행의 相生, 相剋과 六神의 위치는 다음과 같다.

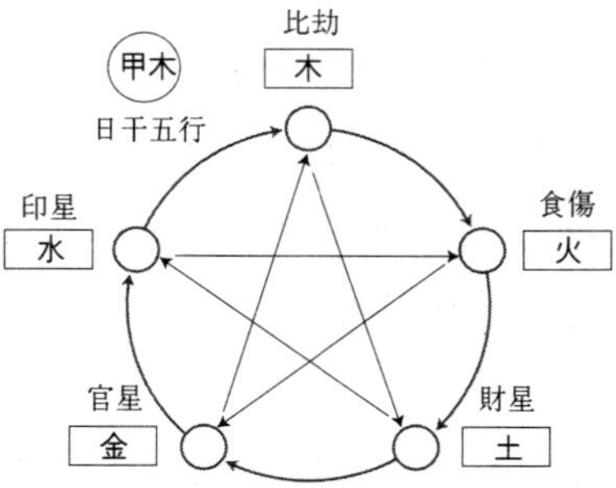

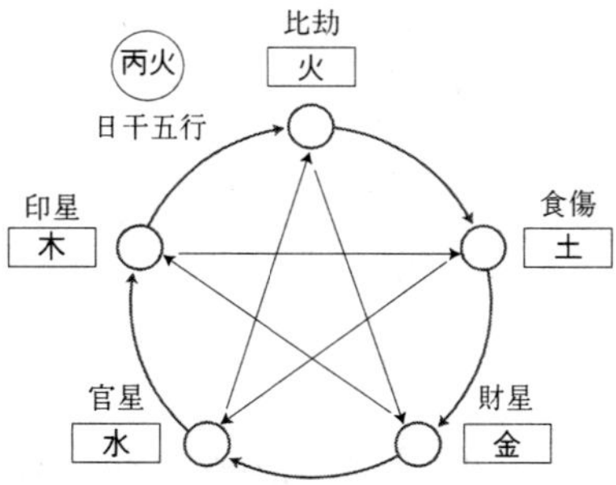

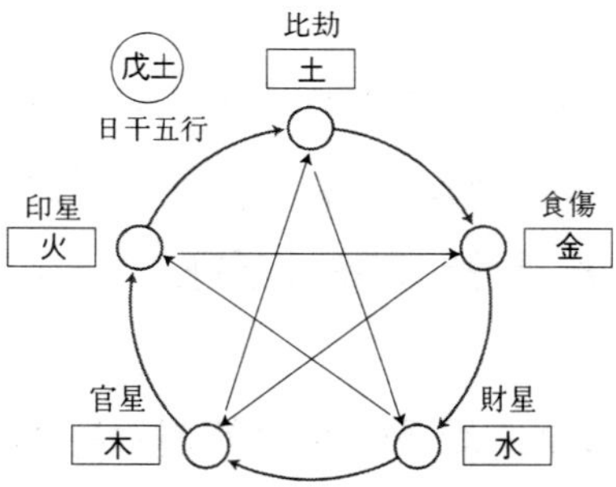

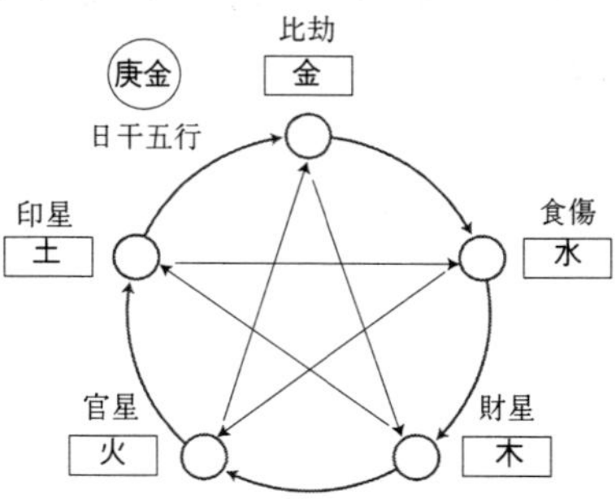

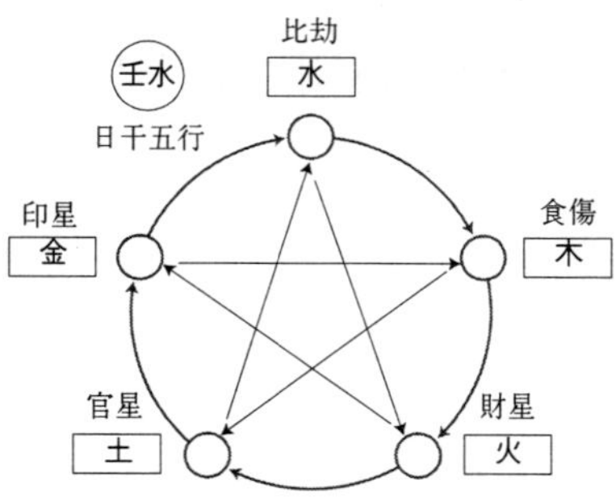

용신법(用神法)

1. 日干의 身强, 身弱 배율표

身太旺~身太强

太旺	太强	旺	强	中和	弱	衰	太弱	太衰
8:0	7:1	6:2	5:3	4:4	3:5	2:6	1:7	0:8

身太强 (8:0, 7:1) 身强 (6:2, 5:3) 身弱 (3:5, 2:6) 身太弱 (1:7, 0:8)

用神公式(=八字分數圖)

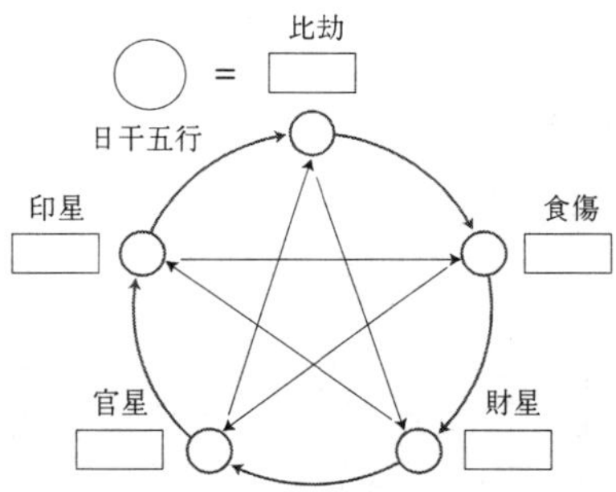

보충설명

위 배율표에서 8자(八字)의 갯수가 적혀 있는데 왼쪽의 수(數)는 印星오행+比劫오행 갯수의 合이고, 오른쪽의 수(數)는 食傷오행+財星오행+官星오행 갯수의 合이다.

앞으로 이 책에서 몇:몇이라 해서 숫자로 표기하는 것은 모두 위의 오행 갯수와 같다.

1) 신강·신약 배율작성법

八字分數圖에서 印·比오행의 갯수 : 食·財·官오행의 갯수를 비교해서 배율표를 작성한다.

- **中和四柱** : 印·比오행의 갯수 4 : 食·財·官오행의 갯수 4일 때를 중화사주라 한다. 단, 印·比 중 빠진 오행없이 4개, 食·財·官 중 빠

진 오행이 없이 4개일 때, 4:4의 中和사주다.

예를 들어, 印 0개 + 比 4개 : 食 2개 + 財 0개 官 2개일 때는 中和四柱가 아니다.

- **身强四柱** : 印+比오행의 갯수 5 : 食+財+官 오행갯수 3개
- **身旺四柱** : 印+比오행의 갯수 6 : 食+財+官 오행갯수 2개
- **身太强四柱** : 印+比오행의 갯수 7 : 食+財+官 오행갯수 1개
- **身太旺四柱** : 印+比오행의 갯수 8 : 食+財+官 오행갯수 0개
- **身弱四柱** : 印+比오행의 갯수 3 : 食+財+官 오행갯수 5개
- **身衰四柱** : 印+比오행의 갯수 2 : 食+財+官 오행갯수 6개
- **身太弱四柱** : 印+比오행의 갯수 1 : 食+財+官 오행갯수 7개
- **身太衰四柱** : 印+比오행의 갯수 0 : 食+財+官 오행갯수 8개

2) 용신공식(=팔자분수도)으로 用神찾는 법

八字分數圖(=用神公式)

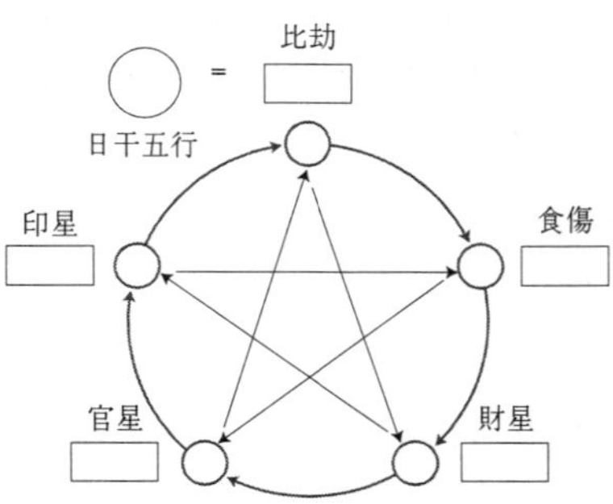

用神 早見表

강약/일간	신 쇠		신 약		신 강		신 왕		중화·균형	
木	비겁	인성	비겁	인성	재성	관성	재성	관성	재성	관성
	木	水	木	水	土	金	土	金	土	金
火	비겁	인성	비겁	인성	재성	관성	재성	관성	재성	관성
	火	木	火	木	金	水	金	水	金	水
土	비겁	인성	비겁	인성	재성	관성	재성	관성	재성	관성
	土	火	土	火	水	木	水	木	水	木
金	비겁	인성	비겁	인성	재성	관성	재성	관성	재성	관성
	金	土	金	土	木	火	木	火	木	火
水	비겁	인성	비겁	인성	재성	관성	재성	관성	재성	관성
	水	金	水	金	火	土	火	土	火	土

用神 早見表 설명

1) 중화(中和) 사주(4:4)

사주내에 오행이 골고루 모두 있으면서 日干을 도와주는 오행, 육친으로 말하면 比劫이나 印星의 合이 4개, 반대로 日干의 힘을 빼는 오행, 즉 食傷이나 財星 및 官星의 合이 4개여서 4:4의 균형을 이루는 사주를 말한다. 이런 사주는 사주가 周流(주류=순환)함으로 일생에 큰 파동이 없는 좋은 사주다.

사주에서 가장 좋은 것은 8자(八字) 중 빠진 오행이 없고 어느 한 오행으로 치우치지 않으면서도 사주가 주류(周流)하는 사주다. 이런 사주를 상팔자라고 우리는 부른다. 그러나 4:4는 맞는데 어느 오행이 빠져 있거나 또 어느 오행으로 몰려 있을 때는 중화된 사주라고 하지 않는다. 사주학에서는 사주의 8자 오행 중 1개일 때는 약하다고 하고, 2개일 때는 적당하다고 하고, 3개일 때는 과(過)하다 하고, 4개 이상이면 태과(太過)하다고 한다.

2) 신강(身强) 사주(5:3)

이런 경우는 日干의 힘을 설기(洩氣)시키는 오행 육신이 用神이다. 단, 어느 한 오행이 5개로 몰려 있을 때는 신약, 신강 가리지 말고 그 오행이 用神이다.

3) 신왕(辛旺) 사주(6:2)

日干을 돕는 오행이 6개, 육신으로 말하면 比劫이나 印星의 合이 6개라는 말인데 어느 육신이 5개라면 그 육신 오행이 용신이다. 단, 육신이

4개 까지는 반드시 용신이 되는 것은 아니다. 이때는 日干의 힘을 설기(洩氣)시키는 것이 用神이다.

4) 태왕(太旺), 태강(太强) 사주(8:0/7:1)

사주 오행 대부분이 日干오행과 같거나 아니면 生해주는 오행 일색이다. 육신(=육친)으로 말하면 比劫 아니면 印星 중 어느 한쪽으로 편중되어 있는 경우다. 이때는 가장 강한 오행이 用神이다.

5) 신약(身弱) 사주(3:5)

사주 내의 오행 중 日干을 돕는 比劫이나 印星의 合이 3개이고 나머지는 힘을 설기시키는 食傷이나 극제(克制)하는 財星 아니면 官星들인 경우다. 이 때는 印星이나 比劫이 用神이다.

6) 신쇠(身衰) 사주(2:6)

日干에게 힘이 되는 오행이나 육친(=육신)은 2개 뿐이고 나머지는 日干이 설기시키거나 극제시키는 오행이나 육신으로 되어 있는 경우다. 印星이나 比劫이 用神이다.

7) 태약(太弱), 태쇠(太衰)사주 (1:7/0:8)

日干에게 힘이 될 수 있는 오행이나 육신은 1개이거나 없고 나머지는 모두 日干의 힘을 빼는 오행이나 육신으로 구성되어 있는 사주다.

印+比의 오행이 1개이거나 0일 때는 食·財·官의 오행 중 가장 많은 개수의 오행을 用神으로 한다. 이렇게 사주내의 많은, 또는 강한 오행을 用神으로 하는 경우를 종격(從格)용신이라 한다.

종격용신에는,

① 食傷을 用神으로 하면 종아(從兒)용신

② 財星을 用神으로 하면 종재(從財)용신

③ 官星을 用神으로 하면 종관(從官)용신, 또는 관살(官殺) 용신

2. 八字分數圖(=用神公式)로 用神 찾는 법

用神公式(=八字分數圖)

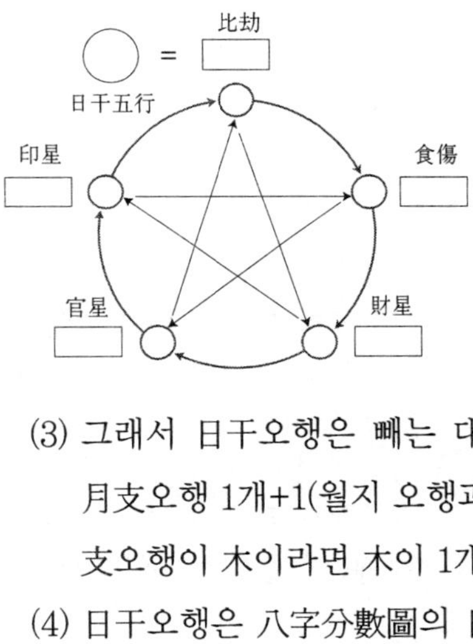

1) 四柱, 八字分數圖에 代入法

(1) 日干의 강, 약을 계산할 때는 日干오행은 8자 갯수에서 제외한다. 즉, 계산하지 않는다.

(2) 日干오행을 계산하지 않는다면 四柱八字가 아니라 四柱七字가 된다.

(3) 그래서 日干오행은 빼는 대신 月支오행을 2개로 계산한다. 즉 月支오행 1개+1(월지 오행과 같은 오행)을 한다. 예를 들어서 月支오행이 木이라면 木이 1개가 아니라 木 2개로 계산한다.

(4) 日干오행은 八字分數圖의 日干오행이라고 명시된 칸에 적는다. 다음 比劫칸(▭)에 日干오행과 같은 오행을 써 넣은 후 相生순으로 食傷·財星·官星·印星 칸에 해당 오행을 써 넣는다.

(5) 다음에는 육신칸(▭)밑에 있는 작은 원(◯)속에는 8자의 갯수를 해당 오행별로 적는다.

단, 日干오행은 갯수에 넣지 않는다 했다. 그 대신 月支 오행은 2개로 셈하는 것을 잊지 말기를!

[예 1] 남자, 정기생

연주(생년)	壬水　子水
월주(생월)	丁火　酉金
일주(생일)	甲木　子水
시주(생시)	丙火　辰土

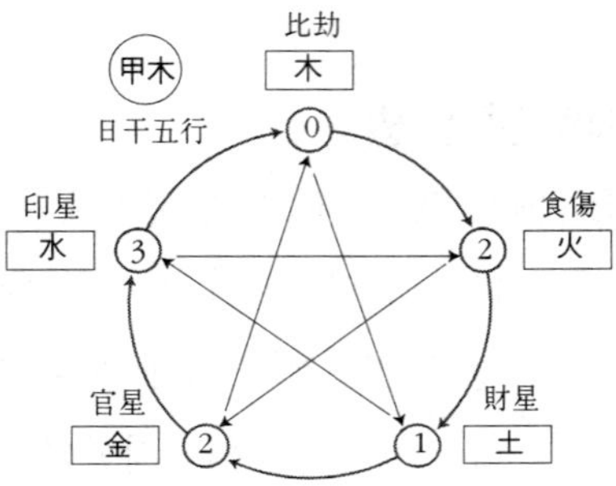

① 日干 오행 木은 계산하지 않는다.

② 나머지 오행을 보면, 木 0, 火 2, 土 1, 金 2, 水 3개다.

③ 예1)의 月支 오행은 酉金이다. 月支 오행+1이라 했다. 즉, 金+金=2개의 金이 된다. 그래서 사주속의 金은 1개지만 日干의 강약을 측정할 때는 金을 2개로 계산한다.

[예 2] 여자, 정기생

연주(생년)	辛金　巳火
월주(생월)	丙火　申金
일주(생일)	丁火　酉金
시주(생시)	甲木　辰土

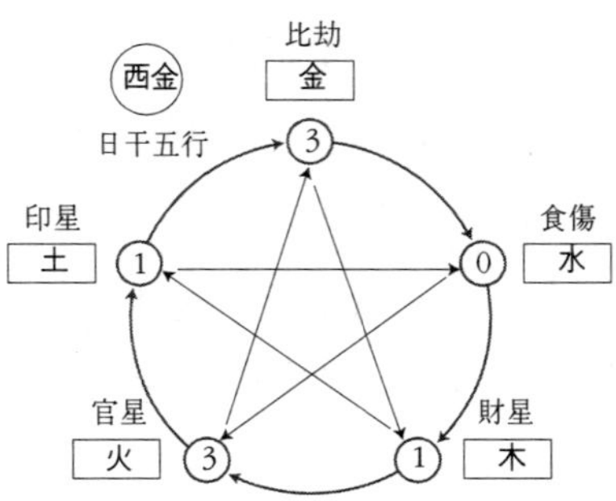

① 日干 오행 金은 계산하지 않는다.

② 나머지 오행 개수를 보면, 木 1, 火 3, 土 1, 金 3, 水 0개다.

③ 月支 오행은 金이다. 그러므로 金+金=2개가 되니 日干의 강약을 계산할 때는 金을 2개로 계산한다.

2) 用神 정할 때 유의사항

① 사주 오행 중 어느 오행이 빠진 채 4(=印+比) : 4(=食+財+官)일 경우, 日干 오행이 陽干일 때는 身强, 陰干일 때는 身弱으로 본다.

② 사주 오행 중 어느 한 오행만 빠져있을 경우, 用神과 관계없이 喜神으로 한다. 따라서 사주에 따라서 희신이 두 개가 되는 수도 있다.

③ 어느 한 오행이 5개 이상이 되는 사주는 신약, 신강 관계없이 그 오행이 用神이다. 이렇게 오행이 태과해서 用神이 된 경우는 用神이 生해주는 오행이 희신이다. 반대로 用神을 克하는 오행이 忌神이 되는데 이때는 日干의 건강, 사업 등도 조심해야 한다.

④ 印, 比 중 오행이 1이여서 1:7인 사주는 食·財·官 오행 중 강한(=많은) 오행을 用神으로 한다. 1개인 오행과 같은 오행운이 올 때는 오히려 凶하다.

⑤ 用神의 우선 조건은 用神을 生해주는 오행이 있을 때다.

⑥ 공격(=剋)하려 할 때는 본거지에 수비 오행이 1개는 있어야 한다. 그러므로 1개 있는 오행이 2개 이상 있는 오행을 감히 공격할 수 없다.

⑦ 사주내에 三合이 될 때는 세 支 모두 合化되는오행으로 고쳐 쓴다. 단, 半合, 支合은 해당되지 않는다. 단, 변수오행으로 한다. 예로, 寅木·亥水는 合이 되면 木이 되는데 이때 寅木·亥水는 그대로 8자 오행이 되는 것이며 寅·亥·合산된 木은 변수오행이 되서 命主에게 吉·凶작용을 할 수도 있다.

⑧ 剋(=공격)이 먼저냐? 生(=사랑)이 먼저냐? 할 때는 生(=사랑)이 먼저다. 고로 극(=공격)하는 힘이 약해진다.

예를 들면, 比극財이다. 比생食이다. 食생財이다. 比의 자식은 食이다. 食의 자식은 財다. 比는 財를 극한다. 그러나 가운데 比의 자식인 食이 있어 食이 엄마에게, 엄마 손주인 財를 극하지 말라고 하면 멈칫하게 된다. 다시 말하면 사랑(=生)이 먼저이기 때문이다.

⑨ 극(=공격)할 때도 반드시 하나는 수비군으로 남겨두어야 한다. 수비군이 하나도 없다면 본거지가 기습당할 수 있기 때문이다. 공격군이 1일 때는 상대방을 공격할 수 없다. 공격(=극)군이 상대방보다 2배 이상일 경우부터 공격의 힘이 커진다고 볼 수 있다.

⑩ 음, 양이 다른 오행(=氣)끼리의 沖은 강하지 않다.
음, 양이 다른 오행(=氣)끼리의 合은 힘이 강하다.
음, 양이 같은 오행(=氣)끼리 沖은 강하다.
음, 양이 같은 오행(=氣)끼리의 合은 약하다.

⑪ 神殺을 논할 때,

[예]

연주(생년)	辛 巳(戊 庚 丙)
월주(생월)	丙 申(戊 壬 庚)
일주(생일)	丁 酉(庚 辛)
시주(생시)	甲 辰(乙 癸 戊)

男命의 日干은 丁火다. 神殺을 본다면 4支, 즉 巳(=丙), 申(=庚), 酉(=辛), 辰(=戊)이 기준이 된다.

女命의 日干은 酉의 지장간 庚, 辛 중 하나다. 神殺을 논할 때는 男命때와 같이 四柱의 4支, 즉 巳, 申, 酉, 辰이 기준이 된다.

八字分數圖로 用神 찾는 법 연습문제

[연습문제 1] 1:7

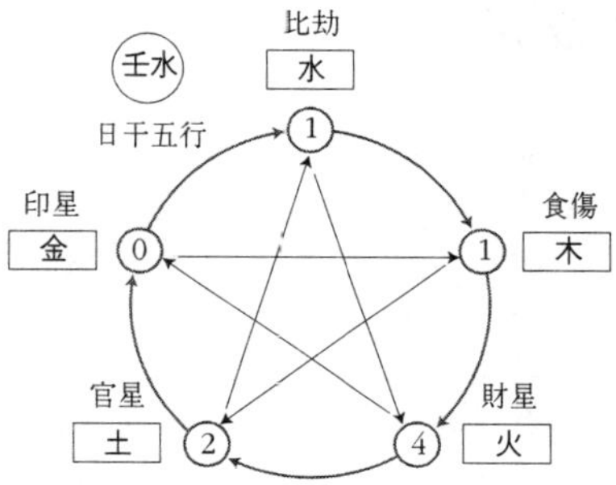

용신	土	기신	木
희신	金	변수오행	

보충설명

- 水운이 오면 水극火하려므로 相沖이 되서 日干이 傷한다.
- 오히려 金운이 오면 괜찮다. 왜냐하면 태과한 火 4개가 어쩌다 들어온 金 1개를 측은지심으로 공격하지 않는다. 무슨 말인가 하면 다 큰 어른이(火 4개) 초등학생 같은 아이(金 1개)를 때리지 않는다.
- 從格四柱다. 또 金氣가 들어오면 사주내의 오행이 순환되므로 좋다.

[연습문제 2] 1:7

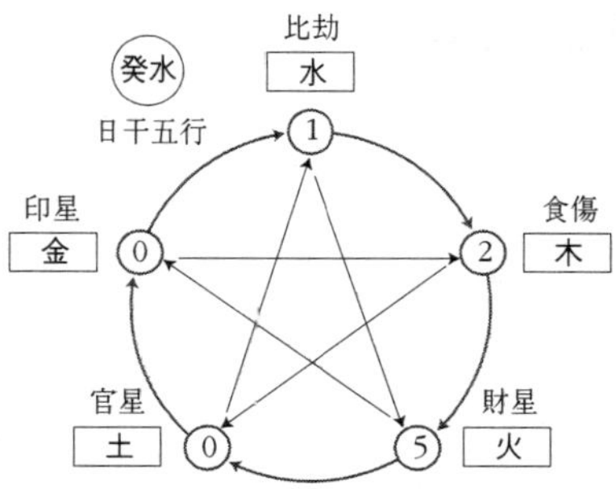

용신	火	기신	木
희신	土	변수오행	

보충설명

- 火 5개가 있는데 水가 2개가 되면 火, 水가 相沖이 되는데 이때는 火 5개는 괴씸죄까지 포함해서 심하게 공격하므로 火까지 다친다. 火는 財다. 그러므로 損財(손재)수도 있게 된다.
- 사주내에서 한 오행이 5개 이상이 될 경우는 신약·신강 관계없이 용신이 된다.
- 金운이 오는 것은 괜찮다.(위를 참조)
- 土가 희신인 것은 火가 좋아서 주기 때문이다.
- 從格四柱다.

[연습문제 3]　　1:7

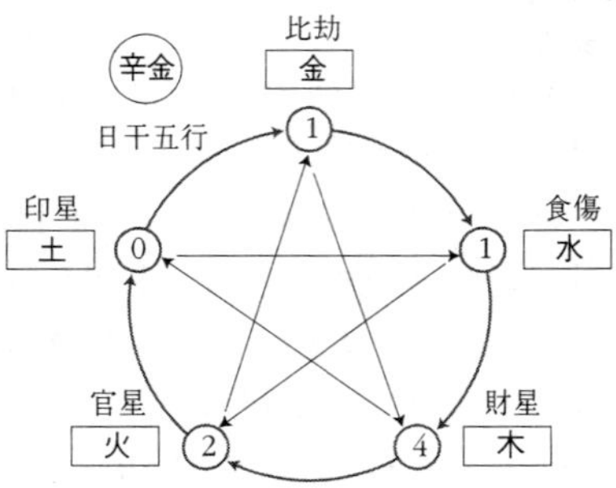

용신	火	기신	水
희신	土	변수오행	

보충설명

[연습문제 4]　　2:6

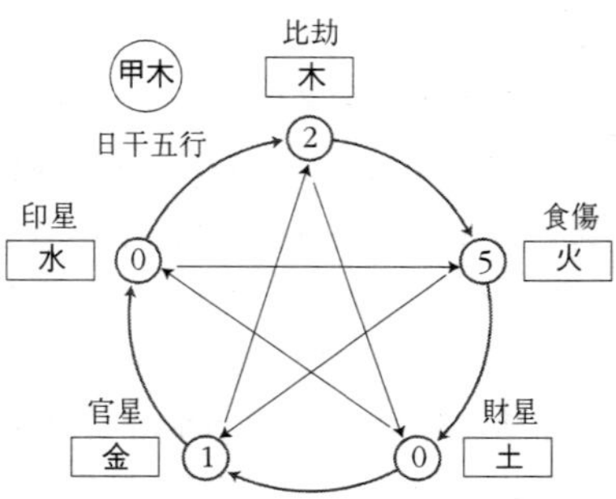

용신	火	기신	水
희신	土	변수오행	

보충설명

[연습문제 5] 2:6

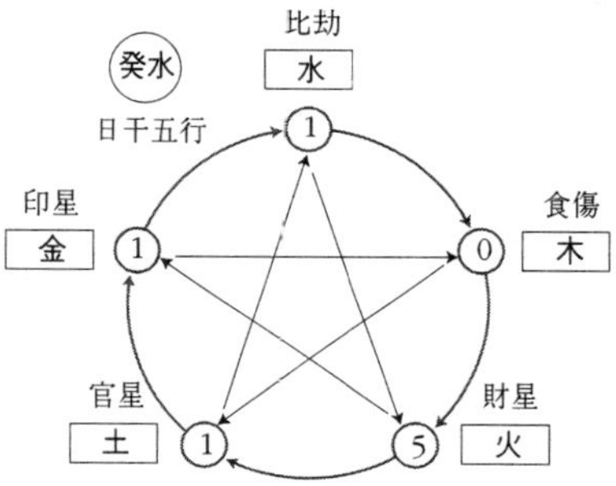

용신	火	기신	水
희신	土	변수오행	

보충설명

- 木을 제2의 희신으로 해도 좋다. 왜냐하면, 사주는 8자의 오행이 빠짐없이 주류(主流=순환)할 때 좋은 사주라 하는데 본 사주에는 木氣가 오면 사주가 순행하게 되므로 제2의 희신이라 했다. 그러나 土희신때 보다는 순행속도가 늦다.

[연습문제 6] 2:6

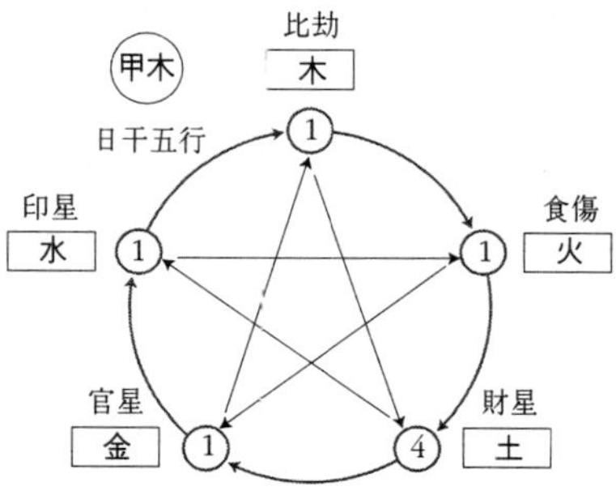

용신	水	기신	火
희신	金	변수오행	

보충설명

- 水를 用神으로 하면 金生水로 金의 도움을 받을 수 있다. 또 太過한 土가 土生金으로 부족해진 金을 生해지므로 土氣도 順化될 수 있어 좋다.
- 火를 기신으로 한 이유는 木生火로 1개 밖에 없는 木氣가 더 약해지기 때문이다.

[연습문제 7] 1:7

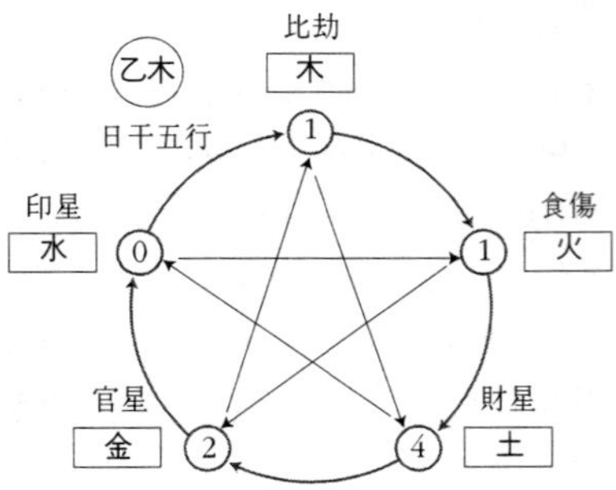

용신	金	기신	火
희신	水	변수오행	

보충설명

[연습문제 8] 3:5

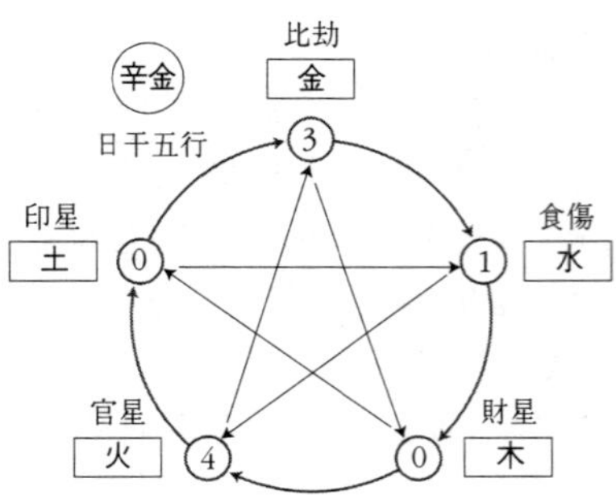

용신	土	기신	木
희신	火	변수오행	

보충설명

[연습문제 9] 3:5

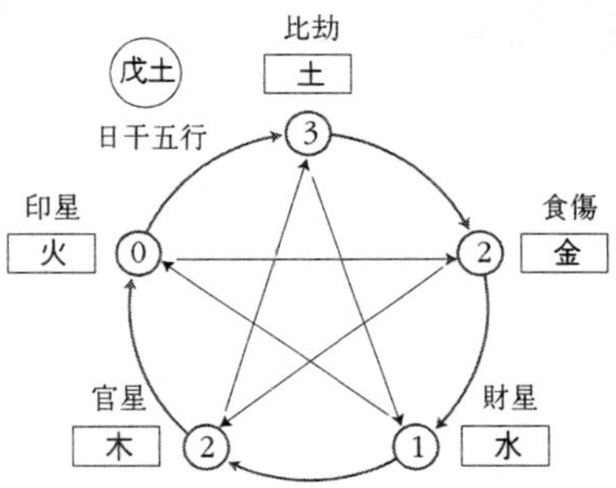

용신	火	기신	水
희신	木	변수오행	

보충설명

• 火가 들어오면 사주가 周流될 뿐 아니라 4:5가 되므로 좋은 사주가 된다.

[연습문제 10] 3:5

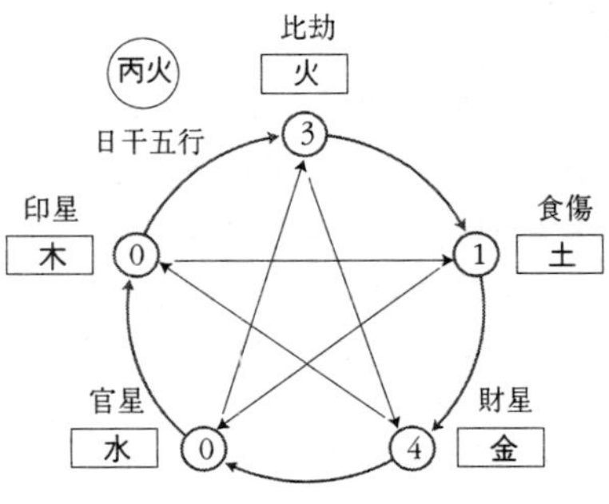

용신	木	기신	金
희신	水	변수오행	

보충설명

• 土가 오게 되면 본시 身弱사주인데 火生土 해 줌으로 더 身弱해진다.
• 인성운(=木운)이 오면 4:5의 사주가 되므로 거의 균형이 잡히는 사주가 된다.

[연습문제 11] 3:5

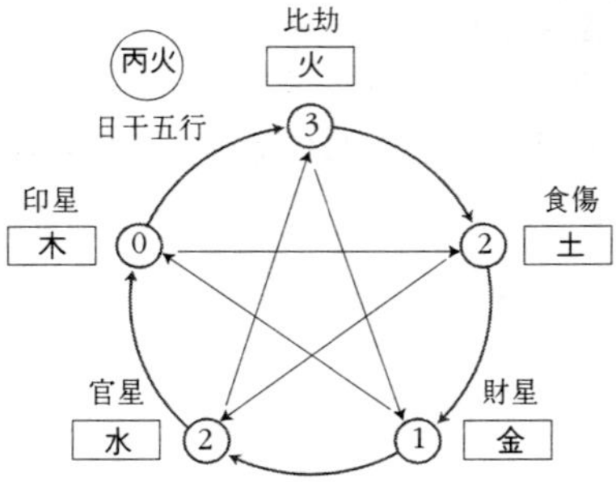

용신	木	기신	土
희신	水	변수오행	

보충설명

[연습문제 12] 4:4

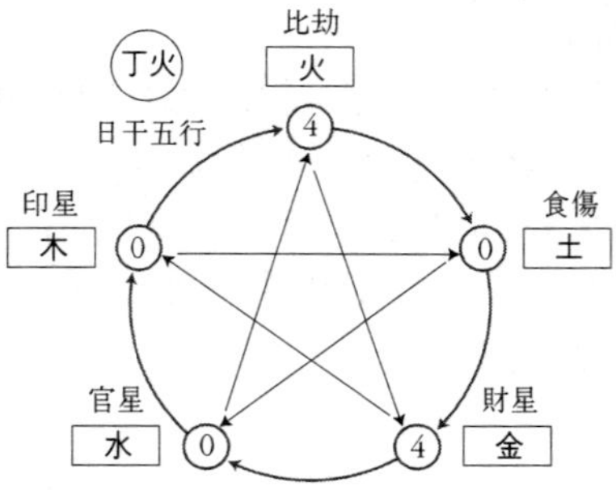

용신	木	기신	土
희신	水	변수오행	

보충설명

- 中和 사주가 아닌 4:4 사주다.
- 財는 많지만 生해주는 土가 없으므로 사업보다는 직장생활이 좋다.
- 그러나 CEO까지는 어렵다. 그 이유는 사주에 官星運이 없기 때문이다.

[연습문제 13] 3:5

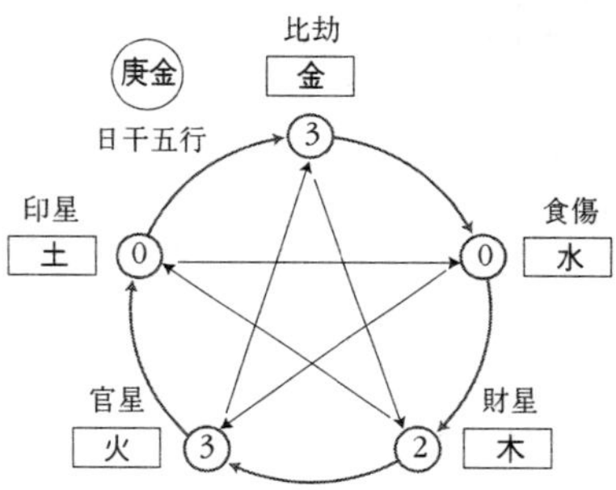

용신	土	기신	水
희신	火	변수오행	

보충설명

[연습문제 14] 3:5

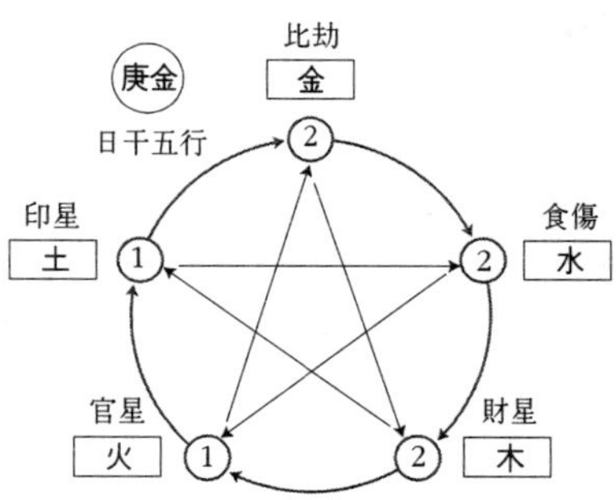

용신	土	기신	水
희신	火	변수오행	

보충설명

- 빠진 오행이 없는 3:5의 사주다. 日干이 陽金이므로 4:4의 중화된 사주로 보아도 좋다. 사주 자체가 순환되고 있으므로 구태여 용신이나 기신이 필요없다. 왜냐하면 기신운이 오면 견제하는 기운이 있기 때문이다.

[연습문제 15]　　4:4

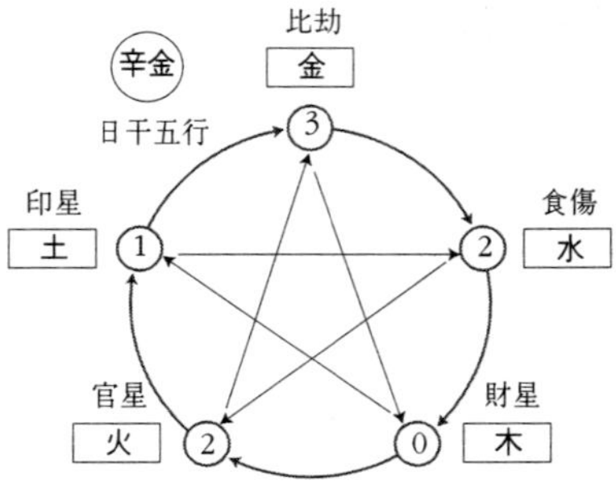

용신	木	기신	土
희신	水	변수오행	

보충설명

[연습문제 16]　　3:5

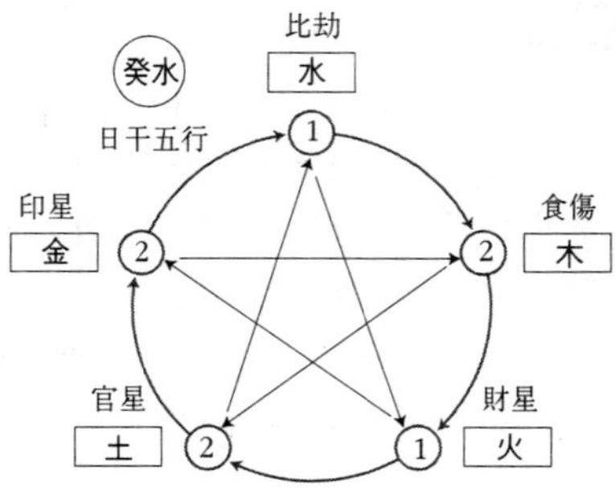

용신	金	기신	火
희신	土	변수오행	

보충설명

[연습문제 17] 3:5

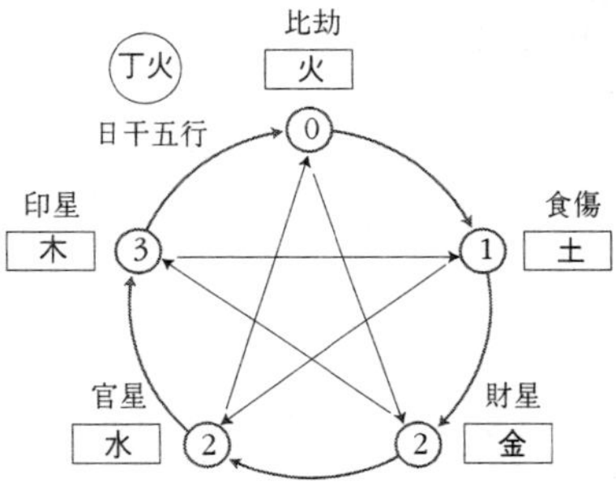

보충설명

용신	火	기신	土
희신	木	변수오행	

[연습문제 18] 3:5

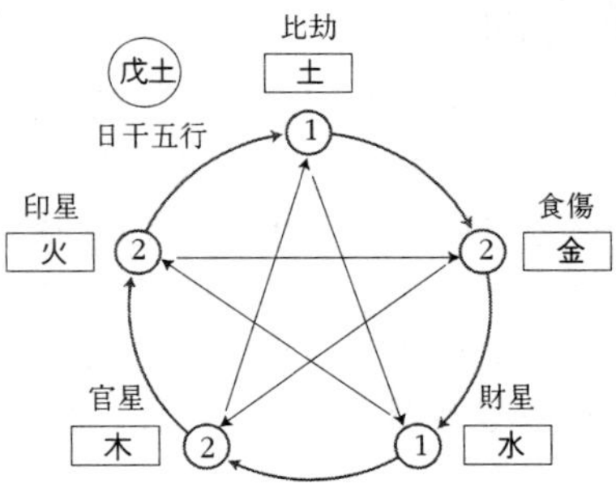

보충설명

용신	火	기신	金
희신	木	변수오행	

[연습문제 19] 3:5

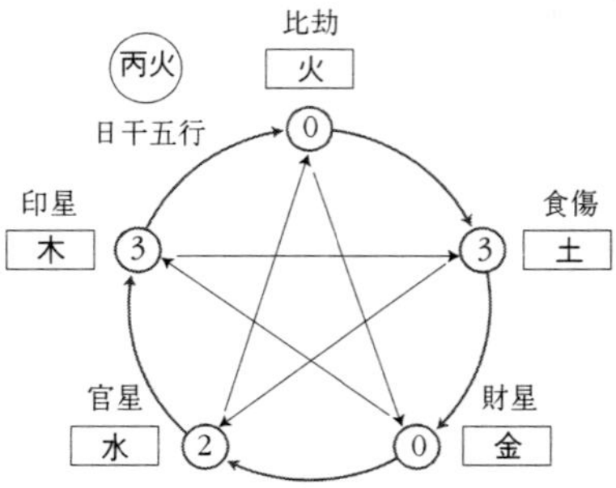

용신	木	기신	土
희신	水	변수오행	

보충설명

[연습문제 20] 3:5

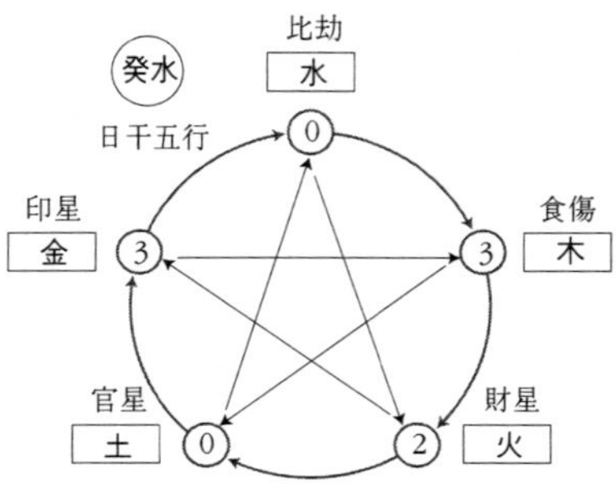

용신	水	기신	木
희신	金	변수오행	

보충설명

- 중화된 사주가 아닐 경우는 印, 比, 食 있어야 좋다. 印生比, 比生食 되기 때문이다. 그리고 財星과 官星오행은 없다 해도 해당되는 운이 오면 해당되는 오행이 발현해서 자기 구실을 할 수 있기 때문이다.

[연습문제 21] 3:5

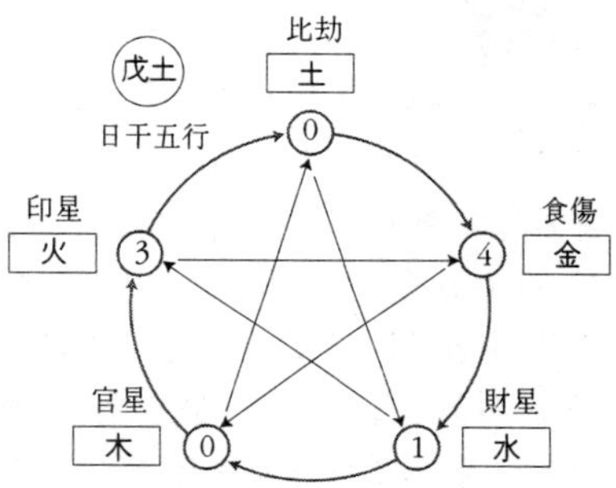

용신	土	기신	金
희신	火	변수오행	

보충설명

[연습문제 22] 4:4

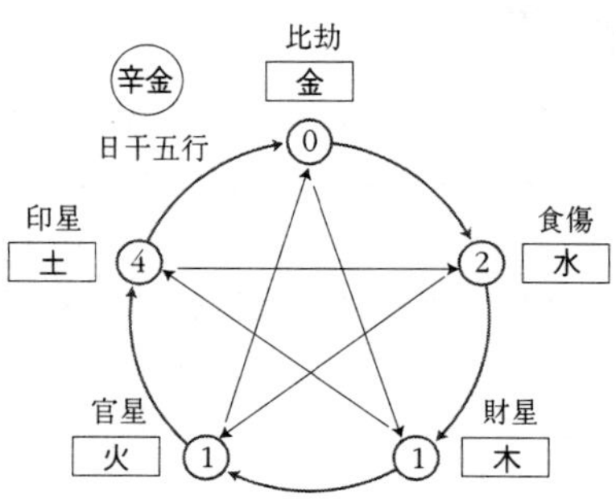

용신	金	기신	水
희신	土	변수오행	

보충설명

[연습문제 23] 4:4

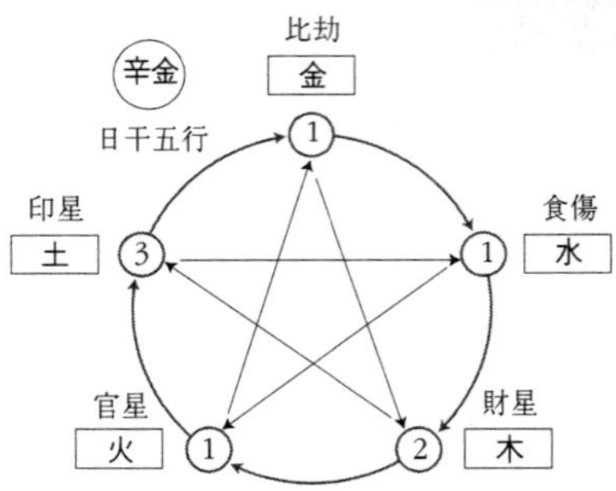

용신	土	기신	水
희신	火	변수오행	

보충설명

- 4:4로 중화된 사주다. 이때는 日干을 보아서 陽日干이면 身强, 陰日干이면 身弱으로 해서 用神을 정한다.
- 본 사주처럼 사주내 오행이 빠짐이 없이 순환하는 4:4 사주는 기신운이 와도 제구실을 제대로 못한다. 그래서 中和된 사주를 上格으로 본다.

[연습문제 24] 4:4

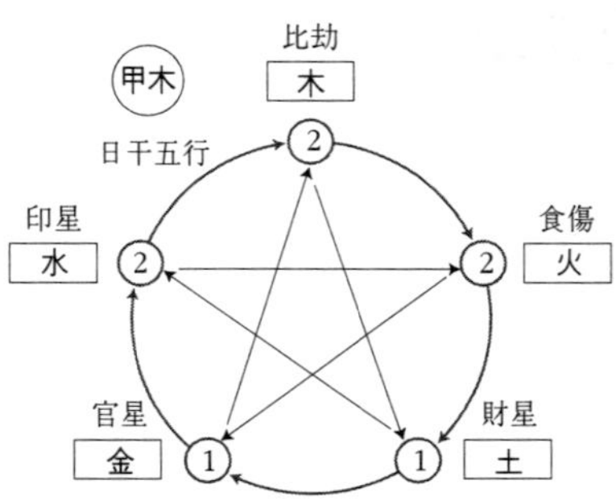

용신	金	기신	火
희신	土	변수오행	

보충설명

- 印·比·食이 각 2개씩으로 조화를 이룬, 더구나 陽日干이므로 최상의 사주다.
- 오행이 주류하므로 특별한 기신은 없다.

[연습문제 25] 5:3

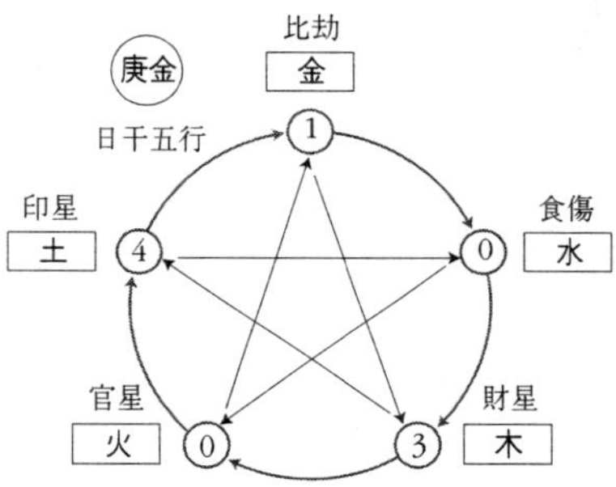

보충설명

용신	火	기신	水
희신	木	변수오행	

[연습문제 26] 5:3

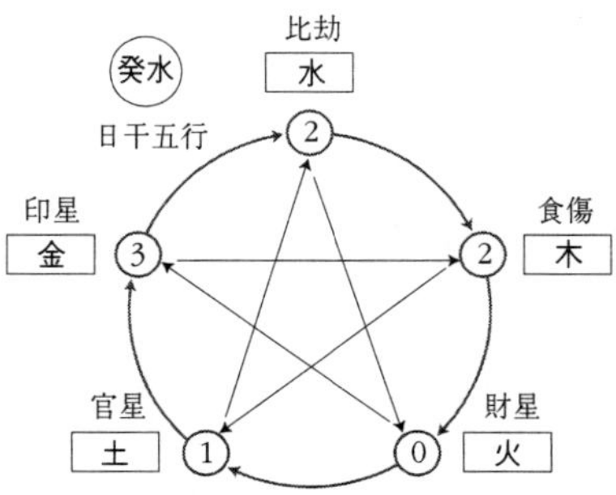

보충설명

용신	火	기신	金
희신	木	변수오행	

[연습문제 27] 4:4

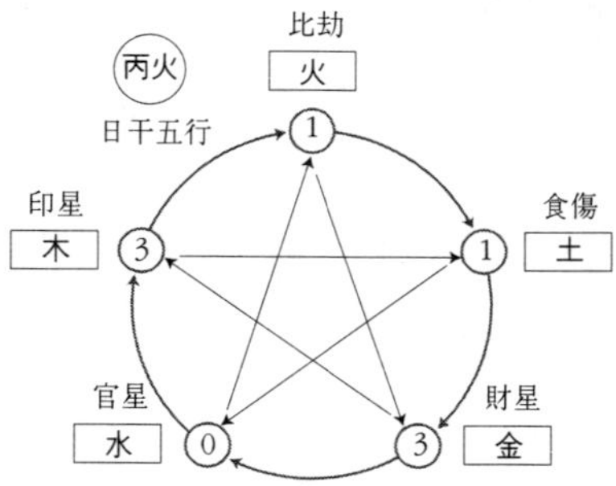

용신	水	기신	土
희신	金	변수오행	

보충설명

[연습문제 28] 5:3

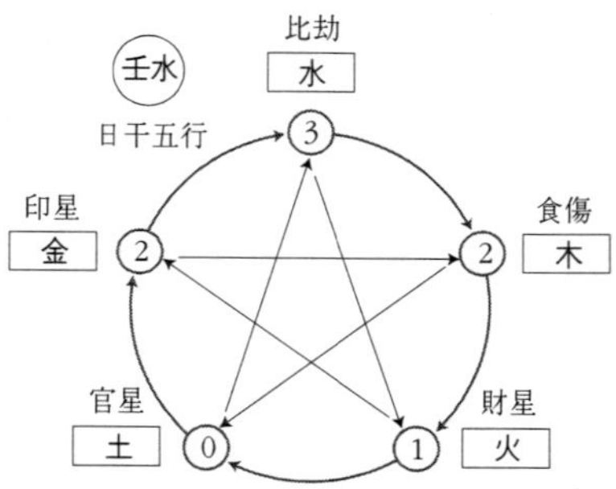

용신	木	기신	金
희신	土	변수오행	

보충설명

[연습문제 29] 5:3

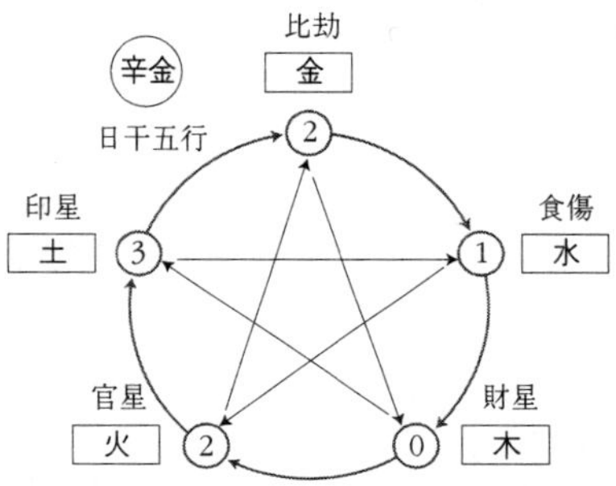

보충설명

용신	水	기신	土
희신	木	변수오행	

[연습문제 30] 5:3

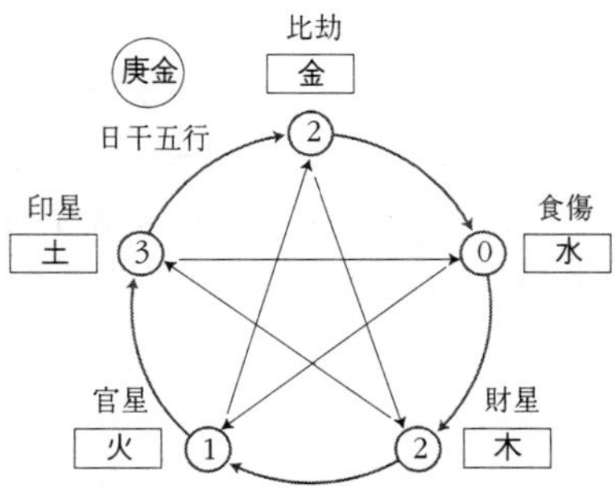

보충설명

용신	水	기신	土
희신	金	변수오행	

[연습문제 31] 5:3

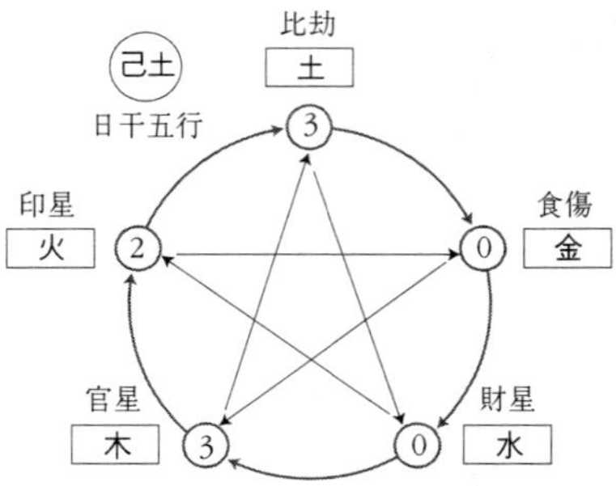

용신	金	기신	火
희신	水	변수오행	

보충설명

[연습문제 32] 4:4

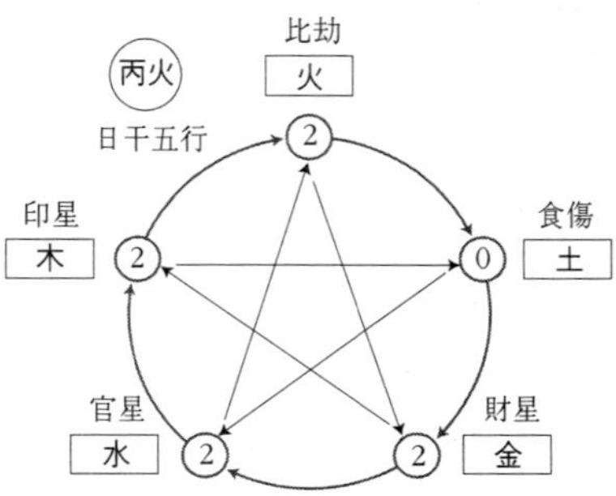

용신	土	기신	金
희신	火	변수오행	

보충설명

- 이 사주는 연운이나 대운에서 食傷운이 온다면 그 기간동안 최상의 사주가 된다. 왜냐하면 오행이 최적의 기운으로 순환되기 때문이다.

[연습문제 33] 5:3

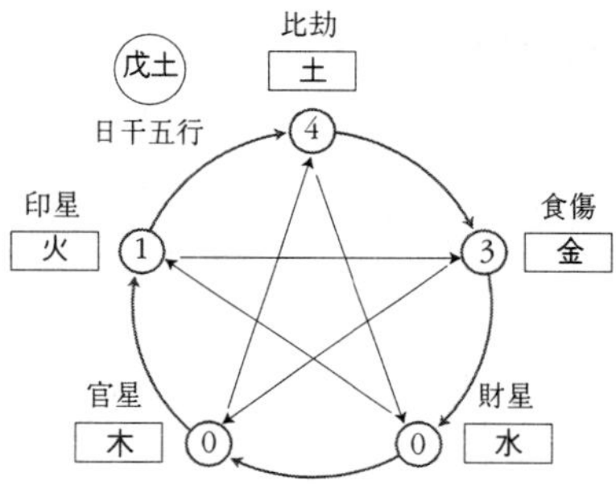

용신	金	기신	土
희신	水	변수오행	

보충설명

- 중화된 사주가 아닐 바에는 印·比·食이 고루 있는 것이 좋다. 그래야 比生食이 된다.
- 그런데 印(火)은 1개 이고 比(土)는 4개이다. 火가 많아져야 印→比→食으로 연결될 수 있다.

  土가 많은 것으로 보아 베푸는데 인색할 수도 있겠다.

[연습문제 34] 5:3

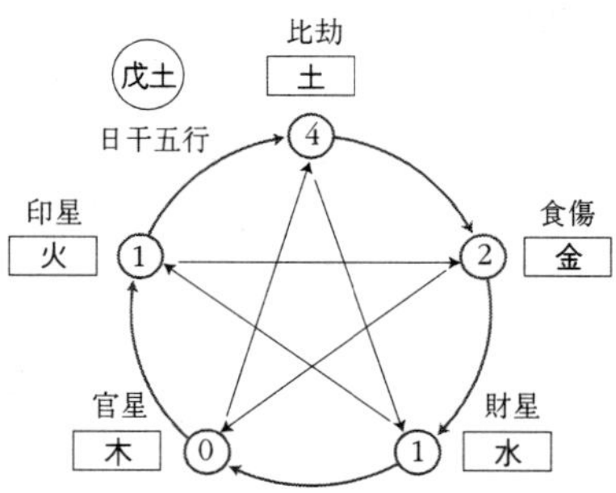

용신	金	기신	火
희신	木	변수오행	

보충설명

[연습문제 35] 5:3

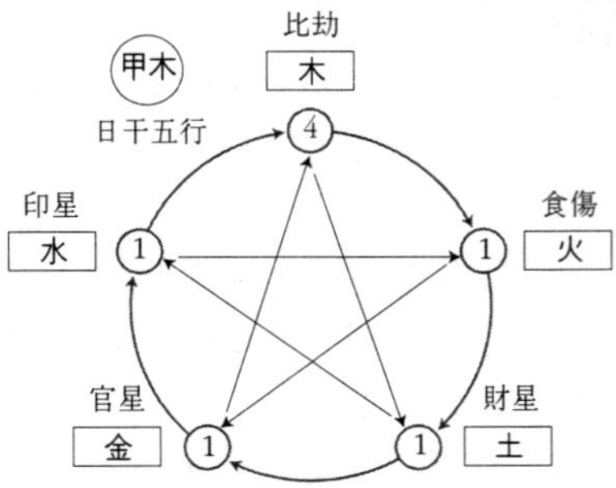

용신	火	기신	水
희신	土	변수오행	

보충설명

[연습문제 36] 5:3

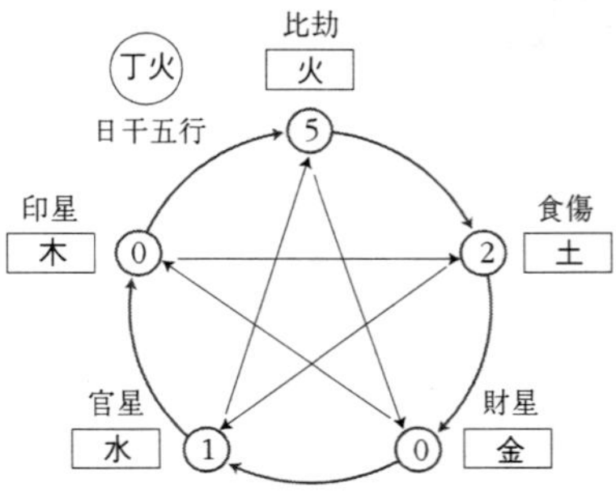

용신	火	기신	木
희신	土	변수오행	

보충설명

[연습문제 37]

4:4

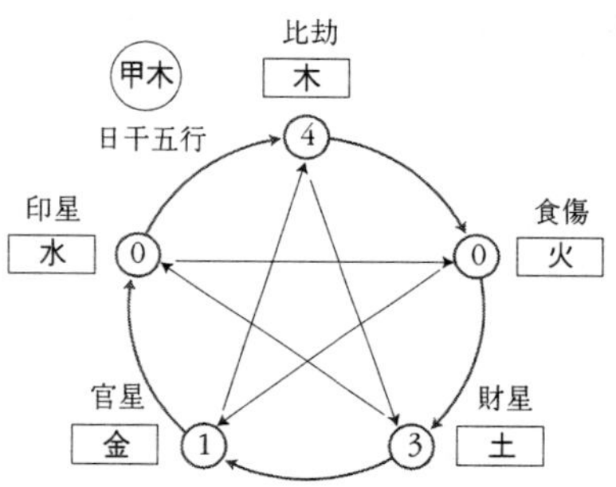

용신	火	기신	土
희신	土	변수오행	

보충설명

[연습문제 38]

4:4

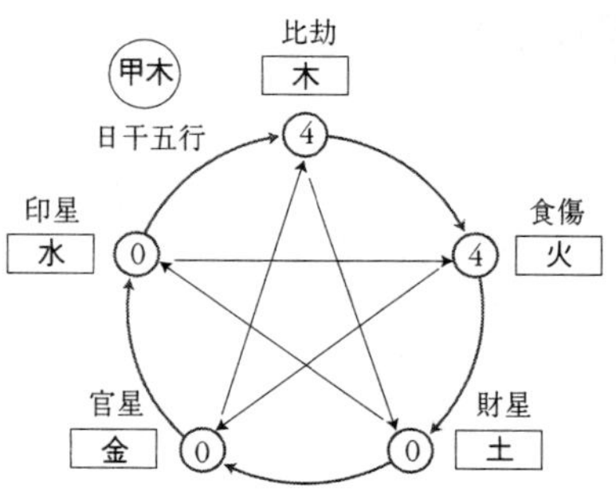

용신	水	기신	火
희신	金	변수오행	

보충설명

[연습문제 39] 6:2

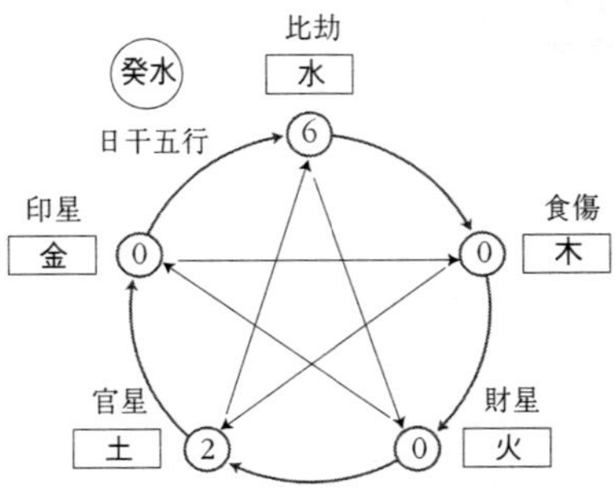

용신	水	기신	金
희신	木	변수오행	

보충설명

[연습문제 40] 6:2

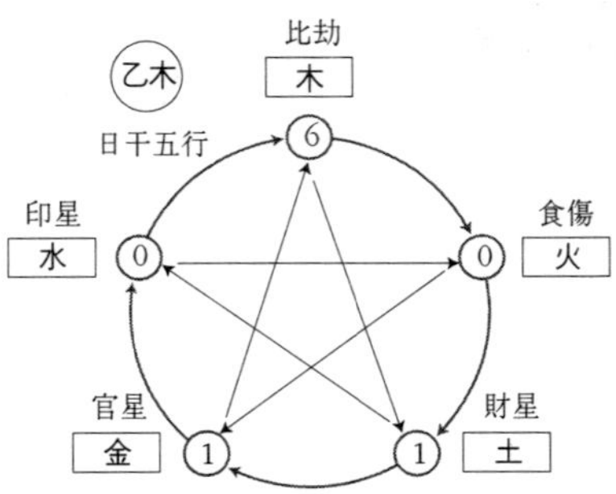

용신	木	기신	水
희신	火	변수오행	

보충설명

[연습문제 41]　　　　6:2

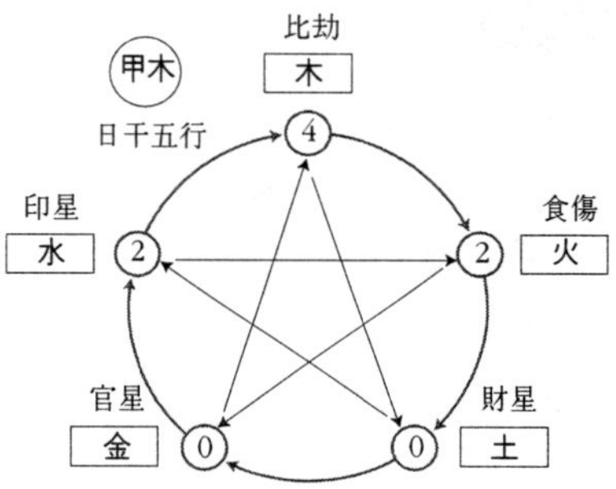

용신	火	기신	水
희신	土	변수오행	

보충설명

[연습문제 42]　　　　6:2

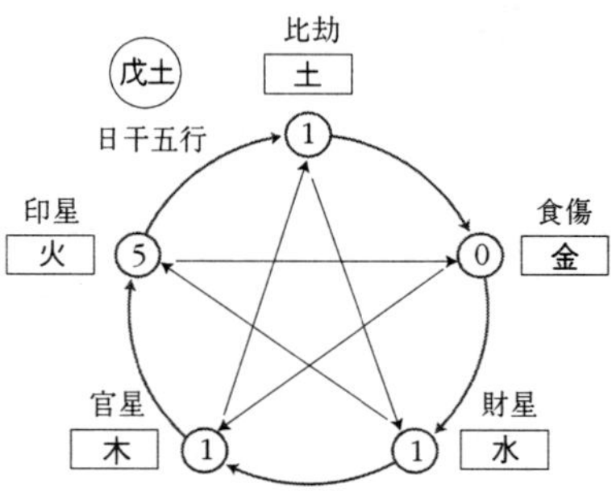

용신	火	기신	水
희신	土	변수오행	

보충설명

[연습문제 43] 7:1

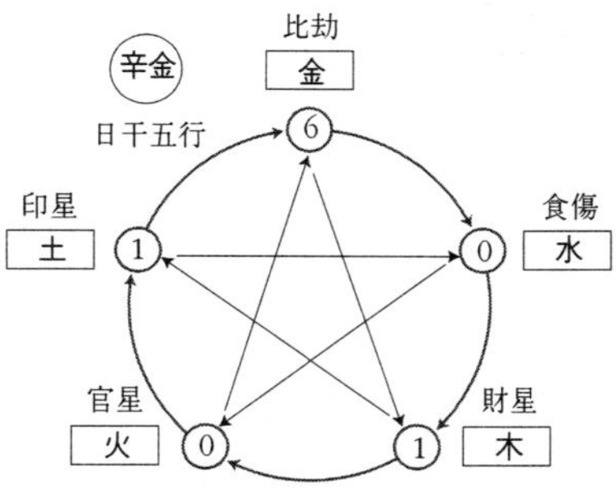

용신	金	기신	土
희신	水	변수오행	

보충설명

[연습문제 44] 7:1

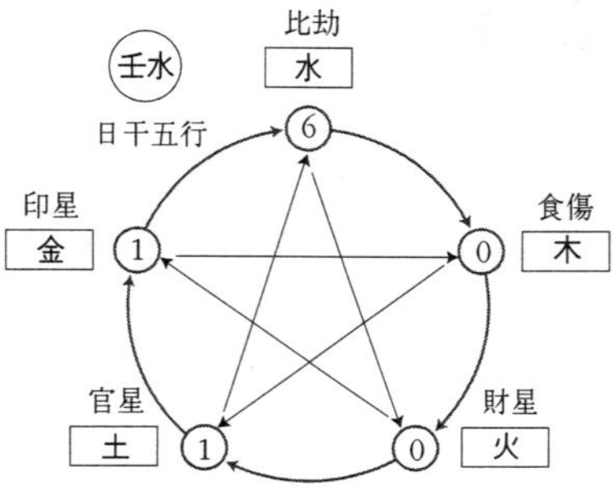

용신	水	기신	金
희신	木	변수오행	

보충설명

[연습문제 45] 7:1

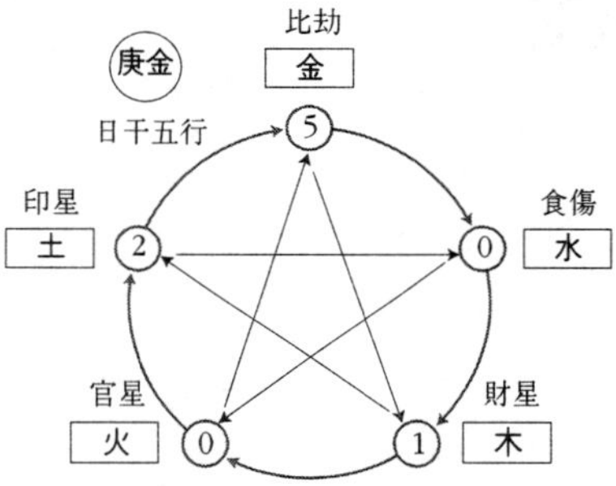

용신	金	기신	土
희신	水	변수오행	

보충설명

[연습문제 46] 7:1

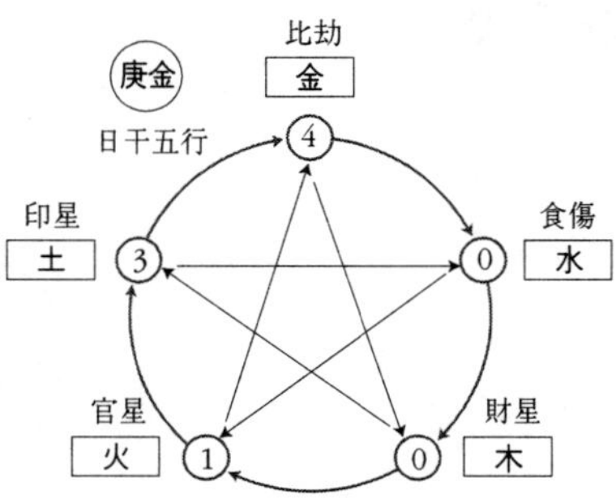

용신	水	기신	土
희신	木	변수오행	

보충설명

[연습문제 47] 7:1

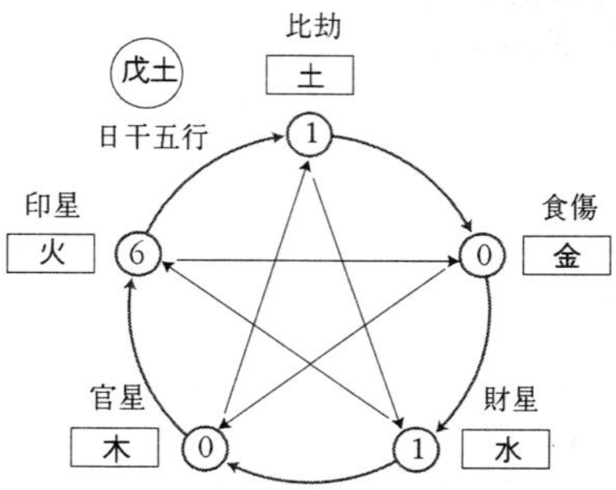

보충설명

용신	火	기신	水
희신	土	변수오행	

[연습문제 48] 7:1

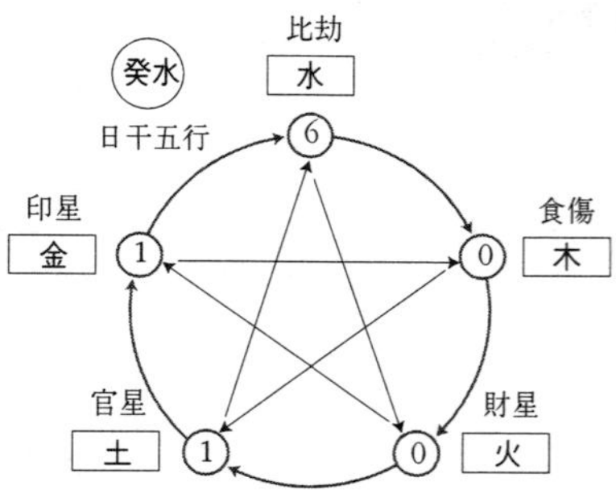

보충설명

용신	水	기신	金
희신	木	변수오행	

[연습문제 49] 8:0

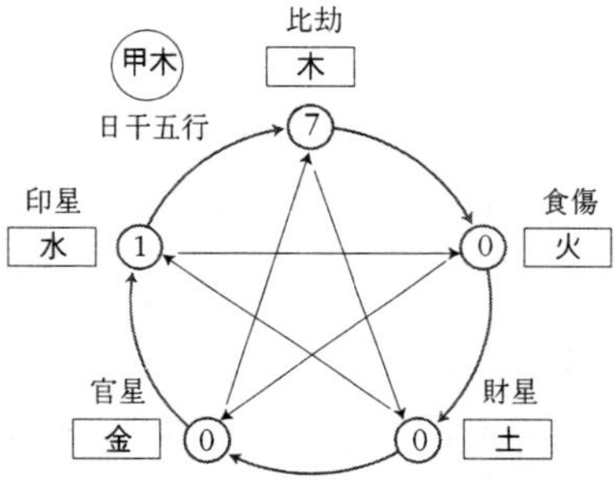

용신	木	기신	水
희신	火	변수오행	

보충설명

[연습문제 50] 8:0

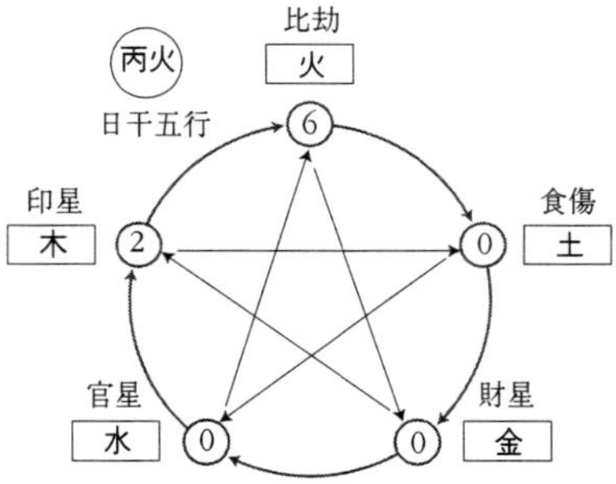

용신	火	기신	木
희신	土	변수오행	

보충설명

재육신(再六神)

1. 재육신이란?

60甲子는 天氣와 地氣의 순열조합이다. 60甲子를 쓰는 四柱學(=運命學)은 地支를 天氣로 치환(置換=바꿈)하여 運命(destiny=하늘의 뜻)을 읽는 것이다. 그런데 60甲子는 干, 支가 있다. 그런 干, 支를 五音(=각, 치, 궁, 상, 우)에 대입한 것이 納音五行(납음오행)이다.

天氣는 10가지이지만 地氣(=支藏干)는 36가지다. 이것들과의 순열조합이 재육신이다. 내가 命名한 것이다.

四柱八字속에 있는 六神, 즉 日干을 기준으로 해서 정해진 六神은 5개이다. 이 六神들은 四柱속에 있는 한은 변화가 없다. 그러나 大運이나 行運을 만나 四柱밖으로 나오게 되면 변하지 않고서는 존재할 수 없는 법칙 때문에 변하지 않으면 안된다.

예를 들어 大運이 財星일 때 行運에서 官星을 만나면 食傷대운으로 변한다.

이처럼 六神과 六神이 만나 변하는 六神을 再六神이라 한다.

2. 재육신의 필요성

우리는 흔히 하늘(天)을 남자(=乾)라고 한다. 이때 땅(地)은 여자(=坤)라고 한다. 天干은 10개가 있고, 地支는 12개가 있어서 한 天干이 다른

地支를 6번 만나 짝을 이룬다.

地支역시 순환하면서 다른 天干을 5번 만나 짝을 이룬다. 그래서 60甲子는 天干이 地支와 6번×地支가 天干과 5번×陰陽 2=60가지의 순열조합이다.

天干은 어떤 地支를 만나느냐에 따라서 氣力이 달라진다. 地支 역시 어떤 天干을 만나느냐에 따라서 氣力이 또한 달라진다. 그런데 지금까지는 日干을 기준으로 해서 干, 支와의 六神만을 산출해 왔다. 그러다 보니까 사주의 日干에 따라서 六神이 달라진다. 그러므로 예를 들어서 2012년은 干支로는 壬辰년이다. 그러면 2012년에는 지구 어디에 있든 壬辰년 氣의 영향을 받아야 한다. 그런데 실제로는 각자의 日干중심으로 六神만을 산출하다 보니까 운명감정이 이현령비현령식이 되거나 아니면, 옹색하게도 운명감정은 통계학이라고 구차한 변명을 하고는 한다.

우주자연의 법칙은 한치의 오차도 없이 순환하는 순환법칙에 따른다. 하느님의 뜻(섭리=destiny)을 이 순환법칙에 따라 정해진 四柱에 대입하여 운명(destiny=하느님의 뜻)을 살펴서 順命하자는 자연과학이 바로 四柱運命學인데 통계, 확률 운운하는 변명은 궁색하다.

각설하고, 2012년 壬辰년을 재육신으로 산출해 보자. 우선 육신을 내본다. 壬水에서 辰土를 보면 官星(극我官)이다. 이번에는 辰土에서 壬水를 보면 財星(我극財)이다. 그러므로 官星과 財星의 해이다. 이를 다시 官星기준으로 財星과의 재육신을 산출하면 **印星**이 된다. 이번에는 年支육신 財星에서 官星과의 재육신을 산출하면 **食星**이 된다. 이때 干의 재육신 印星의 氣力은 80%이고 支의 재육신 食의 氣力 20%가 포함된 비율이다. 따라서 天氣가 주체가 된 **印星**을 쓴다. 그러므로 2012년은 어느 곳에 있든 누구든간에 印星 氣力의 영향을 받는다는 논리가 새로운 易理이다. 이 재육신 氣는 내가 상담현장에서 확인하고 또 확인한 사실이다. 가장 정확했다.

四柱에 따라서 用神氣가 다르다. 또 따라서 四柱마다 대운 干支의 再六神도 다르다. 그래서 각자 대운의 干支 再六神을 기준으로 해 그 해(年)의 再六神을 代入해서 산출된 再六神이 命主(=日干)에게 어떤 六神 작용을 하느냐에 따라서 운세의 吉凶을 간명(看命)하는 것이 再六神 看命術이다.

예를 들어서 어느 命主의 대운 재육신이 食대운이라고 할 때, 2012(壬辰)년의 年運을 본다고 하자. 그때는 대운재육신 食에서 壬辰년의 재육신 印과 다시 재육신을 내면 官이 된다. 그 官이 용신인가, 희신인가, 기신인가에 따라서 1년운을 알아보는 것이다.

月運·日運을 보는 방법도 동일하다. 단, 초기생, 중기생, 정기생을 구별해서 육신·재육신을 산출해야 한다. 예를 들면, 같은 辰이라도 초기생일 때는 辰木, 중기생일 때는 辰水, 정기생일 때는 辰土로 육신이 다르다.

3. 재육신 산출법

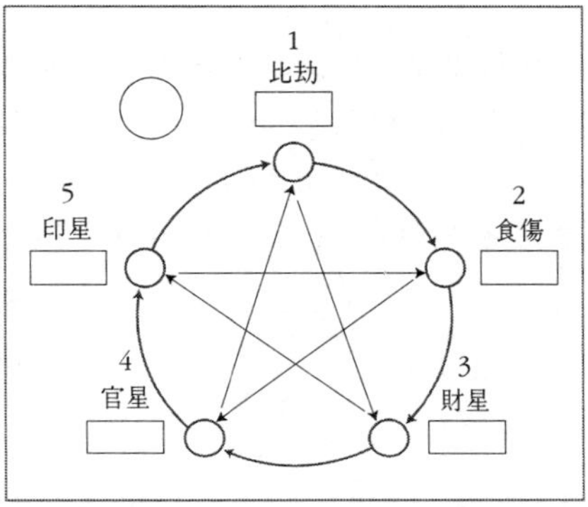

1) 팔자분수도로 산출하는 방법

시작은 언제나 1번 比 → 2번 食 → 3번 財 → 4번 官 → 5번 印 → 다시 1번 比 → 2번 食순으로 순환한다,

연상법으로 암기하려면,

비(比)오는 날 **식**(食)혜를 먹으면 **재**(財)물이 생기거나 **관**(官)리가 와서 **인**(印)사 한단다.

연습 1

육신財와 印의 재육신을 내보자.

[풀이] 시작은 언제나 比다. 그러므로 1번에다 손가락을 대고 財라 읽는다. 다음은 2번에다 손가락을 대면서 官이라 읽는다. 다음은 3번에다 손가락을 대면서 印이라 읽는다. 그러면 財에서 부터 官 → 印까지 읽었는데 손가락을 어디에 있는가? 3번 財칸에 닿아 있다면 맞는 답이다. 즉, 財와 印의 재육신은 **財**다.

연습 2

육신 官과 食의 재육신을 내보자.

[풀이] 시작은 항상 1번 比에서 부터다. 1번에 손가락을 대고 官이라 한다. 다음 2번으로 손가락을 옮기면서 印이라 읽는다. 다음에는 3번으로 손가락을 옮기면서 比라고 읽는다. 다음 4번으로 손가락을 짚으면서 食이라고 읽는다. 그런데 食은 어디에 있는가. 4번 官星에 닿았다. 그러므로 官과 食의 재육신은 官이다.

연습 3

육신 印과 印의 재육신은?

[풀이] 1번 比에 손가락을 대면서 印이라고 읽는다. 그러면 印을 比에 손대고 印이라 했을 때 그 자리는 1번 比자리다. 그러므로 印과 印의 재육신은 比다. 같은 이치로 같은 육신끼리의 재육신은 항상 比다. 예를 들어, 比와 比의 재육신은 比, 食과 食의 재육신은 比, 財와 財의 재육신도 比, 官과 官의 재육신도 比, 印과 印의 재육신도 **比**다.

연습 4

육신 官과 財의 재육신은?

[풀이] 1번 比에다 손가락을 대며 官, 2번에 손가락을 대며 印, 3번으로 옮기면서 比, 4번으로 옮기면서 食, 食이 닿은 자리는 官이다. 다음 5번으로 옮기면서 財, 5번은 印의 자리다. 그러므로 官과 財의 재육신은 **印**이다.

연습 5

육신 財와 官의 재육신은?

[풀이] 1번 比에 손가락을 대면서 財, 2번 食으로 옮기면서 官, 官이 食에서 끝나므로 財와 官의 재육신은 **食**이다.

2) 재육신조견표로 산출하는 방법

③ / ② / ①	比	食	財	官	印
比	비	식	재	관	인
食	식	재	관	인	비
財	재	관	인	비	식
官	관	인	비	식	재
印	인	비	식	재	관

①은 비교할 주체의 육신이다.

②는 비교될 객체의 육신이다.

③은 주체와 객체의 재육신이다.

연습 1

육신 財와 印의 재육신은?

[풀이] ①에서 財가 기준(=주체) 육신이다. 그 財에서 우측으로 가다가 비교되는 객체 육신 印에서 멈춘 후 ③을 보라. 財가 있다. 그러므로 財와 印의 재육신은 財다.

연습 2

官과 食의 재육신은?

[풀이] ①에서 官이 주체다. 그 官에서 오른편 쪽으로 시선을 옮기면서 비교되는 객체 육신 食을 찾아서 그 윗쪽에 있는 ③을 보면 官이 있다. 그러므로 답은 **官**이다.

연습 3

印과 印의 재육신은?

[풀이] ①의 印에서 오른편쪽 객체의 육신 印의 윗쪽 ③에 比라고 쓰여져 있다. 답은 比다.

연습 4

官과 財의 재육신은?

[풀이] ①의 官에서 우측 줄 財의 ③에는 印이 있다. 답은 **印**이다.

연습 5

財와 官의 재육신은?

[풀이] ①의 財에서 우측 官의 ③은 食이다. 그러므로 財의 官의 재육신은 **食**이다.

3) 수지(手指)로 산출하는 방법

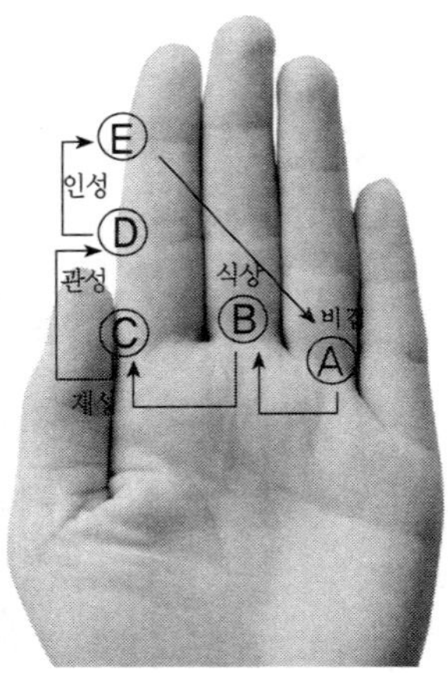

우선 손바닥을 보면 Ⓐ비겁, Ⓑ식상, Ⓒ재성, Ⓓ관성, Ⓔ인성 순서로 되어 있다. 또 화살표 방향도 Ⓐ~Ⓔ까지 순서로 되어 있다. 그리고 Ⓔ에서 Ⓐ로 화살표가 닿으면 다시 Ⓑ→ Ⓒ → Ⓓ → Ⓔ → Ⓐ순서로 순환되고 있다. 또 육신의 자리와 명칭도 고정되어 있음을 알아두어야 한다.

연습 1

대운재육신 財星, 연운재육신 印星일 때 재육신은?

[풀이] 대운 육신은 四柱마다 다르지만 年육신은 누구에게나 공통이다. 그러므로 기준(=주체)은 대운 육신이므로 시작인 Ⓐ비겁에서 財가 시작되며 그 순서는 Ⓐ財→Ⓑ官→Ⓒ印까지 가면, 財로부터 시작해서 印까지 닿았다. 수지에서 보면 Ⓒ자리의 본래 육신은 財星자리다. 그러므로 財와 印의 재육신은 **財星**이다.

연습 2

대운재육신 食傷, 연운재육신 印星일 때 재육신은?

[풀이] ① Ⓐ에서 대운 食 시작

② Ⓑ에는 食다음인 財

③ Ⓒ에는 財다음인 官

④ Ⓓ에는 官다음 印

다시 보면, 대운 食에서 출발하여 → 財 → 官 → 印까지, 즉 연운 印星까지 왔다. 그 자리의 터줏대감은 官星이다. 그러므로 食과 印의 재육신은 官星이다.

연습 3

대운재육신 比劫, 연운재육신 印星일 때 재육신은?

[풀이] ① Ⓐ비겁 자리에서 대운 육신 비겁이 출발해 → Ⓑ식상 Ⓒ재성 Ⓓ관성 Ⓔ 인성 순서로 연육신과 인성이 나올 때까지 순환된다.

② Ⓑ는 비겁 다음 식상

③ Ⓒ는 식상 다음 재성

④ Ⓓ는 재성 다음 관성

⑤ Ⓔ는 관성 다음 인성이 된다. 그런데 연육신이 인성이고, 그 인성이 닿은 Ⓔ의 터줏대감은 인성이다. 그러므로 대운 비겁과 연운 인성과의 재육신은 印星이다.

六神, 再六神의 相代性 易理法則

干 육신의 재육신	↔	支 육신의 재육신
比	↔	比
食	↔	印
財	↔	官
官	↔	財
印	↔	食

설 명

- 干이 比면 支도 比
  支가 比면 干도 比
- 干이 食이면 支는 印
  支가 印이면 干은 食
- 干이 財면 支는 官
  支가 官이면 干은 財
- 干이 官이면 支는 財
  支가 財이면 干은 官
- 干이 印이면 支는 食
  支가 食이면 干은 印

4. 재육신 활용법

四柱마다 대운은 다르다. 그러나 10년마다 바뀌는 것은 똑같다. 대운 干과 支와의 재육신을 산출해서 대운 天干을 5년, 대운 地支를 5년간씩 나누어서 看命한다. 왜냐하면, 10년이면 강산이 변한다는 시간이다. 그러므로 나는 5년씩 나누어서 운세를 간명했는데 그렇게 하는 것이 매우 정확했다.

고로 이 책을 따르려는 이들은 해당되는 대운의 재육신氣를 주체로 하고 행운(行運=年, 月, 日, 時運)의 재육신을 객체로 해서 재육신을 산출해 보아라.

그렇게 해서 산출된 재육신 氣로 用神, 忌神과의 관계를 따져 운세를 간명해라. 기존의 用神法과는 전혀 다른 결과가 나오는 수가 대부분이었다. 이것이 신개념 用神法이다. 정확했다.

대운(大運 = 10년마다 바뀌는 運)

1. 대운 양식 및 작성법

• 대운표

처음 대운수를 쓴 후 → 표 방향으로 계속 10년씩 加해 가면서 대운수를 쓴다.

( )	( )	( )	( )	( )	( )	( )
대운재육신	〃	〃	〃	〃	〃 →	대운재육신
대운干	대운干	대운干	대운干	대운干	대운干	대운干
대운支	대운支	대운支	대운支	대운支	대운支	대운支
대운재육신	〃	〃	〃	〃	〃 →	대운재육신
( )	( )	( )	( )	( )	( )	( )

처음 대운수+5년 한 數를 적어 넣은 후 → 방향으로 계속 10년씩 加해 가면서 대운수를 적는다.

2. 초·중·정기생 구별해서 작성하기

1) 대운을 작성할 때도 사주세울 때와 같이 대운支는 사주 日干의 生氣別 오행을 따른다.

예를 들어서, 大運 干支가 甲戌이라 하자. 支 戌의 지장간은 辛9일, 丁3일, 戊18일이다. 아라비아 수(數)는 해당 지장간의 사령일수(司令日數) 日數이다.

사주 日干이 초기생이라면 戌土가 아니라 戌金이 된다.

사주 日干이 중기생이라면 戌土가 아니라 戌火가 된다.

사주 日干이 정기생일 때 戌은 戌土가 되는 것이다.

그러므로 초기생 사주의 대운이 甲戌대운이라면 甲木戌金 干支다. 중기생의 대운이 甲戌대운이라면 甲木戌火 干支다. 정기생일 때 甲戌대운이라면 甲木戌土 干支가 된다.

2) 年運, 月運, 日運, 時運을 볼 때도 초기, 중기, 정기로 구별하여 산출하고 生氣別로 산출한 대운 재육신에 대입해서 간명한다. 그것이 定石이다.

六十甲子 生氣(初·中·正)別 再六神 早見表

1	甲子	壬10	財	官	11	甲戌	辛9	印	食	21	甲申	己3戊7	食	印
		癸10	財	官			丁3	官	財			壬3	財	官
		癸10	財	官			戊18	食	印			庚17	印	食
2	乙丑	癸9	財	官	12	乙亥	戊7	食	印	22	乙酉	庚10	印	食
		辛3	印	食			甲7	比	比			辛10	印	食
		己18	食	印			壬16	財	官			辛10	印	食
3	丙寅	戊7	官	財	13	丙子	壬10	印	食	23	丙戌	辛9	食	印
		丙7	比	比			癸10	印	食			丁3	比	比
		甲16	財	官			癸10	印	食			戊18	官	財
4	丁卯	甲10	財	官	14	丁丑	癸9	印	食	24	丁亥	戊7	官	財
		乙10	財	官			辛3	食	印			甲7	財	官
		乙10	財	官			己18	官	財			壬16	印	食
5	戊辰	乙9	印	食	15	戊寅	戊7	比	比	25	戊子	壬10	食	印
		癸3	食	印			丙7	財	官			癸10	食	印
		戊18	比	比			甲16	印	食			癸10	食	印
6	己巳	戊7	比	比	16	己卯	甲10	印	食	26	己丑	癸9	食	印
		庚7	官	財			乙10	印	食			辛3	官	財
		丙16	財	官			乙10	印	食			己18	比	比
7	庚午	丙10	印	食	17	庚辰	乙9	食	印	27	庚寅	戊7	財	官
		己9	財	官			癸3	官	財			丙7	印	食
		丁11	印	食			戊18	財	官			甲16	食	印
8	辛未	丁9	印	食	18	辛巳	戊7	財	官	28	辛卯	甲10	食	印
		乙3	食	印			庚7	比	比			乙10	食	印
		癸18	財	官			丙16	印	食			乙10	食	印
9	壬申	己3戊7	印	食	19	壬午	丙10	食	印	29	壬辰	乙9	官	財
		壬3	比	比			己9	印	食			癸3	比	比
		庚17	財	官			丁11	食	印			戊18	印	食
10	癸酉	庚10	財	官	20	癸未	丁9	食	印	30	癸巳	戊7	印	食
		辛10	財	官			乙3	官	財			庚7	財	官
		辛10	財	官			己18	印	食			丙16	食	印

31	甲午	丙10	官	財	41	甲辰	乙9	比	比	51	甲寅	戊7	食	印
		己9	食	印			癸3	財	官			丙7	官	財
		丁11	官	財			戊18	食	印			甲16	比	比
32	乙未	丁9	官	財	42	乙巳	戊7	食	印	52	乙卯	甲10	比	比
		乙3	比	比			庚7	印	食			乙10	比	比
		己18	食	印			丙16	官	財			乙10	比	比
33	丙申	己3戊7	官	財	43	丙午	丙10	比	比	53	丙辰	乙9	財	官
		壬3	印	食			己9	官	財			癸3	印	食
		庚17	食	印			丁11	比	比			戊18	官	財
34	丁酉	庚10	食	印	44	丁未	丁9	比	比	54	丁巳	戊7	官	財
		辛10	食	印			乙3	財	官			戊7	食	印
		辛10	食	印			己18	官	財			丙16	比	比
35	戊戌	辛9	官	財	45	戊申	己3戊7	比	比	55	戊午	丙10	財	官
		丁3	財	官			壬3	食	印			己9	比	比
		戊18	比	比			庚17	官	財			丁11	財	官
36	己亥	戊7	比	比	46	己酉	庚10	官	財	56	己未	丁9	財	官
		甲7	印	食			辛10	官	財			乙3	印	食
		壬16	食	印			辛10	官	財			己18	比	比
37	庚子	壬10	官	財	47	庚戌	辛9	比	比	57	庚申	己3戊7	財	官
		癸10	官	財			丁3	印	食			壬3	官	財
		癸10	官	財			戊18	財	官			庚17	比	比
38	辛丑	癸9	官	財	48	辛亥	戊7	財	官	58	辛酉	庚10	比	比
		辛3	比	比			甲7	食	印			辛10	比	比
		己18	財	官			壬16	官	財			辛10	比	比
39	壬寅	戊7	印	食	49	壬子	壬10	比	比	59	壬戌	辛9	財	官
		丙7	食	印			癸10	比	比			丁3	食	印
		甲16	官	財			癸10	比	比			戊18	印	食
40	癸卯	甲10	官	財	50	癸丑	癸9	比	比	60	癸亥	戊7	印	食
		乙10	官	財			辛3	財	官			甲7	官	財
		乙10	官	財			己18	印	食			壬16	比	比

보충설명

① 甲子의 支 子 속의 암장과 사령日數는 壬 10, 癸 10, 癸 10일로 되었다. 干 甲木과 支 子水의 육신은 印과 食이다. 이 印과 食의 재육신은 財, 官이다. 이하 60甲子 조견표의 재육신표는 甲子의 재육신 산출법과 같다.

② 乙丑을 보자.
乙, 癸의 육신은 印, 食이고 재육신은 財, 官이다. 乙, 辛의 육신은 관·재, 재육신은 印·食이다. 乙·己의 육신은 재·관, 재육신은 食·印이다. 이하 같은 방법으로 산출한 60갑자 재육신표다.

③ 60갑자 앞에 써 있는 아라비아 숫자는 60갑자(1~60)의 순서이다. 따라서 甲子는 1번~癸亥는 60번째 순서가 된다.

④ 2012년은 壬辰年이다. 60번째 중 29번째 60갑자다. 그러므로 2013년은 癸巳年…2043년은 60번째로, 60甲子의 끝인 癸亥년이 된다.

매일 시간(時間) 生氣別 재육신 조견표

	時間 \ 日干	甲		乙		丙		丁		戊		己		庚		辛		壬		癸	
子	pm 11:30 am 1:29	甲子	財 財 財	丙子	印 印 印	戊子	食 食 食	庚子	官 官 官	壬子	比 比 比	甲子	財 財 財	丙子	印 印 印	戊子	食 食 食	庚子	官 官 官	壬子	比 比 比
丑	1:30 3:29	乙丑	財 印 食	丁丑	印 食 官	己丑	食 官 比	辛丑	官 比 財	癸丑	比 財 印	乙丑	財 印 食	丁丑	印 食 官	己丑	食 官 比	辛丑	官 比 財	癸丑	比 財 印
寅	3:30 5:29	丙寅	官 比 財	戊寅	比 財 印	庚寅	財 印 食	壬寅	印 食 官	甲寅	食 官 比	丙寅	官 比 財	戊寅	比 財 印	庚寅	財 印 食	壬寅	印 食 官	甲寅	食 官 比
卯	5:30 7:29	丁卯	財 財 財	己卯	印 印 印	辛卯	食 食 食	癸卯	官 官 官	乙卯	比 比 比	丁卯	財 財 財	己卯	印 印 印	辛卯	食 食 食	癸卯	官 官 官	乙卯	比 比 比
辰	7:30 9:29	戊辰	印 食 比	庚辰	食 官 財	壬辰	官 比 印	甲辰	比 財 食	丙辰	財 印 官	戊辰	印 食 比	庚辰	食 官 財	壬辰	官 比 印	甲辰	比 財 食	丙辰	財 印 官
巳	9:30 11:29	己巳	比 官 財	辛巳	財 比 印	癸巳	印 財 食	乙巳	食 印 官	丁巳	官 印 比	己巳	比 官 財	辛巳	財 比 印	癸巳	印 財 食	乙巳	食 印 官	丁巳	官 印 比
午	11:30 pm 1:29	庚午	印 財 印	壬午	食 印 食	甲午	官 食 官	丙午	比 官 比	戊午	財 比 財	庚午	印 財 印	壬午	食 印 食	甲午	官 食 官	丙午	比 官 比	戊午	財 比 財
未	1:30 3:29	辛未	印 食 財	癸未	食 官 印	乙未	官 比 食	丁未	比 財 官	己未	財 印 比	辛未	印 食 財	癸未	食 官 印	乙未	官 比 食	丁未	比 財 官	己未	財 印 比
申	3:30 5:29	壬申	印 比 財	甲申	食 財 印	丙申	官 印 食	戊申	比 食 官	庚申	財 官 比	壬申	印 比 財	甲申	食 財 印	丙申	官 印 食	戊申	比 食 官	庚申	財 官 比
酉	5:30 7:29	癸酉	食 食 食	乙酉	印 印 印	丁酉	食 食 食	己酉	官 官 官	辛酉	比 比 比	癸酉	食 食 食	乙酉	印 印 印	丁酉	食 食 食	己酉	官 官 官	辛酉	比 比 比
戌	7:30 9:29	甲戌	印 官 食	丙戌	食 比 官	戊戌	官 財 比	庚戌	比 印 財	壬戌	財 食 印	甲戌	印 官 食	丙戌	食 比 官	戊戌	官 財 比	庚戌	比 印 財	壬戌	財 食 印
亥	9:30 11:29	乙亥	食 比 財	丁亥	官 財 印	己亥	比 印 食	辛亥	財 食 官	癸亥	印 官 比	乙亥	食 比 財	丁亥	官 財 印	己亥	比 印 食	辛亥	財 食 官	癸亥	印 官 比

보충설명

- 여기서 日干은 사람 사주의 日干이 아니라 매일 매일의 日辰(=그 날의 天干)을 말한다.
  예) 甲子 日辰이면 그날 日辰의 天干, 즉 甲을 말하는 것이다.

- 日辰의 日干 밑에는 시간대 별로 時干과 時支를 밝혀놓은 것이다.

- 시간대별 日柱 옆의 육신은 초·중·정기의 재육신이다.

- 왜? 시간대를 2시간씩 묶었느냐 하면 2시간(=120분)마다 氣가 바뀌기 때문이다. 예를 들면, 甲子시간의 氣가 새벽 1:30분이 딱 됐을 때 乙丑시간의 氣로 바뀐다.

- 시중의 서적 중 대부분이 子時를 밤 11:00~1:00로 구분해서 쓰고 있는데 잘못된 것이다. 文化時間(=시계)로 볼 때는 위의 시간 구분없이 맞겠지만 우리나라의 自然時間(=태양의 조사각도)으로 본다면 이 책이 올바르게 분류한 것이니 이 책대로 따라라. 역학에서는 自然時間을 씀이 옳다.

- 朝子時니, 夜子時니 하는 따위에 현혹되지 마라. 子平易理에 없다.

대운세우기 연습

[예 1] 남자, 정기생, 대운수 1

연주(생년)	癸 未
월주(생월)	庚 申
일주(생일)	丙 辰
시주(생시)	癸 巳

역행 →

1	11	21	31	41	51	61
比	財	比	官	比	比	印
己	戊	丁	丙	乙	甲	癸
未	午	巳	辰	卯	寅	丑
比	官	比	財	比	比	食
6	16	26	36	46	56	66

[예 2] 여자, 정기생, 대운수 9

연주(생년)	癸 未
월주(생월)	庚 申
일주(생일)	丙 辰
시주(생시)	癸 巳

순행 →

9	19	29	39	49	59	69
比	印	比	財	食	財	財
辛	壬	癸	甲	乙	丙	丁
酉	戌	亥	子	丑	寅	卯
比	食	比	官	印	官	官
14	24	34	44	54	64	74

[예 3] 남자, 정기생, 대운수 6

연주(생년)	壬 午
월주(생월)	己 酉
일주(생일)	辛 卯
시주(생시)	己 亥

순행 →

6	16	26	36	46	56	66
財	官	比	印	比	比	官
庚	辛	壬	癸	甲	乙	丙
戌	亥	子	丑	寅	卯	辰
官	財	比	食	比	比	財
11	21	31	41	51	61	71

[예 4] 여자, 정기생, 대운수 4

연주(생년)	壬 午
월주(생월)	己 酉
일주(생일)	辛 卯
시주(생시)	丁 亥

역행 →

4	14	24	34	44	54	64
官	官	比	官	食	官	官
戊	丁	丙	乙	甲	癸	壬
申	未	午	巳	辰	卯	寅
財	財	比	財	印	財	財
9	19	29	39	49	59	69

대운 재육신 숙달 연습하기(1~10)

참고 모두 정기생(正氣生)으로 함.

[문제 1] 정기생, 순행, 대운수 1

丁						
未						

[문제 2] 정기생, 순행, 대운수 3

壬						
寅						

[문제 3] 정기생, 역행, 대운수 3

丙						
戌						

[문제 4] 정기생, 역행, 대운수 7

壬						
申						

[문제 5] 정기생, 순행, 대운수 5

甲						
寅						

[문제 6] 정기생, 역행, 대운수 2

庚						
申						

[문제 7] 정기생, 순행, 대운수 8

甲						
甲						

[문제 8] 정기생, 역행, 대운수 4

乙						
巳						

[문제 9] 정기생, 역행, 대운수 9

丙						
辰						

[문제 10] 정기생, 순행, 대운수 10

庚						
子						

모범 답안(1~10)

[문제 1] 정기생, 순행, 대운수 1

1	12	22	32	42	52	62
官	官	官	財	官	比	印
丁	戊	己	庚	辛	壬	癸
未	申	酉	戌	亥	子	丑
財	財	財	官	財	比	食
6	17	27	37	47	57	67

[문제 2] 정기생, 순행, 대운수 3

3	13	23	33	43	53	63
官	官	食	官	比	官	官
壬	癸	甲	乙	丙	丁	戊
寅	卯	辰	巳	午	未	申
財	財	印	財	比	財	財
8	18	28	38	48	58	68

[문제 3] 정기생, 역행, 대운수 3

3	13	23	33	43	53	63
官	印	印	印	食	印	財
丙	乙	甲	癸	壬	辛	庚
戌	酉	申	未	午	巳	辰
財	食	食	食	印	食	官
8	18	28	38	48	58	68

[문제 4] 정기생, 역행, 대운수 7

7	17	27	37	47	57	67
財	財	印	財	比	財	財
壬	辛	庚	己	戊	丁	丙
申	未	午	巳	辰	卯	寅
官	官	食	官	比	官	官
12	22	32	42	52	62	72

[문제 5] 정기생, 순행, 대운수 5

5	15	25	35	45	55	65
比	比	官	比	財	比	比
甲	乙	丙	丁	戊	己	庚
寅	卯	辰	巳	午	未	申
比	比	財	比	官	比	比
10	20	30	40	50	60	70

[문제 6] 정기생, 역행, 대운수 2

2	12	22	32	42	52	62
比	比	財	比	官	比	比
庚	己	戊	丁	丙	乙	甲
申	未	午	巳	辰	卯	寅
比	比	官	比	財	比	比
7	17	27	37	47	57	67

[문제 7] 정기생, 순행, 대운수 8

8	18	28	38	48	58	68
印	印	官	印	食	比	食
甲	乙	丙	丁	戊	己	庚
申	酉	戌	亥	子	丑	寅
食	食	財	食	印	比	印
13	23	33	43	53	63	73

[문제 8] 정기생, 역행, 대운수 4

4	14	24	34	44	54	64
官	食	官	官	財	官	食
乙	甲	癸	壬	辛	庚	己
巳	辰	卯	寅	丑	子	亥
財	印	財	財	官	財	印
9	19	29	39	49	59	69

[문제 9] 정기생, 역행, 대운수 9

9	19	29	39	49	59	69
官	比	比	印	比	官	財
丙	乙	甲	癸	壬	辛	庚
辰	卯	寅	丑	子	亥	戌
財	比	比	食	比	財	官
14	24	34	44	54	64	74

[문제 10] 정기생, 순행, 대운수 10

10	20	30	40	50	60	70
官	財	官	官	食	官	比
庚	辛	壬	癸	甲	乙	丙
子	丑	寅	卯	辰	巳	午
財	官	財	財	印	財	比
15	25	35	45	55	65	75

사주간명 연습문제[1~100]

일러두는 말

여기에 수록한 자료는 내가 소원성취동양철학원을 할 때 직접 상담했던 자료 중에서 발췌해 수록했다.

그러므로 여러분도 철학원에서 직접 상담하는 마음 가짐과 또 易學報國하는 마음으로 상담연습을 해야 한다.

우선, 익숙해질 때까지는 연필을 사용해라.

왜냐하면 당장은 정확하게 작성한 것 같겠지만 뒷날 다시 검토해보면 틀리거나 부족한 것이 보일 것이므로 다시 고쳐 쓰거나 수정할 때를 생각해서 말이다,

꼭 부탁할 것은, 사주간명지(四柱看命紙) 작성 시간은 5분이 넘지 않도록 훈련해야만 한다. 또 사주간명을 연습할 때는 반드시 피상담자가 앞에 앉아 있다고 생각해야 한다. 그렇게 생각하면, 상담자에게는 사주간명지 작성시간 5분이 주마등처럼 짧겠지만 내방객에게는 1시간 보다 길게 여겨질 수 있기 때문이다.

철학원을 개설하면 상담현장에서 경험하겠지만 피상담자가 몰리는 시간대가 대개 정해져 있다.

두 서너명이나 그 보다 많은 고객이 앉아서 순서를 기다리는데 한 사

람의 사주간명지 작성부터 시간이 걸리다 보면 성질 급한 고객은 바쁘다며 가버린다. 그러면 남아 있던 고객도 바늘에 실 따라 가듯이 다 가버리고 만다. 이 말은 꼭 명심해야 한다.

속전속결, 잊지 말아야 한다.

사주간명 공부하는 방법

첫째, 사주간명지를 작성했으면 해답을 보기 전에 그 사주 주인공을 머리속에 떠올려 보도록 노력해 보아라. 처음에는 안 떠오르고 안그려지겠지만 '정신일도하사불성' 이란 말이 있듯이 사주간명지를 보고 또 보고 있노라면 어느날 언듯, 그 주인공의 얼굴이 눈 앞에 떠오르며 배시시 웃을 것이다. 그 순간, 易의 道를 깨우치게 되며 看命의 達人이 된 것이다.

둘째, 연습문제 사주를 놓고 그의 학운·직장운·재물운·출세운·건강운·배우자운·부모운·자식운 등등 스스로 생각할 수 있는 주제들을 만들어 명상도 해보고 답도 만들어 보는 식의 공부를 하다보면 自學成家할 수 있다.

연습문제 1

여자 1977년 8월 16일(음) 戌時生

대운수: (초·중·정)氣生: 日 입절: 月 日

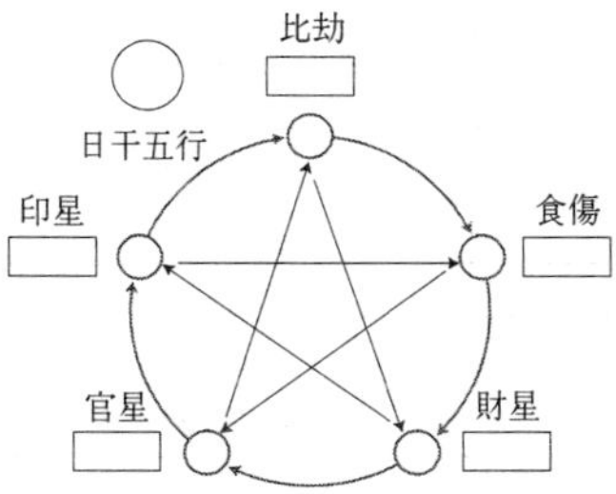

연		
월		
일		
시		

용신		기신	
희신		변수 오행	

연습문제 2

남자 1973년 6월 29일(음) 申時生

대운수: (초·중·정)氣生: 日 입절: 月 日

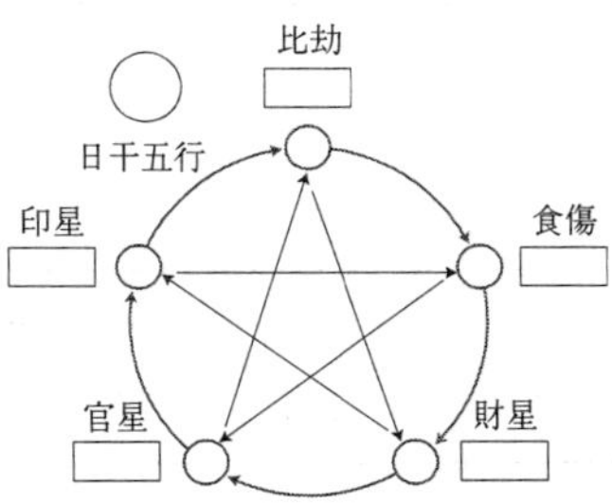

연		
월		
일		
시		

용신		기신	
희신		변수 오행	

연습문제 3

여자 1940년 9월 12일(음) 未時生

대운수: (초·중·정)氣生: 日 입절: 月 日

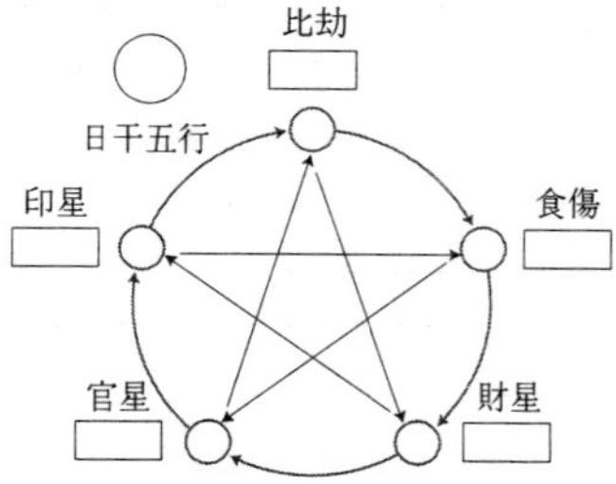

연		
월		
일		
시		

용신		기신	
희신		변수 오행	

연습문제 4

남자 1941년 7월 2일(양) 午時生

대운수: (초·중·정)氣生: 日 입절: 月 日

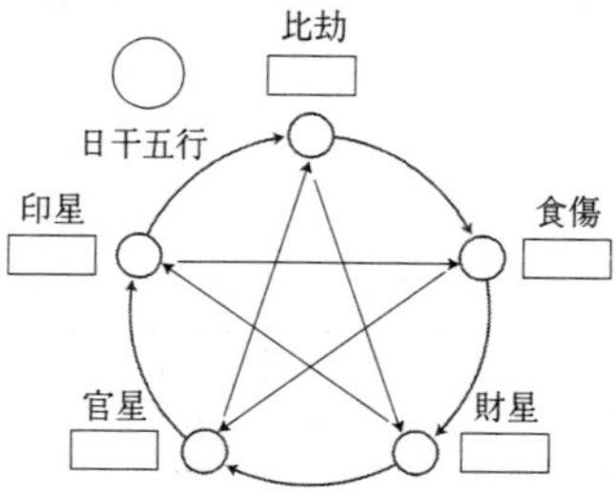

연		
월		
일		
시		

용신		기신	
희신		변수 오행	

연습문제 5

남자 1940년 2월 11일(음) 辰時生

대운수: ______ (초·중·정)氣生: ______ 日 입절: ______ 月 ______ 日

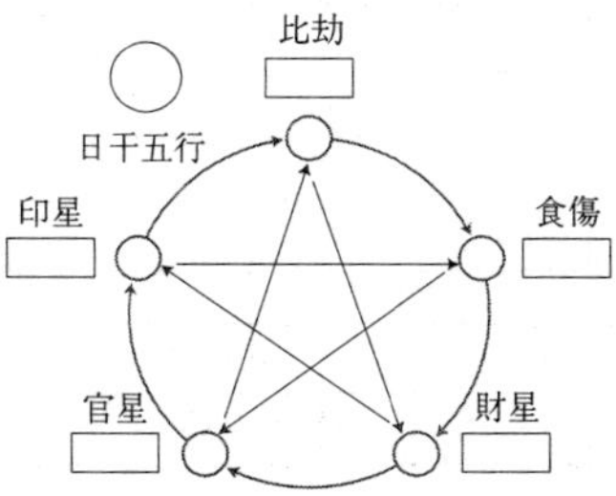

연		
월		
일		
시		

용신		기신	
희신		변수 오행	

연습문제 6

남자 1939년 12월 18일(음) 寅時生

대운수: ______ (초·중·정)氣生: ______ 日 입절: ______ 月 ______ 日

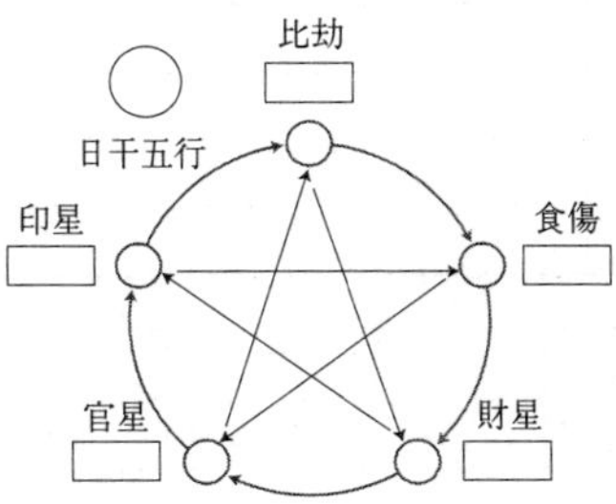

연		
월		
일		
시		

용신		기신	
희신		변수 오행	

연습문제 7

남자 1942년 2월 1일(음) 丑時生

대운수:　　　　(초·중·정)氣生:　　日　　입절:　　月　　日

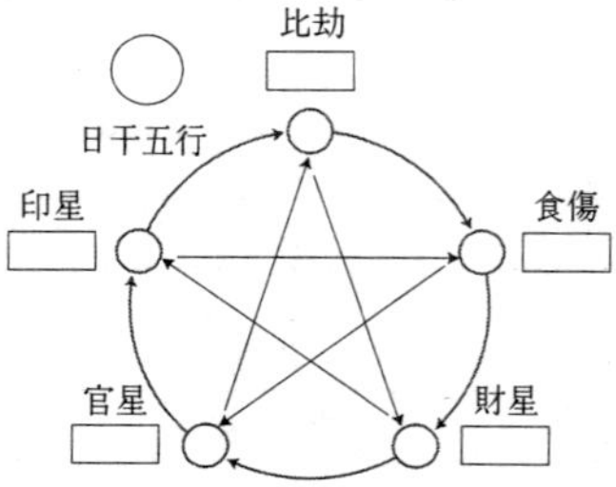

연		
월		
일		
시		

용신		기신	
희신		변수 오행	

연습문제 8

남자 1940년 1월 27일(음) 卯時生

대운수:　　　　(초·중·정)氣生:　　日　　입절:　　月　　日

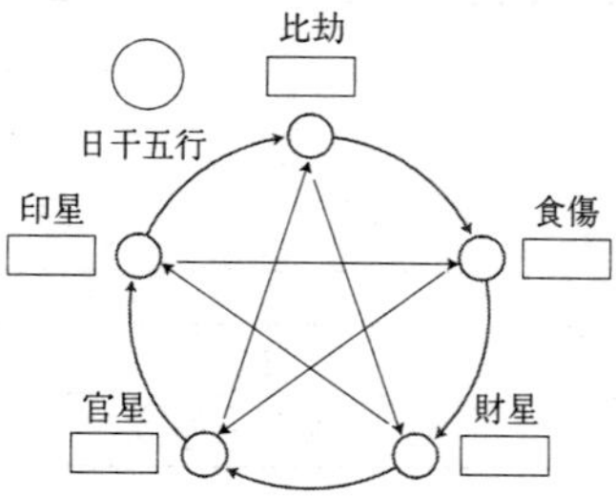

연		
월		
일		
시		

용신		기신	
희신		변수 오행	

연습문제 9

남자 1936년 9월 27일(음) 巳時生

대운수:　　　　(초·중·정)氣生:　　　日　　입절:　　　月　　日

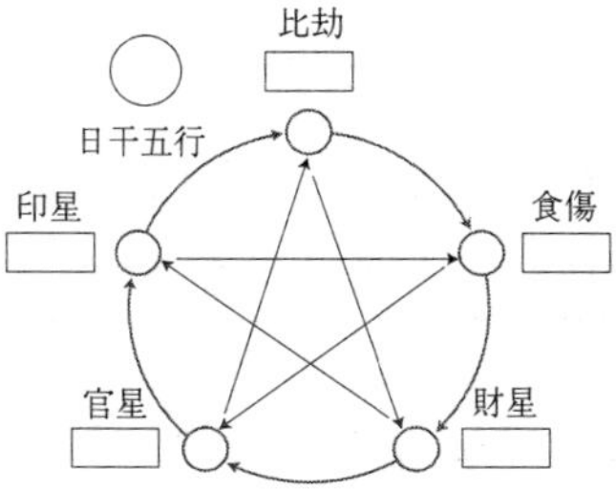

연		
월		
일		
시		

용신		기신	
희신		변수 오행	

연습문제 10

남자 1978년 7월 12일(양) 巳時生

대운수:　　　　(초·중·정)氣生:　　　日　　입절:　　　月　　日

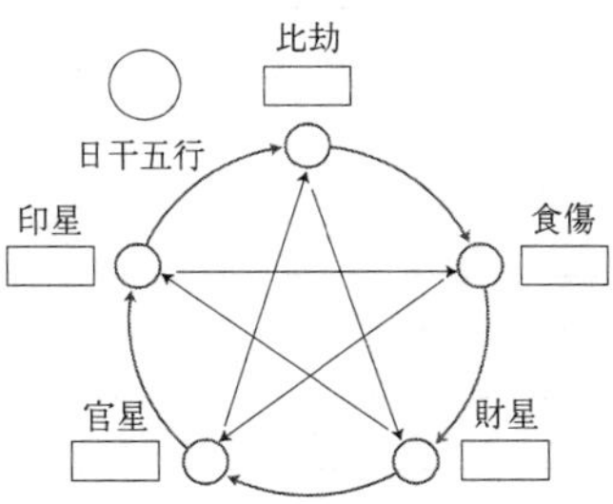

연		
월		
일		
시		

용신		기신	
희신		변수 오행	

연습문제 11

남자 1944년 4월 4일(음) 寅時生

대운수: (초·중·정)氣生: 日 입절: 月 日

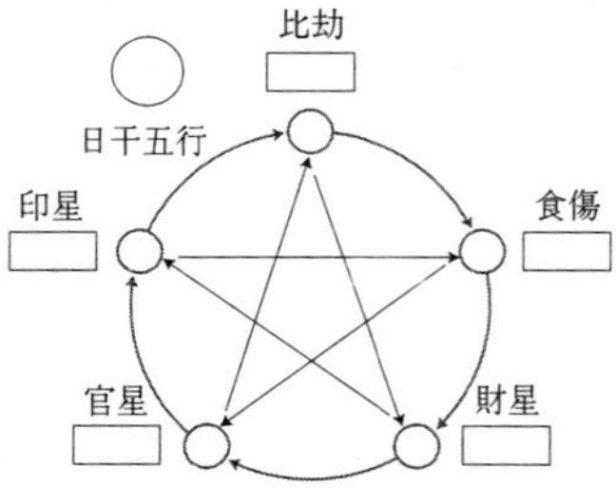

연		
월		
일		
시		

용신		기신	
희신		변수 오행	

연습문제 12

남자 1936년 9월 2일(양) 巳時生

대운수: (초·중·정)氣生: 日 입절: 月 日

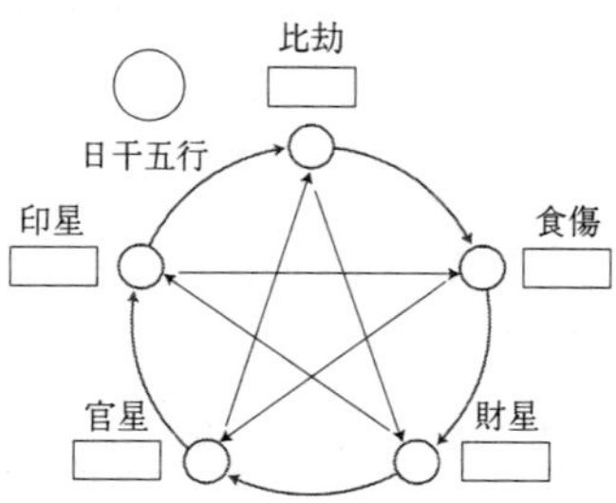

연		
월		
일		
시		

용신		기신	
희신		변수 오행	

연습문제 13

남자 1948년 12월 6일(음) 子時生

대운수: (초·중·정)氣生: 日 입절: 月 日

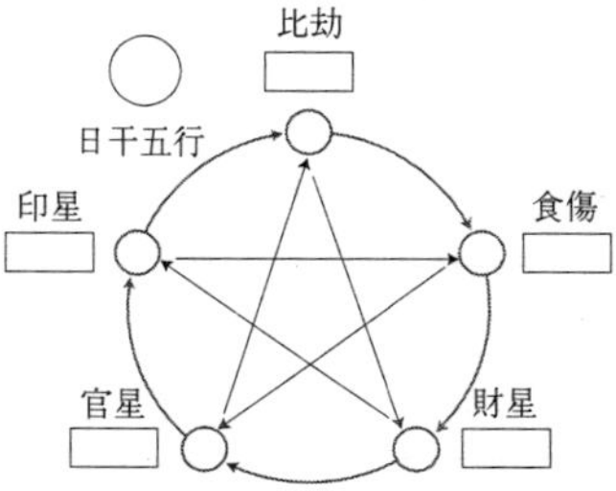

연		
월		
일		
시		

용신		기신	
희신		변수 오행	

연습문제 14

남자 1947년 1월 18일(음) 辰時生

대운수: (초·중·정)氣生: 日 입절: 月 日

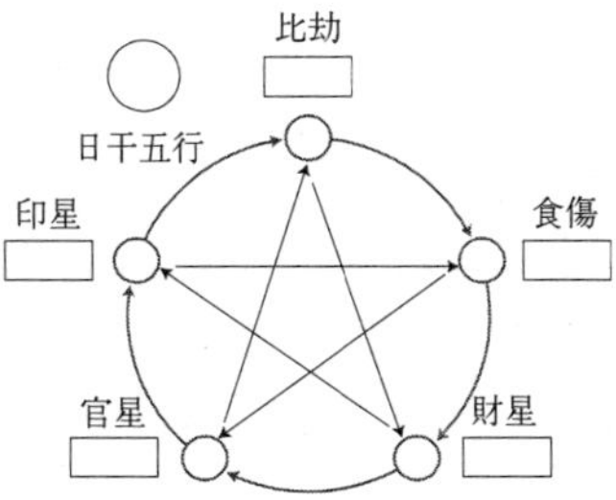

연		
월		
일		
시		

용신		기신	
희신		변수 오행	

연습문제 15

남자 1952년 11월 5일(음) 戌時生

대운수: ______ (초·중·정)氣生: ______ 日 입절: ______ 月 ______ 日

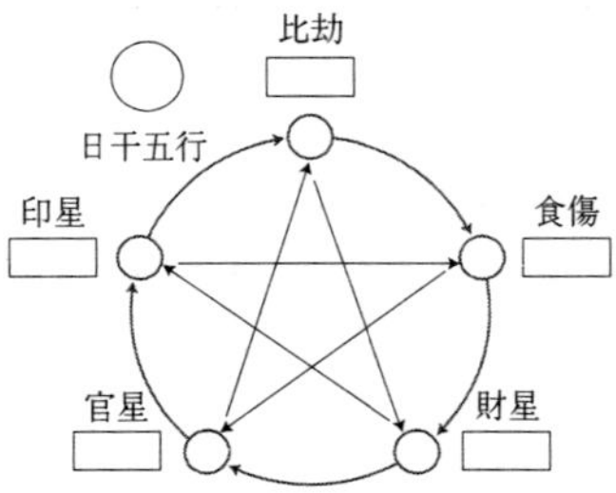

연		
월		
일		
시		

용신		기신	
희신		변수 오행	

연습문제 16

남자 1941년 윤6월 27일(음) 亥時生

대운수: ______ (초·중·정)氣生: ______ 日 입절: ______ 月 ______ 日

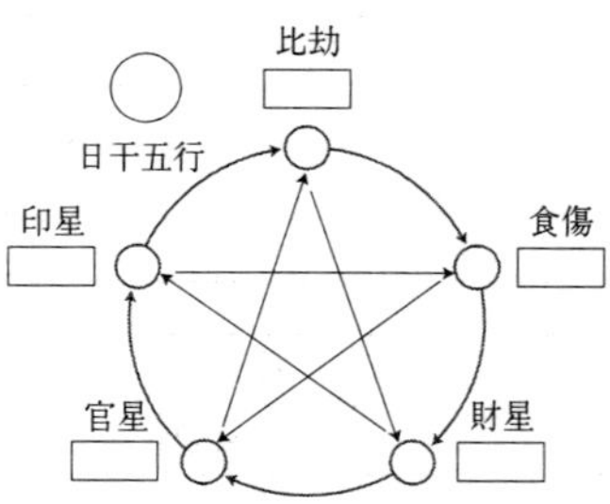

연		
월		
일		
시		

용신		기신	
희신		변수 오행	

연습문제 17

남자 1951년 9월 9일(음) 戌時生

대운수: (초·중·정)氣生: 日 입절: 月 日

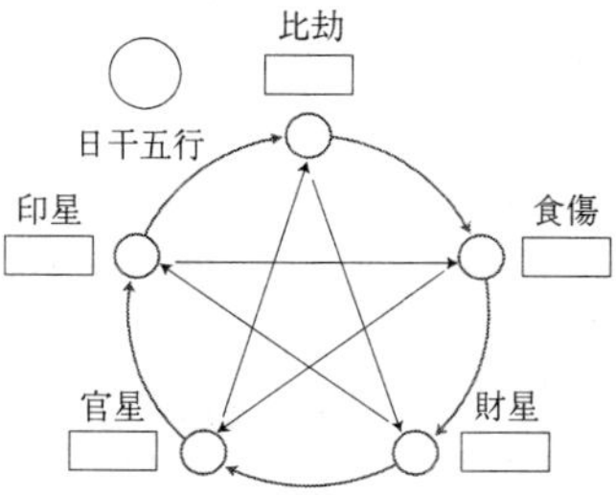

연		
월		
일		
시		

용신		기신	
희신		변수 오행	

연습문제 18

남자 1945년 8월 14일(음) 子時生

대운수: (초·중·정)氣生: 日 입절: 月 日

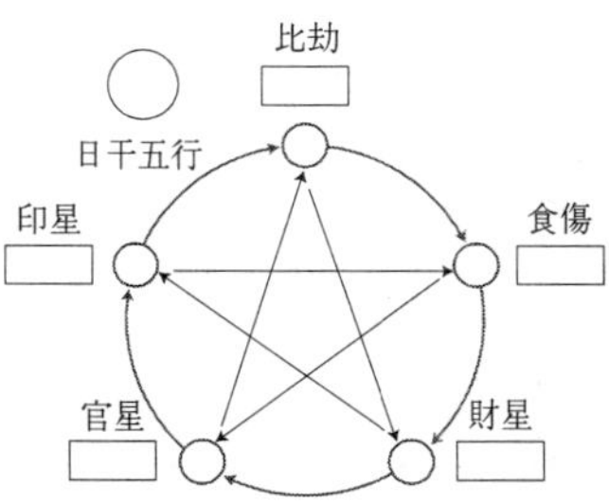

연		
월		
일		
시		

용신		기신	
희신		변수 오행	

연습문제 19

남자 1940년 9월 8일(음) 辰時生

대운수:　　　(초·중·정)氣生:　　日　입절:　　月　　日

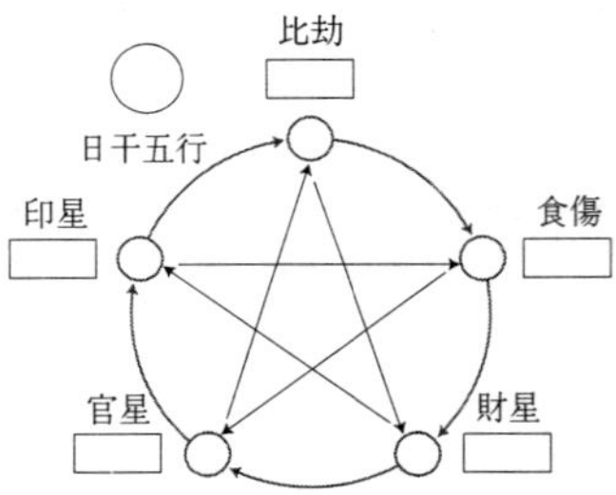

연		
월		
일		
시		

용신		기신	
희신		변수 오행	

연습문제 20

여자 1946년 9월 20일(음) 未時生

대운수:　　　(초·중·정)氣生:　　日　입절:　　月　　日

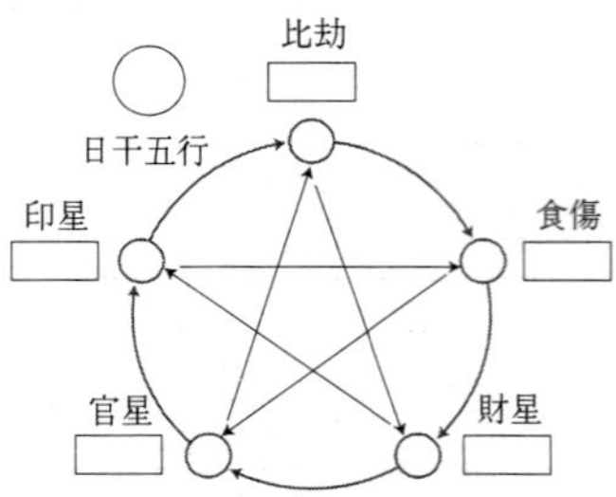

연		
월		
일		
시		

용신		기신	
희신		변수 오행	

연습문제 21

남자 1941년 2월 8일(음) 巳時生

대운수: (초·중·정)氣生: 日 입절: 月 日

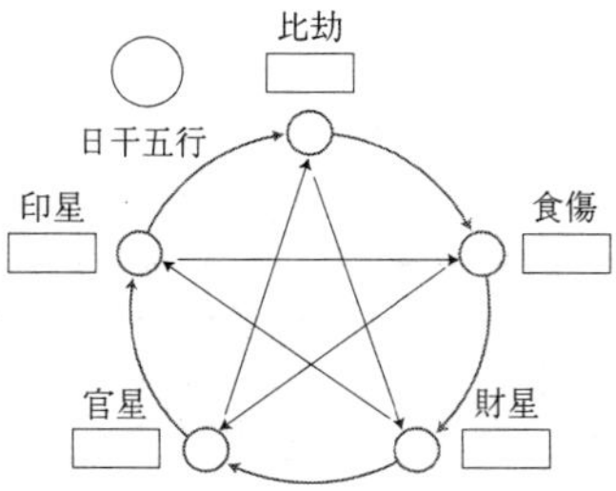

연		
월		
일		
시		

용신		기신	
희신		변수 오행	

연습문제 22

남자 1942년 4월 29일(양) 酉時生

대운수: (초·중·정)氣生: 日 입절: 月 日

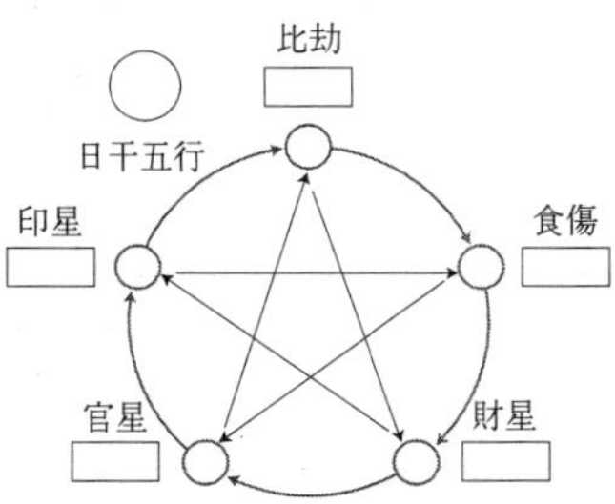

연		
월		
일		
시		

용신		기신	
희신		변수 오행	

연습문제 23

남자 1968년 3월 28일(양) 子時生

대운수: (초·중·정)氣生: 日 입절: 月 日

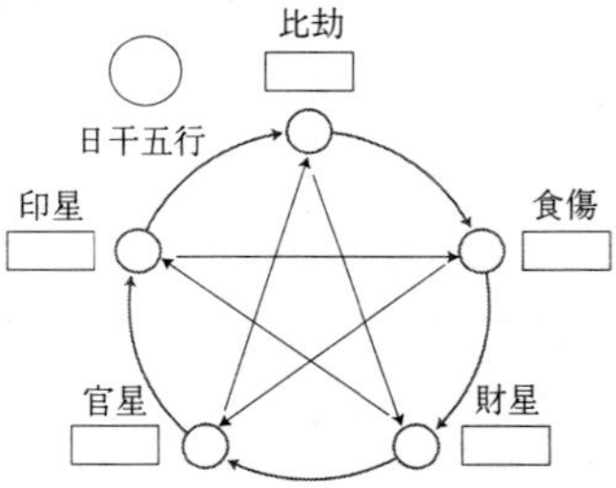

연		
월		
일		
시		

용신		기신	
희신		변수 오행	

연습문제 24

남자 1980년 12월 13일(양) 辰時生

대운수: (초·중·정)氣生: 日 입절: 月 日

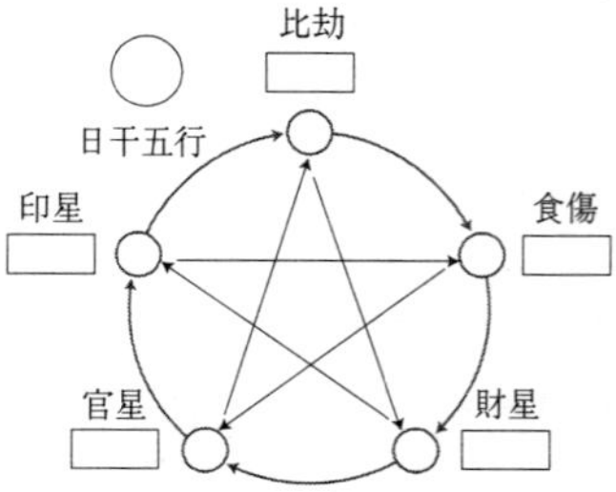

연		
월		
일		
시		

용신		기신	
희신		변수 오행	

연습문제 25

남자 1953년 5월 11일(음) 辰時生

대운수: (초·중·정)氣生: 日 입절: 月 日

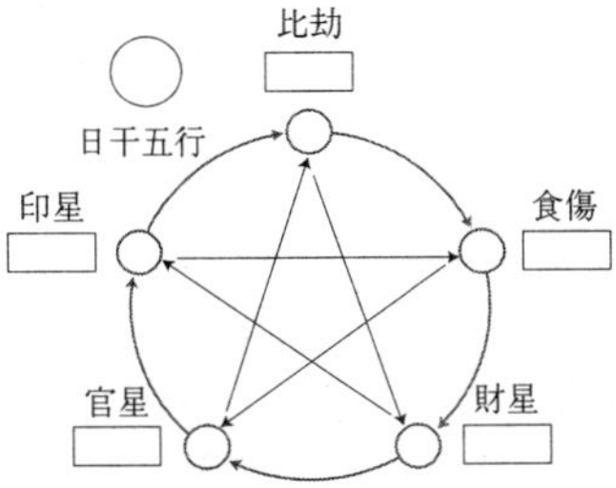

연		
월		
일		
시		

용신		기신	
희신		변수 오행	

연습문제 26

남자 1957년 12월 24일(양) 丑時生

대운수: (초·중·정)氣生: 日 입절: 月 日

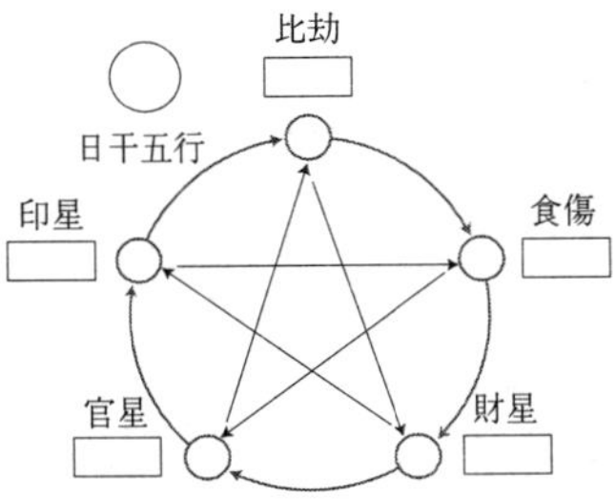

연		
월		
일		
시		

용신		기신	
희신		변수 오행	

연습문제 27

여자 1958년 1월 4일(음) 寅時生

대운수: (초·중·정)氣生: 日 입절: 月 日

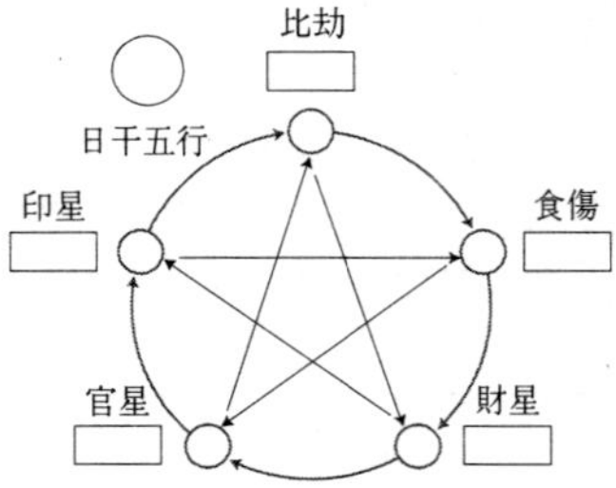

연		
월		
일		
시		

용신		기신	
희신		변수 오행	

연습문제 28

여자 1983년 8월 24일(음) 辰時生

대운수: (초·중·정)氣生: 日 입절: 月 日

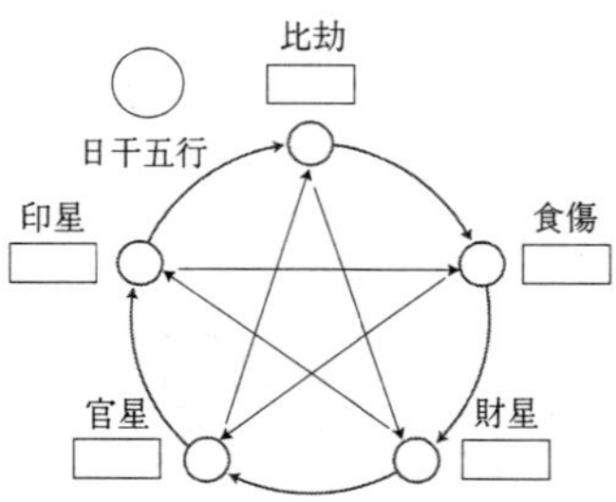

연		
월		
일		
시		

용신		기신	
희신		변수 오행	

연습문제 29

여자 1960년 9월 22일(음) 卯時生

대운수: (초·중·정)氣生: 日   입절: 月   日

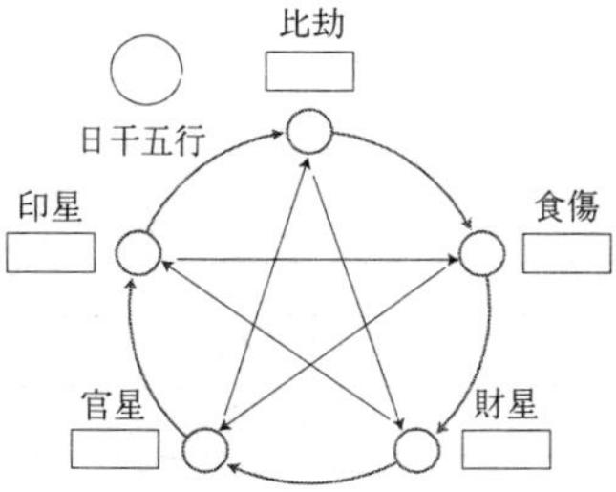

연		
월		
일		
시		

용신		기신	
희신		변수 오행	

연습문제 30

여자 1959년 2월 21일(음) 戌時生

대운수: (초·중·정)氣生: 日   입절: 月   日

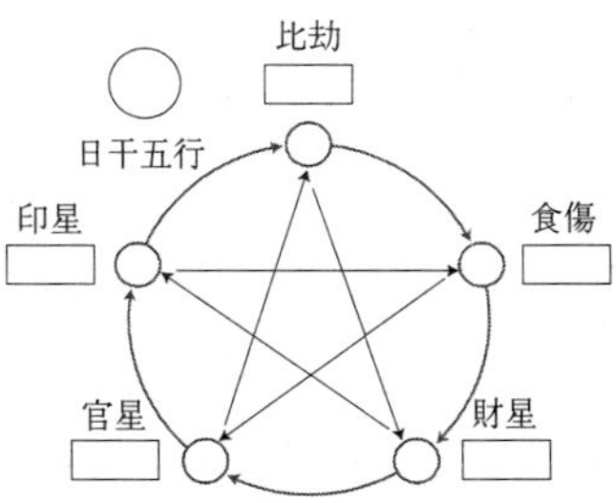

연		
월		
일		
시		

용신		기신	
희신		변수 오행	

연습문제 31

남자 1962년 2월 9일(음) 亥時生

대운수: (초·중·정)氣生: 日 입절: 月 日

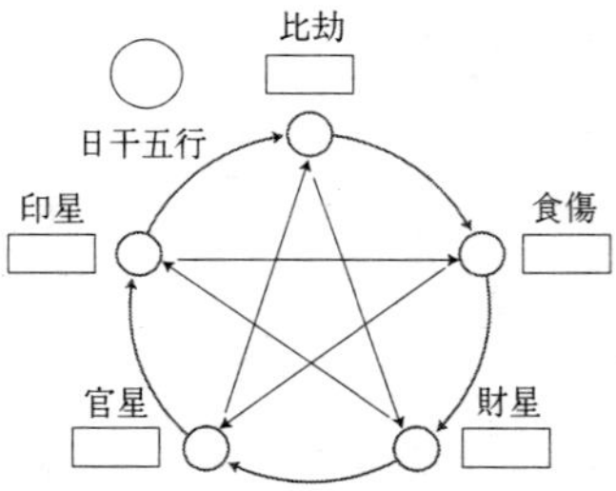

연		
월		
일		
시		

용신		기신	
희신		변수 오행	

연습문제 32

남자 1987년 9월 25일(양) 酉時生

대운수: (초·중·정)氣生: 日 입절: 月 日

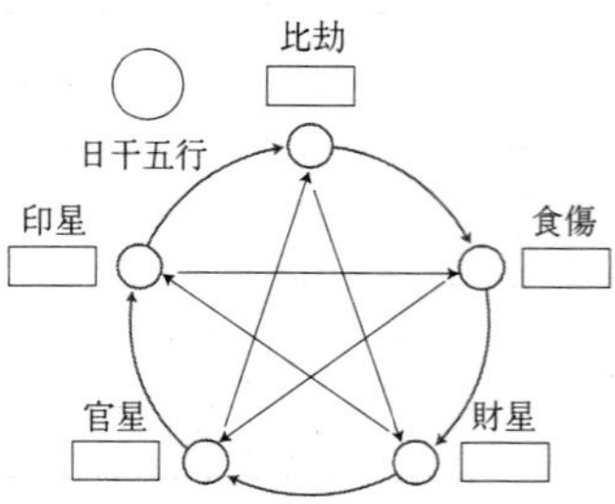

연		
월		
일		
시		

용신		기신	
희신		변수 오행	

연습문제 33

남자 1990년 9월 28일(양) 卯時生

대운수: (초·중·정)氣生: 日 입절: 月 日

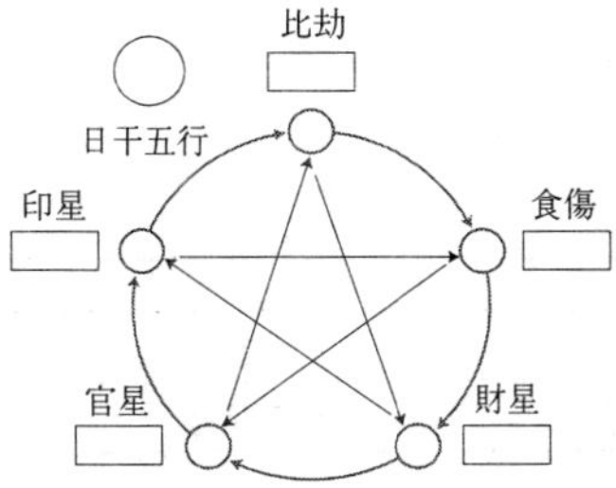

연		
월		
일		
시		

용신		기신	
희신		변수 오행	

연습문제 34

여자 1961년 11월 7일(음) 丑時生

대운수: (초·중·정)氣生: 日 입절: 月 日

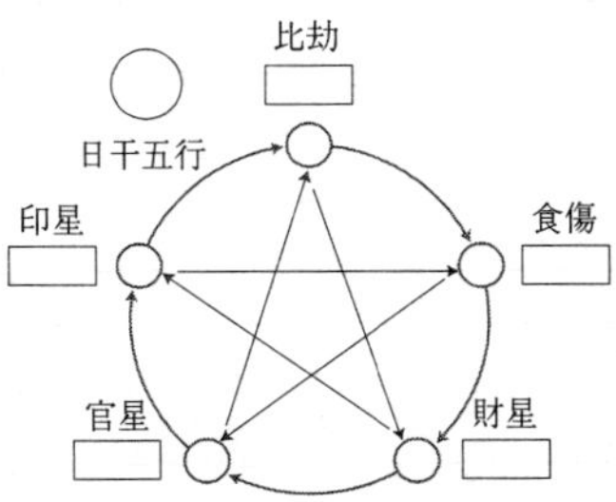

연		
월		
일		
시		

용신		기신	
희신		변수 오행	

연습문제 35

여자 1965년 8월 3일(음) 卯時生

대운수: (초·중·정)氣生: 日 입절: 月 日

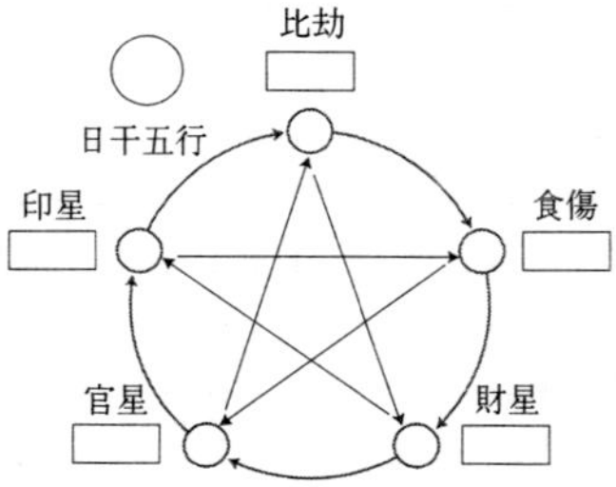

연		
월		
일		
시		

용신		기신	
희신		변수 오행	

연습문제 36

여자 1986년 11월 1일(양) 丑時生

대운수: (초·중·정)氣生: 日 입절: 月 日

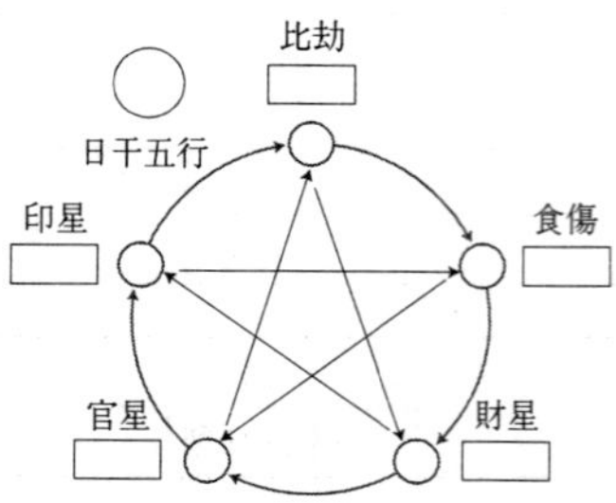

연		
월		
일		
시		

용신		기신	
희신		변수 오행	

연습문제 37

남자 1984년 6월 27일(양) 辰時生

대운수: (초·중·정)氣生: 日 입절: 月 日

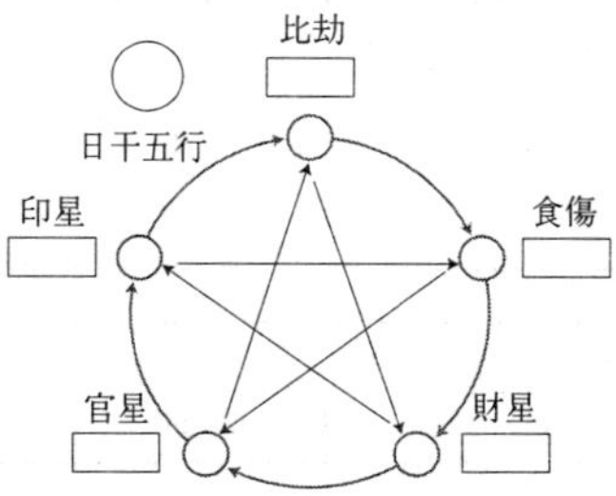

연		
월		
일		
시		

용신		기신	
희신		변수 오행	

연습문제 38

남자 1986년 1월 13일(양) 酉時生

대운수: (초·중·정)氣生: 日 입절: 月 日

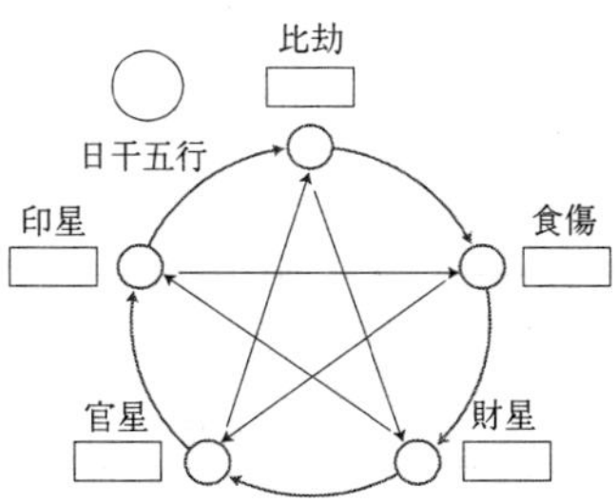

연		
월		
일		
시		

용신		기신	
희신		변수 오행	

연습문제 39

남자 1986년 10월 25일(양) 辰時生

대운수: (초·중·정)氣生: 日 입절: 月 日

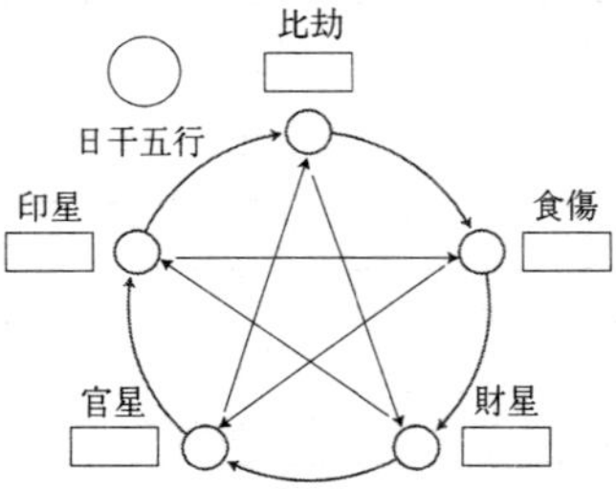

연		
월		
일		
시		

용신		기신	
희신		변수 오행	

연습문제 40

여자 1957년 11월 23일(양) 亥時生

대운수: (초·중·정)氣生: 日 입절: 月 日

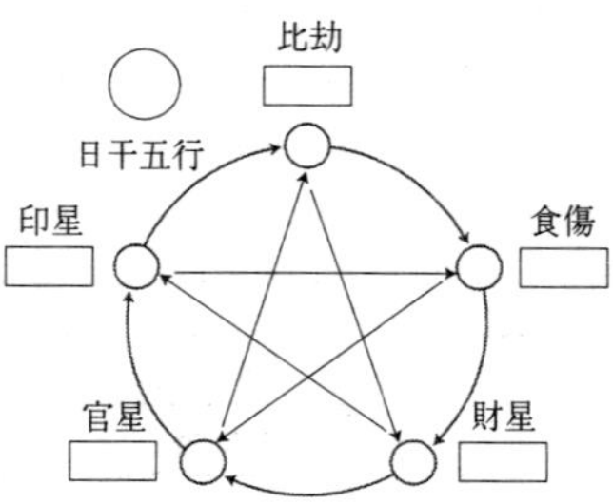

연		
월		
일		
시		

용신		기신	
희신		변수 오행	

연습문제 41

여자 1957년 8월 17일(음) 午時生

대운수: (초·중·정)氣生: 日 입절: 月 日

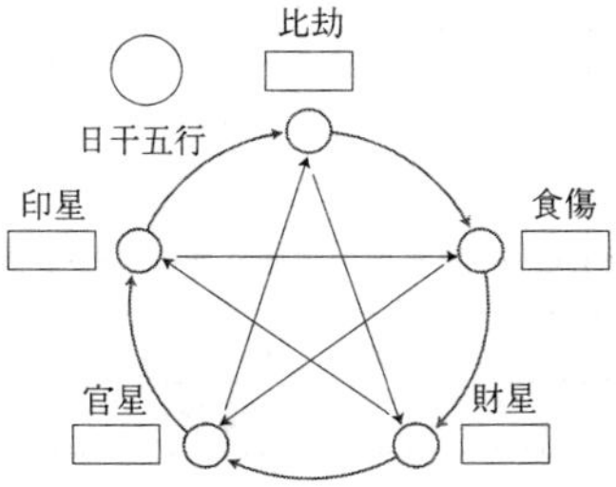

연		
월		
일		
시		

용신		기신	
희신		변수 오행	

연습문제 42

여자 1957년 2월 14일(음) 寅時生

대운수: (초·중·정)氣生: 日 입절: 月 日

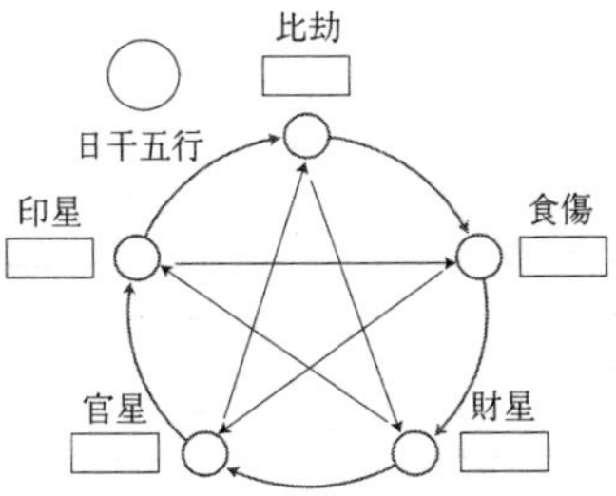

연		
월		
일		
시		

용신		기신	
희신		변수 오행	

연습문제 43

남자 1958년 9월 9일(음) 酉時生

대운수: ______ (초·중·정)氣生: ______ 日 입절: ______ 月 ______ 日

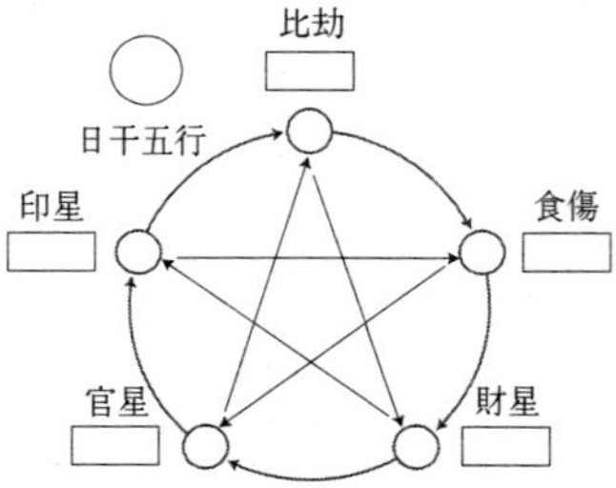

연		
월		
일		
시		

용신		기신	
희신		변수 오행	

연습문제 44

남자 1988년 12월 1일(양) 午時生

대운수: ______ (초·중·정)氣生: ______ 日 입절: ______ 月 ______ 日

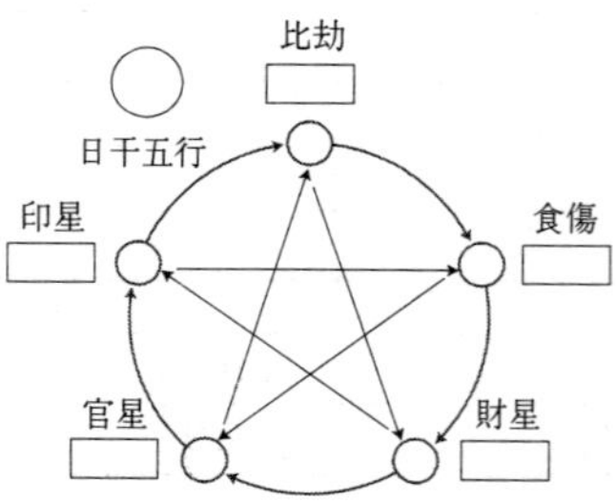

연		
월		
일		
시		

용신		기신	
희신		변수 오행	

연습문제 45

여자 1959년 4월 3일(음) 寅時生

대운수: (초·중·정)氣生: 日 입절: 月 日

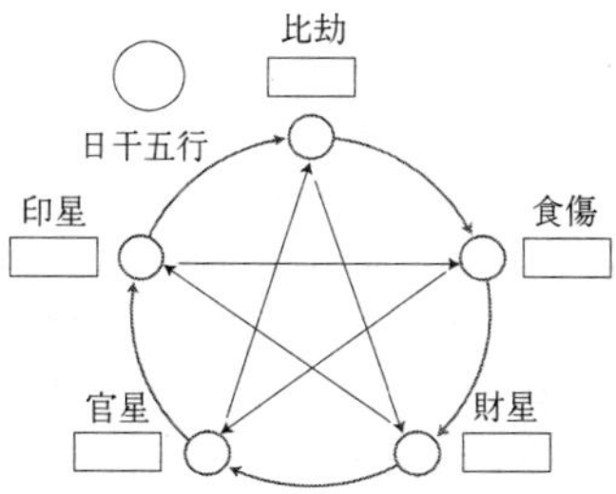

연		
월		
일		
시		

용신		기신	
희신		변수 오행	

연습문제 46

남자 1971년 3월 27일(음) 申時生

대운수: (초·중·정)氣生: 日 입절: 月 日

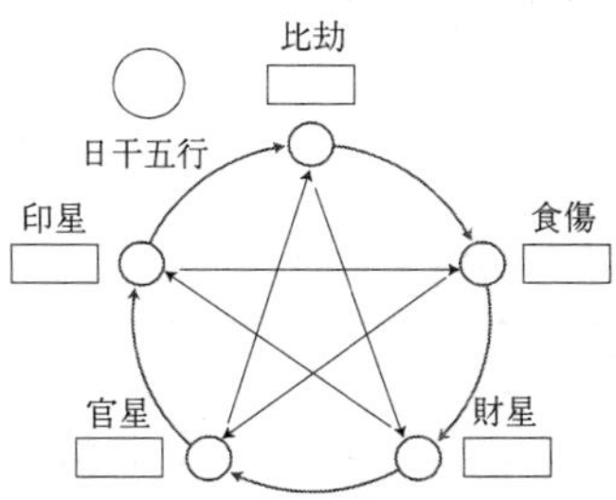

연		
월		
일		
시		

용신		기신	
희신		변수 오행	

연습문제 47

여자 1958년 8월 1일(음) 戌時生

대운수: (초·중·정)氣生: 日 입절: 月 日

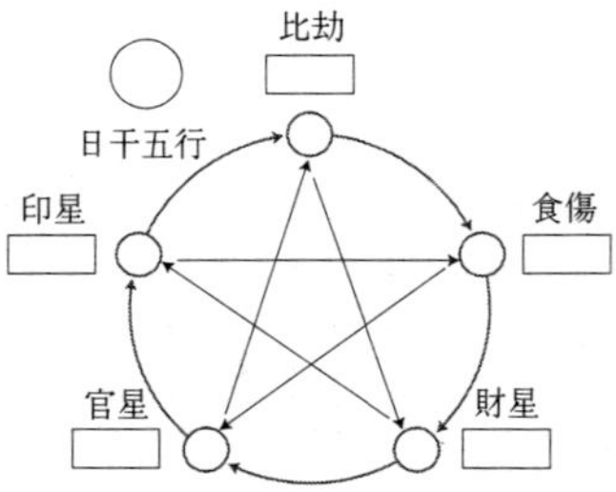

연		
월		
일		
시		

용신		기신	
희신		변수 오행	

연습문제 48

남자 1956년 1월 15일(음) 卯時生

대운수: (초·중·정)氣生: 日 입절: 月 日

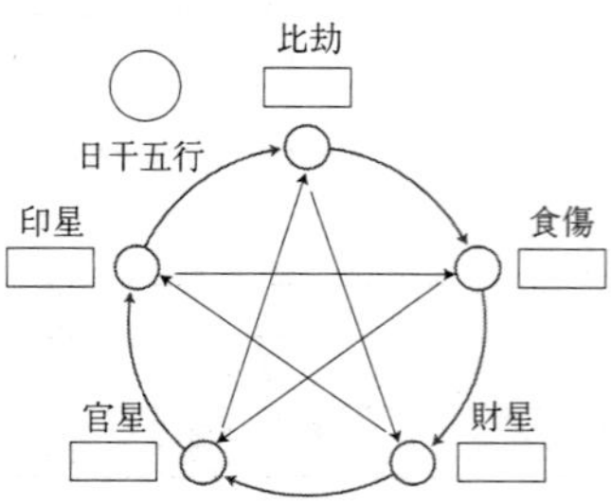

연		
월		
일		
시		

용신		기신	
희신		변수 오행	

연습문제 49

여자 1974년 12월 10일(양) 午時生

대운수:　　　　(초·중·정)氣生:　　日　　입절:　　月　　日

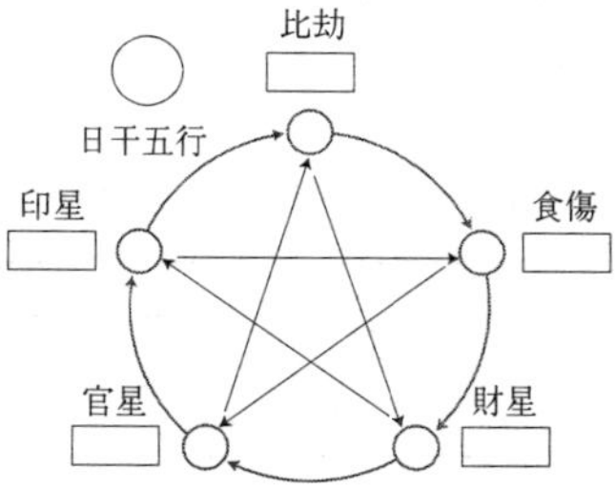

연		
월		
일		
시		

용신		기신	
희신		변수 오행	

연습문제 50

남자 1985년 11월 21일(양) 戌時生

대운수:　　　　(초·중·정)氣生:　　日　　입절:　　月　　日

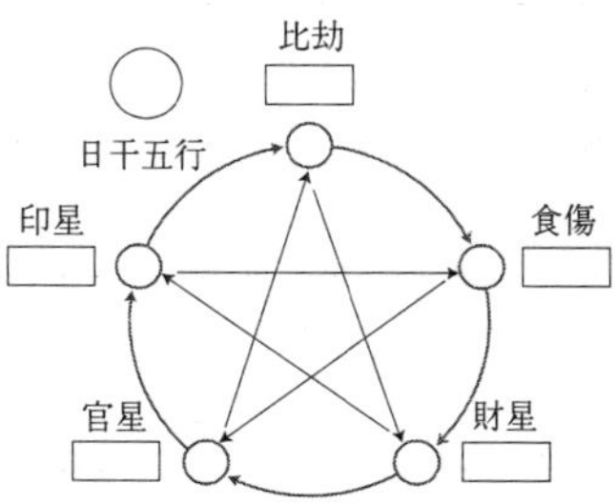

연		
월		
일		
시		

용신		기신	
희신		변수 오행	

연습문제 51

여자 1955년 1월 10일(음) 午時生

대운수: (초·중·정)氣生: 日 입절: 月 日

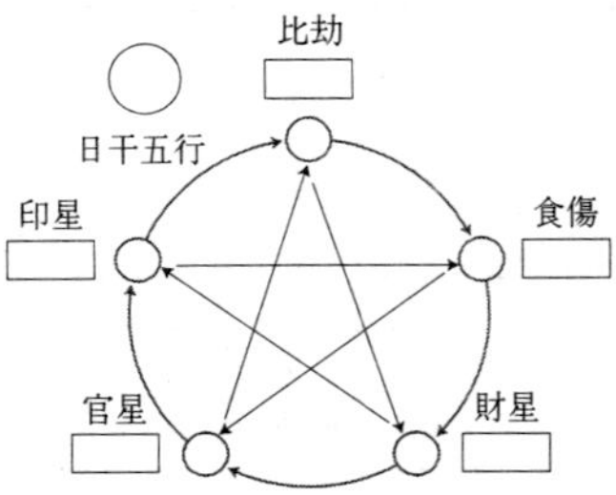

연		
월		
일		
시		

용신		기신	
희신		변수 오행	

연습문제 52

여자 1976년 4월 8일(음) 未時生

대운수: (초·중·정)氣生: 日 입절: 月 日

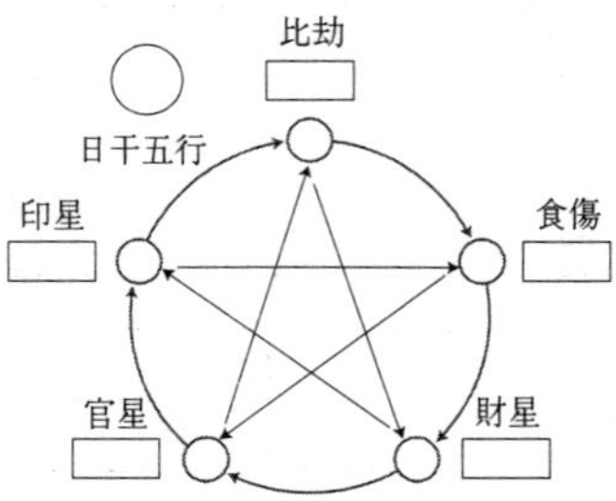

연		
월		
일		
시		

용신		기신	
희신		변수 오행	

연습문제 53

남자 1954년 7월 9일(음) 未時生

대운수:　　　　(초·중·정)氣生:　　日　입절:　　月　　日

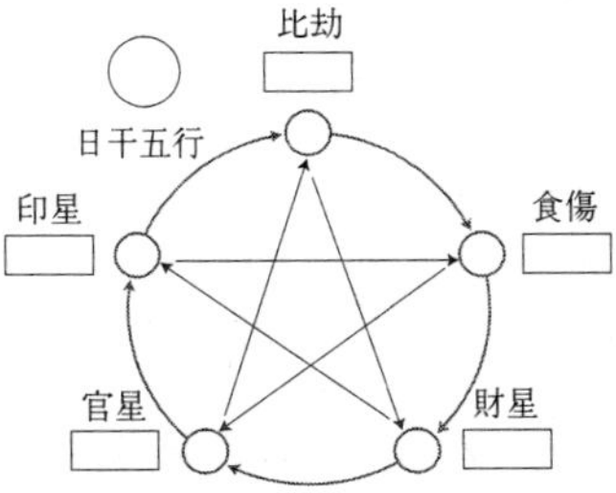

연		
월		
일		
시		

용신		기신	
희신		변수 오행	

연습문제 54

남자 1954년 7월 16일(음) 午時生

대운수:　　　　(초·중·정)氣生:　　日　입절:　　月　　日

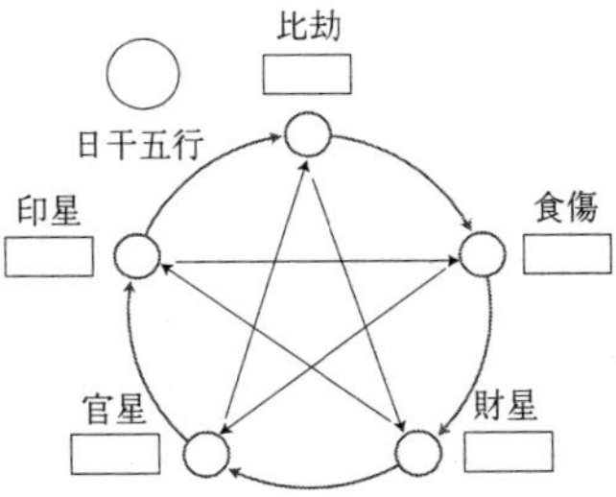

연		
월		
일		
시		

용신		기신	
희신		변수 오행	

연습문제 55

남자 1991년 1월 16일(음) 午時生

대운수:　　　　(초·중·정)氣生:　　日　입절:　　月　日

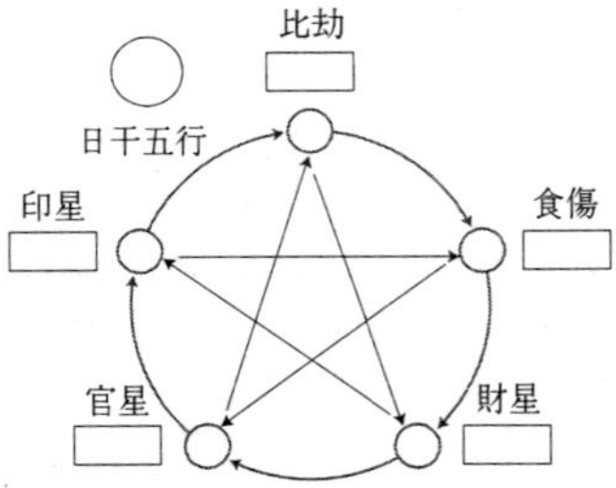

연		
월		
일		
시		

용신		기신	
희신		변수 오행	

연습문제 56

여자 1997년 7월 24일(양) 巳時生

대운수:　　　　(초·중·정)氣生:　　日　입절:　　月　日

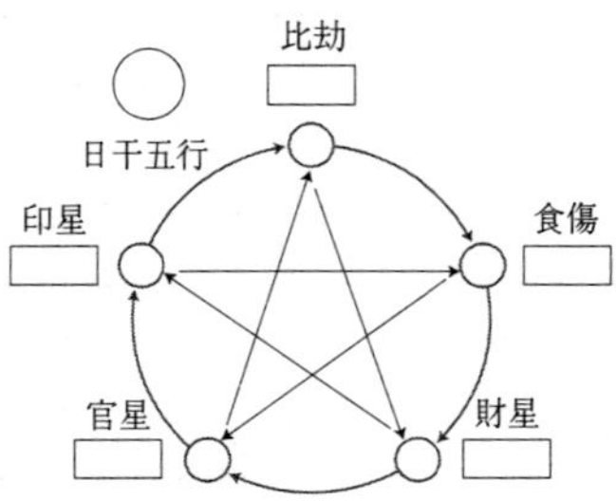

연		
월		
일		
시		

용신		기신	
희신		변수 오행	

연습문제 57

남자 1961년 2월 18일(음) 辰時生

대운수: (초·중·정)氣生: 日 입절: 月 日

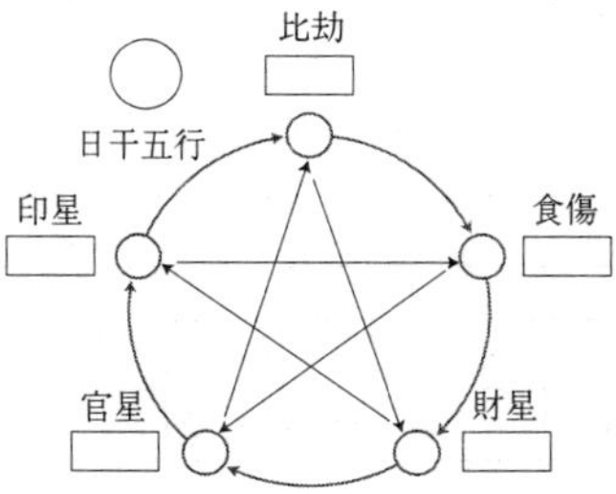

연		
월		
일		
시		

용신		기신	
희신		변수 오행	

연습문제 58

남자 1994년 3월 3일(음) 巳時生

대운수: (초·중·정)氣生: 日 입절: 月 日

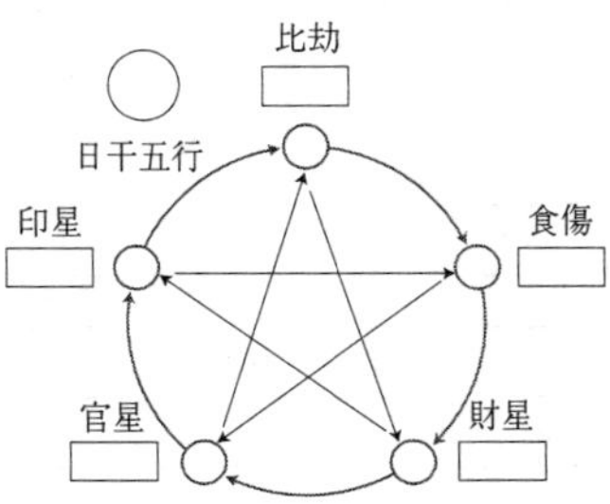

연		
월		
일		
시		

용신		기신	
희신		변수 오행	

연습문제 59

여자 1985년 5월 12일(음) 辰時生

대운수: (초·중·정)氣生: 日 입절: 月 日

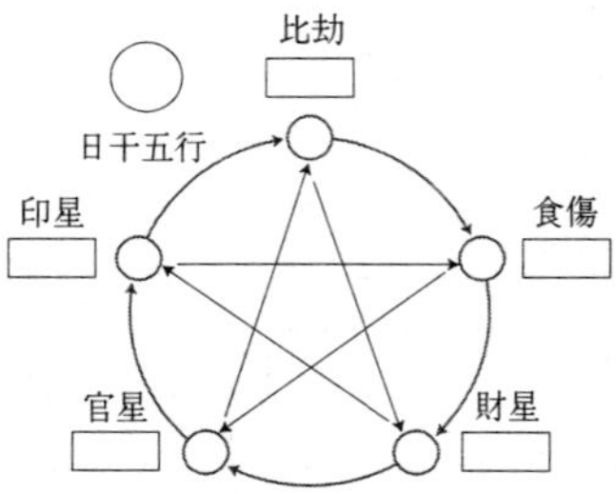

연		
월		
일		
시		

용신		기신	
희신		변수 오행	

연습문제 60

남자 1986년 5월 18일(양) 丑時生

대운수: (초·중·정)氣生: 日 입절: 月 日

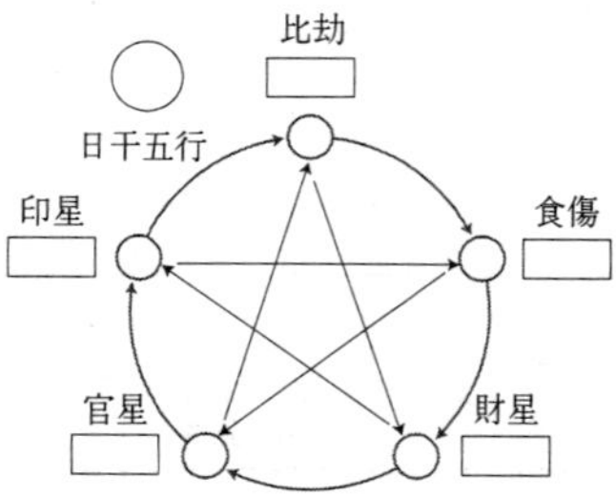

연		
월		
일		
시		

용신		기신	
희신		변수 오행	

연습문제 61

남자 1986년 8월 9일(양) 卯時生

대운수:　　　(초·중·정)氣生:　　日　입절:　　月　　日

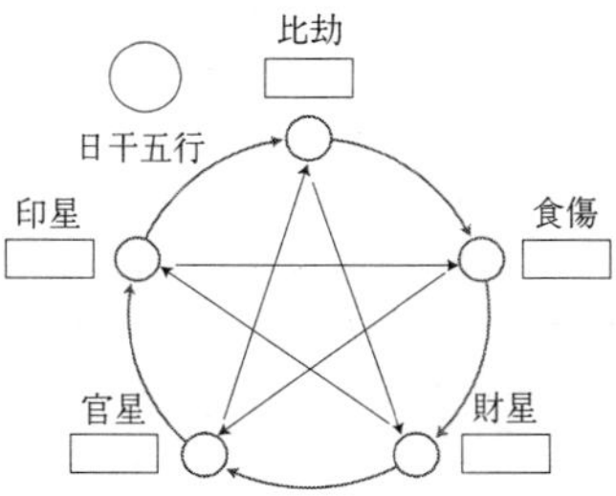

연		
월		
일		
시		

용신		기신	
희신		변수 오행	

연습문제 62

남자 1947년 8월 10일(음) 卯時生

대운수:　　　(초·중·정)氣生:　　日　입절:　　月　　日

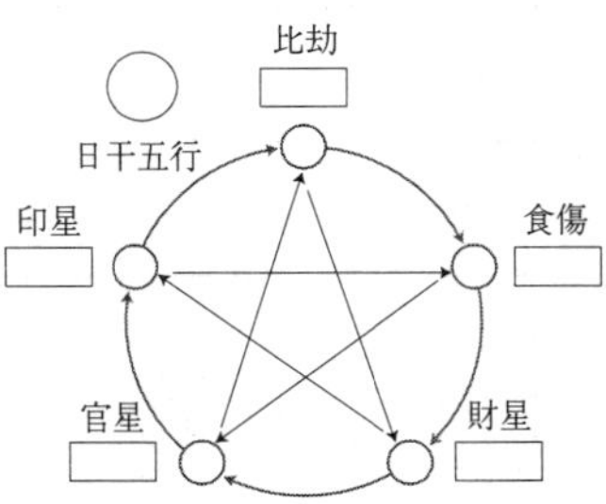

연		
월		
일		
시		

용신		기신	
희신		변수 오행	

연습문제 63

여자 1996년 3월 12일(양) 亥時生

대운수: (초·중·정)氣生: 日 입절: 月 日

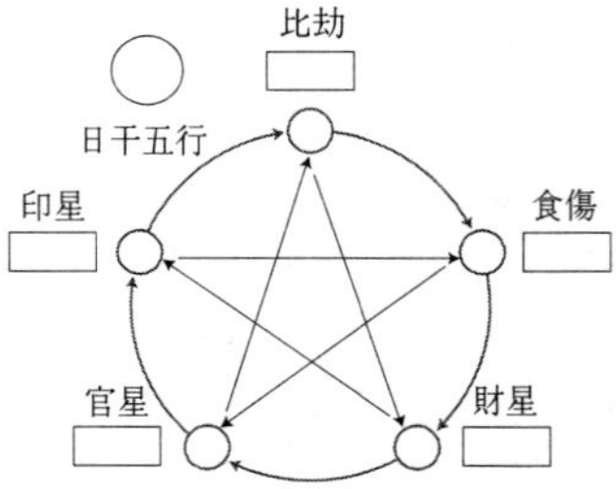

연		
월		
일		
시		

용신		기신	
희신		변수 오행	

연습문제 64

남자 1967년 11월 1일(양) 巳時生

대운수: (초·중·정)氣生: 日 입절: 月 日

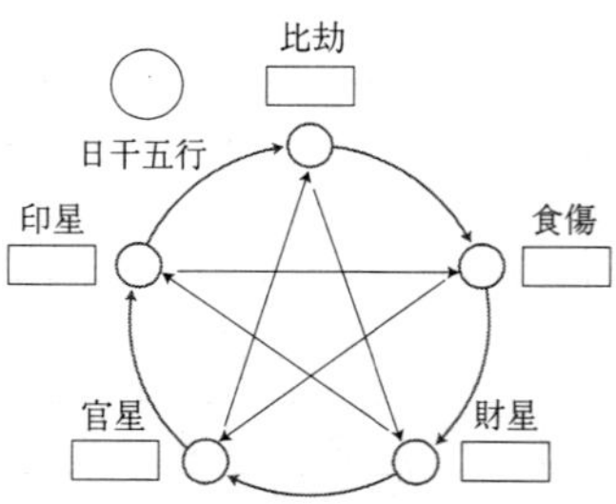

연		
월		
일		
시		

용신		기신	
희신		변수 오행	

연습문제 65

여자 1983년 8월 8일(양) 寅時生

대운수: (초·중·정)氣生: 日 입절: 月 日

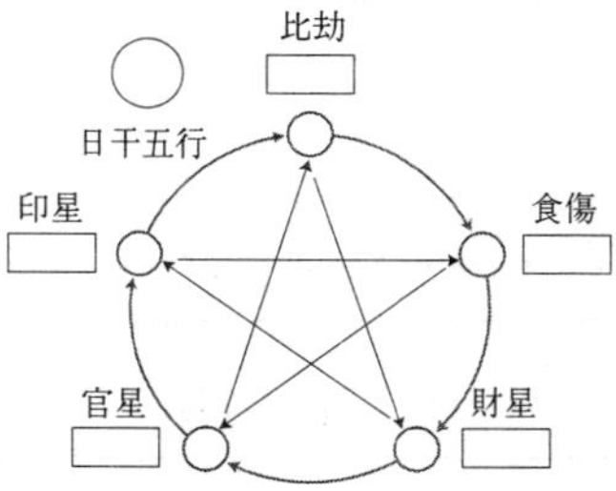

연		
월		
일		
시		

연습문제 66

남자 1978년 10월 29일(양) 子時生

대운수: (초·중·정)氣生: 日 입절: 月 日

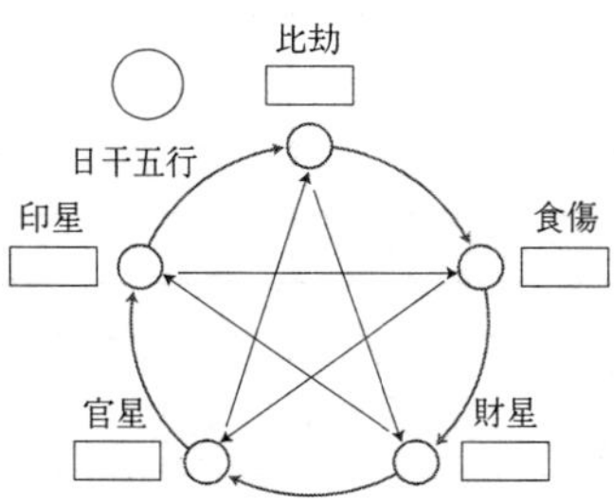

연		
월		
일		
시		

용신		기신	
희신		변수 오행	

연습문제 67 남자 1986년 2월 7일(양) 申時生

대운수: (초·중·정)氣生: 日 입절: 月 日

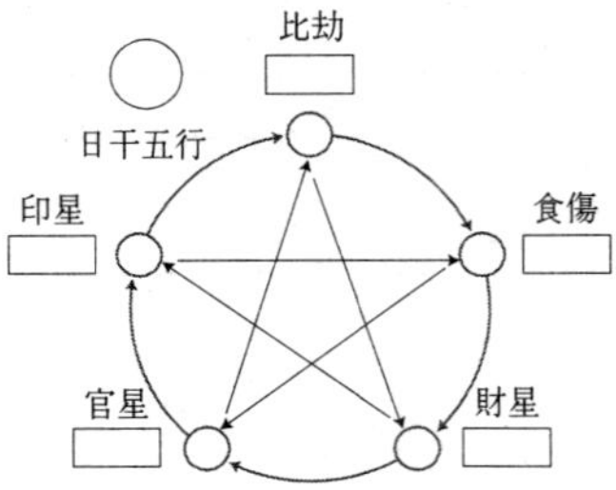

연		
월		
일		
시		

용신		기신	
희신		변수 오행	

연습문제 68 남자 1961년 10월 15일(음) 寅時生

대운수: (초·중·정)氣生: 日 입절: 月 日

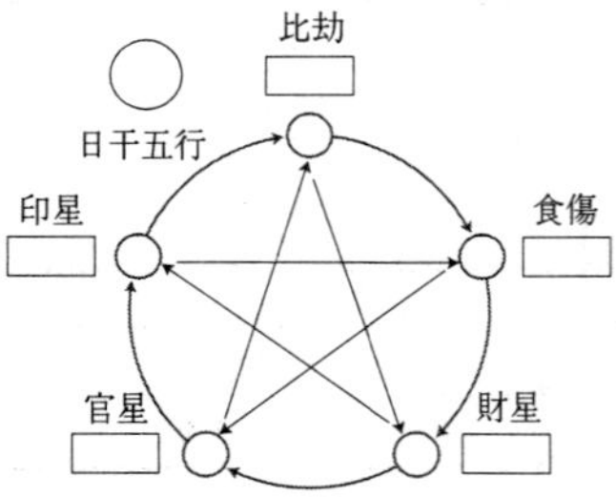

연		
월		
일		
시		

용신		기신	
희신		변수 오행	

연습문제 69

여자 1983년 4월 18일(양) 辰時生

대운수: (초·중·정)氣生: 日 입절: 月 日

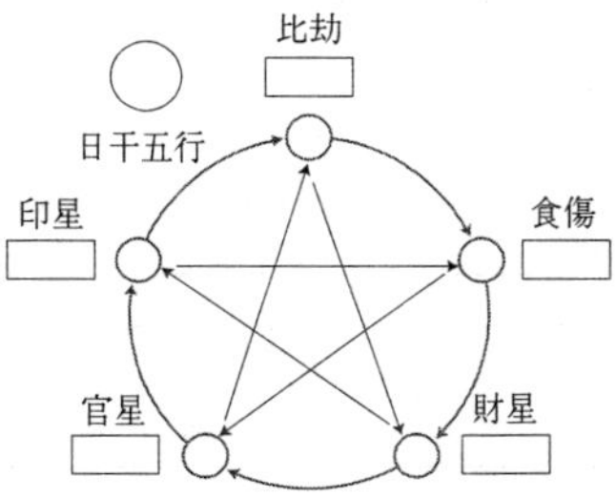

연		
월		
일		
시		

용신		기신	
희신		변수 오행	

연습문제 70

남자 1987년 3월 4일(음) 辰時生

대운수: (초·중·정)氣生: 日 입절: 月 日

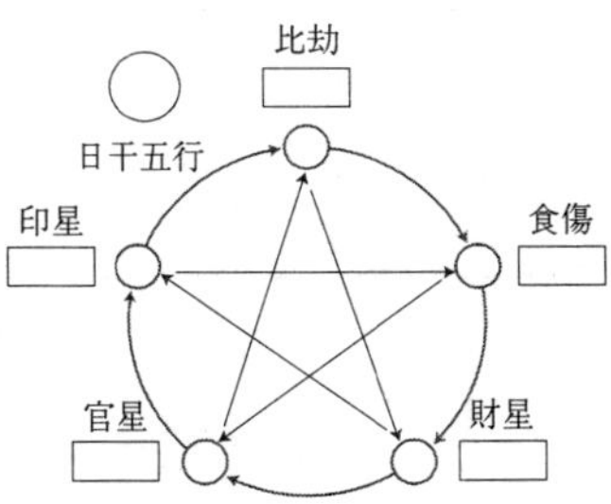

연		
월		
일		
시		

용신		기신	
희신		변수 오행	

연습문제 71

여자 1963년 9월 17일(음) 未時生

대운수: (초·중·정)氣生: 日 입절: 月 日

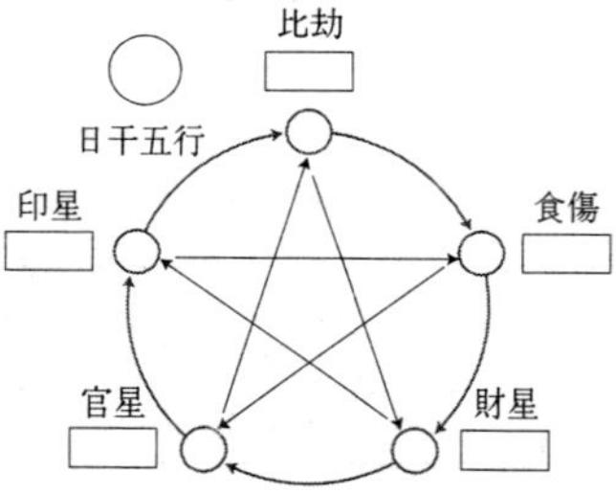

연		
월		
일		
시		

용신		기신	
희신		변수 오행	

연습문제 72

남자 1973년 3월 13일(양) 申時生

대운수: (초·중·정)氣生: 日 입절: 月 日

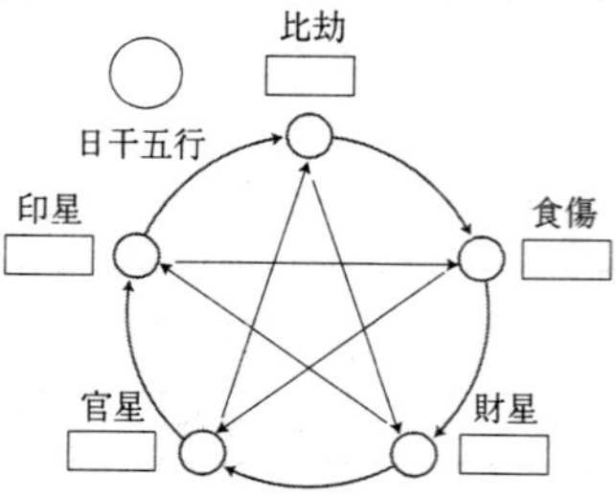

연		
월		
일		
시		

용신		기신	
희신		변수 오행	

연습문제 73

여자 1986년 9월 2일(양) 亥時生

대운수:　　　(초·중·정)氣生:　　日　입절:　　月　　日

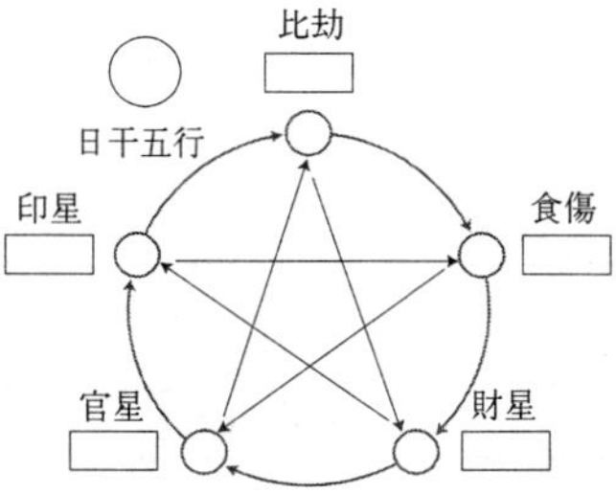

연		
월		
일		
시		

용신		기신	
희신		변수 오행	

연습문제 74

남자 1987년 2월 18일(음) 申時生

대운수:　　　(초·중·정)氣生:　　日　입절:　　月　　日

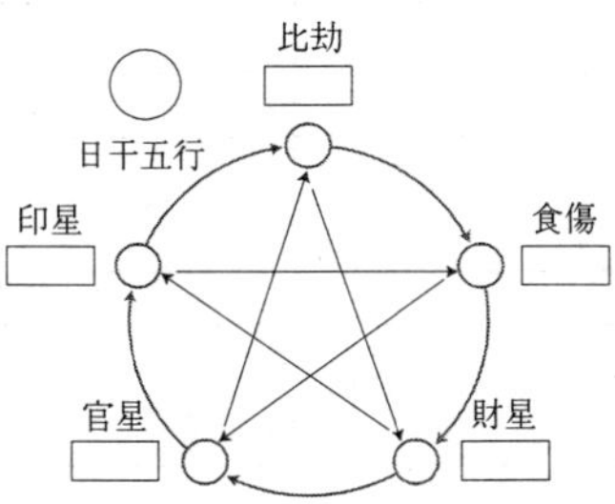

연		
월		
일		
시		

용신		기신	
희신		변수 오행	

연습문제 75

여자 1968년 9월 2일(음) 戊時生

대운수: (초·중·정)氣生: 日 입절: 月 日

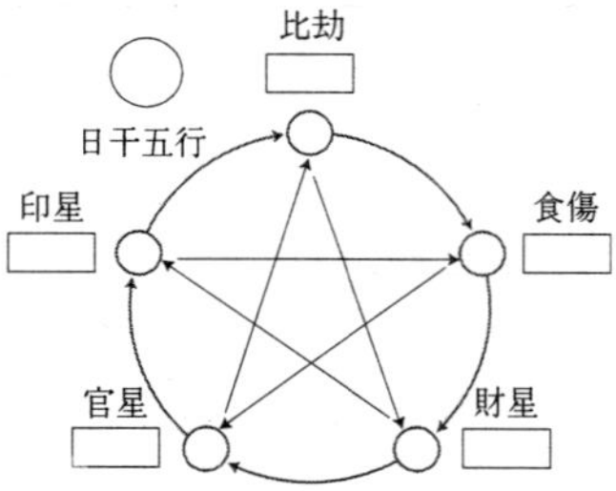

연		
월		
일		
시		

용신		기신	
희신		변수 오행	

연습문제 76

여자 1956년 3월 24일(음) 戊時生

대운수: (초·중·정)氣生: 日 입절: 月 日

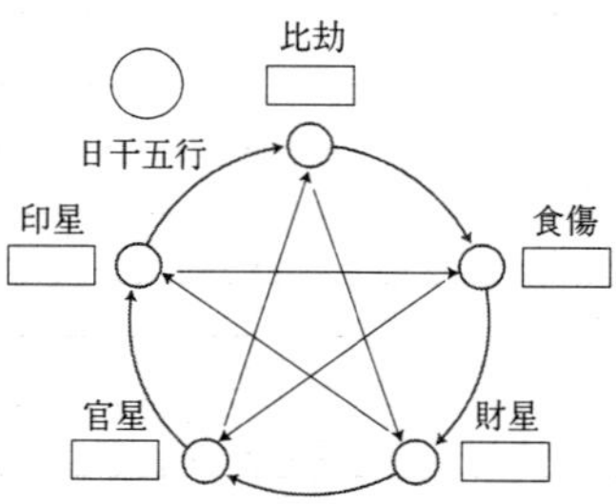

연		
월		
일		
시		

용신		기신	
희신		변수 오행	

연습문제 77

여자 1963년 7월 18일(음) 丑時生

대운수: ______ (초·중·정)氣生: ___ 日 입절: ___ 月 ___ 日

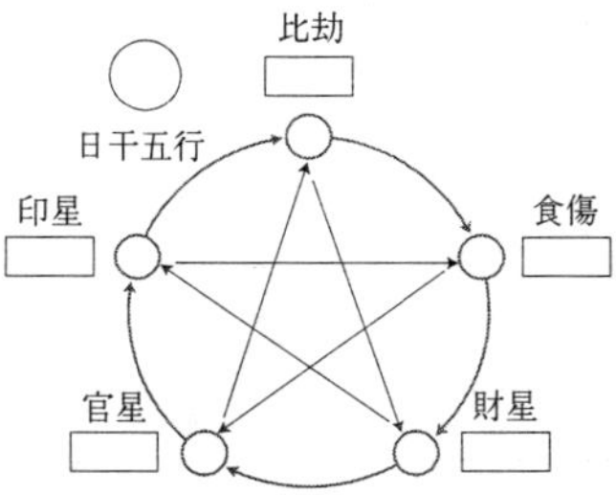

연		
월		
일		
시		

용신		기신	
희신		변수 오행	

연습문제 78

여자 1955년 3월 28일(음) 酉時生

대운수: ______ (초·중·정)氣生: ___ 日 입절: ___ 月 ___ 日

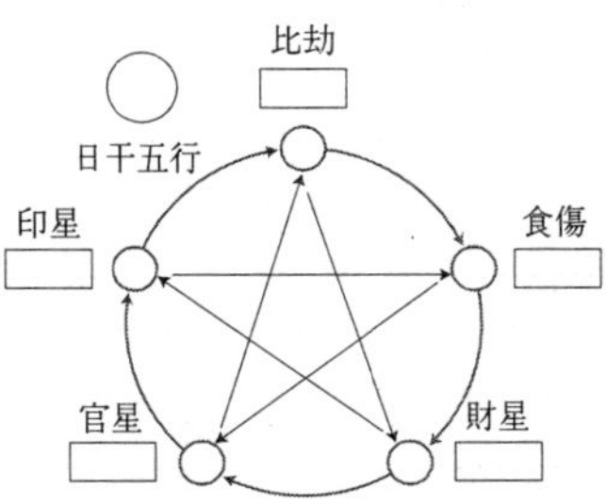

연		
월		
일		
시		

용신		기신	
희신		변수 오행	

연습문제 79

남자 1986년 2월 20일(음) 辰時生

대운수: ________ (초·중·정)氣生: ____日 입절: ____月 ____日

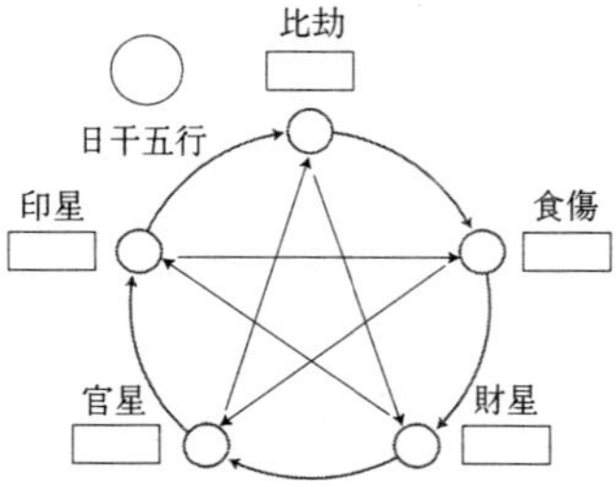

연		
월		
일		
시		

용신		기신	
희신		변수 오행	

연습문제 80

남자 1959년 2월 21일(음) 戌時生

대운수: ________ (초·중·정)氣生: ____日 입절: ____月 ____日

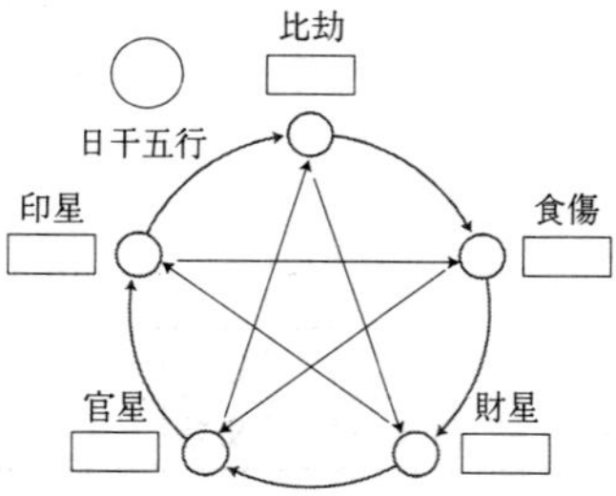

연		
월		
일		
시		

용신		기신	
희신		변수 오행	

연습문제 81

남자 1988년 4월 27일(양) 子時生

대운수: (초·중·정)氣生: 日 입절: 月 日

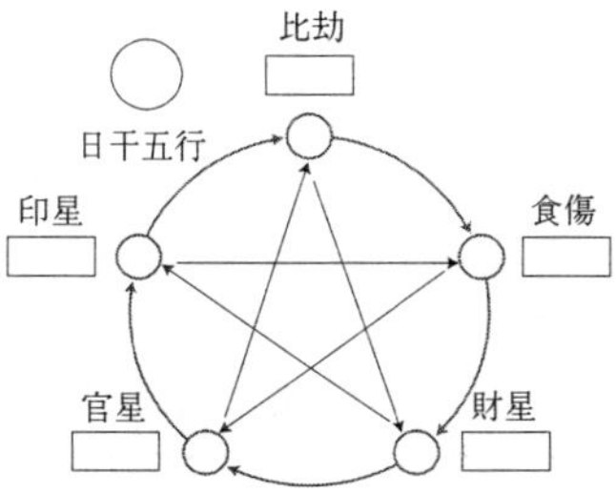

연		
월		
일		
시		

용신		기신	
희신		변수 오행	

연습문제 82

남자 1983년 9월 12일(양) 申時生

대운수: (초·중·정)氣生: 日 입절: 月 日

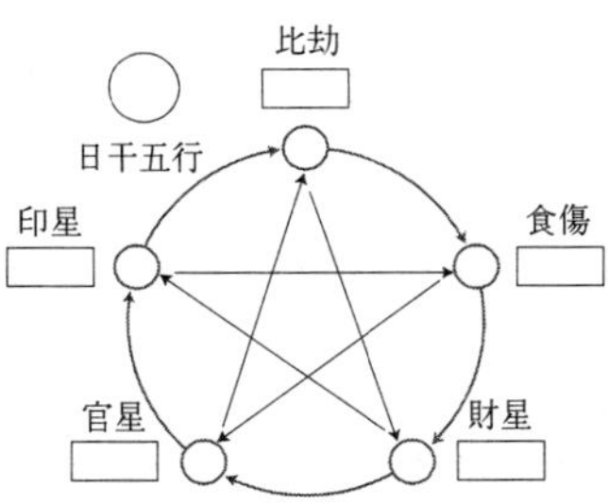

연		
월		
일		
시		

용신		기신	
희신		변수 오행	

연습문제 83

남자 1961년 11월 17일(음) 戌時生

대운수: (초·중·정)氣生: 日 입절: 月 日

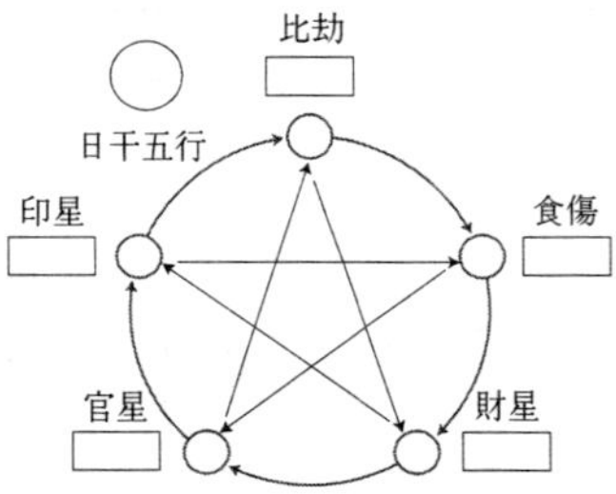

연		
월		
일		
시		

용신		기신	
희신		변수 오행	

연습문제 84

여자 1987년 10월 28일(양) 午時生

대운수: (초·중·정)氣生: 日 입절: 月 日

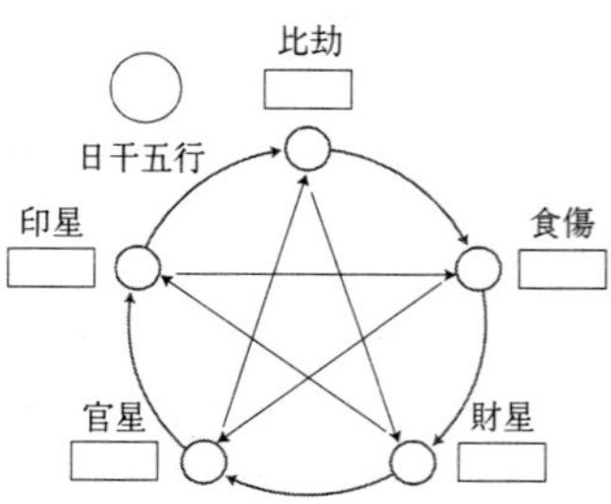

연		
월		
일		
시		

용신		기신	
희신		변수 오행	

연습문제 85

남자 1964년 12월 23일(음) 巳時生

대운수: (초·중·정)氣生: 日 입절: 月 日

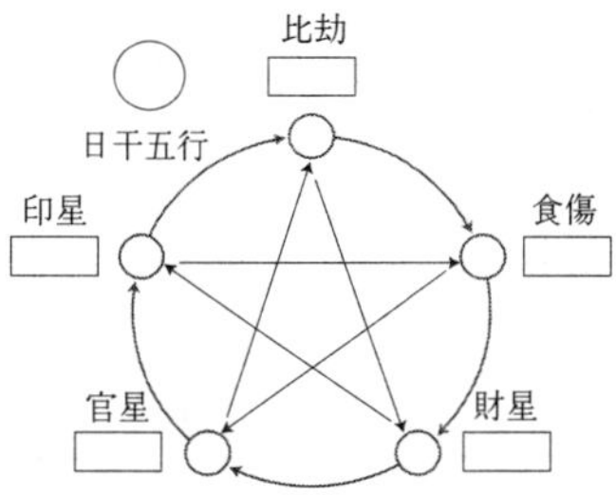

연		
월		
일		
시		

용신		기신	
희신		변수 오행	

연습문제 86

남자 1985년 1월 6일(양) 午時生

대운수: (초·중·정)氣生: 日 입절: 月 日

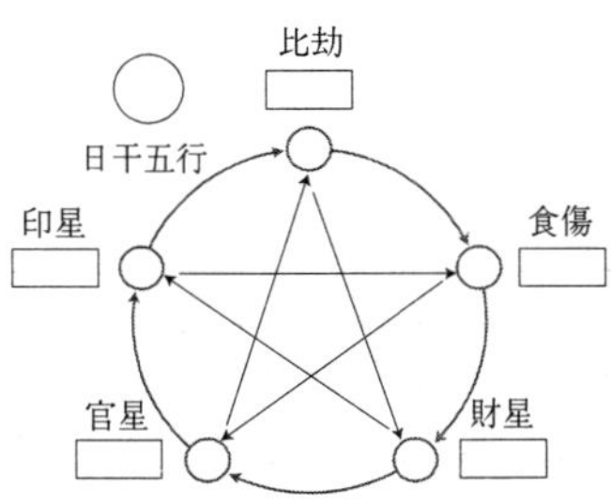

연		
월		
일		
시		

용신		기신	
희신		변수 오행	

연습문제 87

남자 1954년 4월 24일(음) 寅時生

대운수: (초·중·정)氣生: 日 입절: 月 日

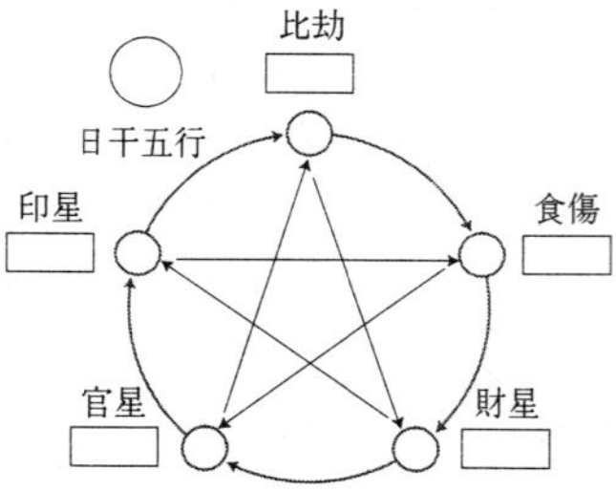

연		
월		
일		
시		

용신		기신	
희신		변수 오행	

연습문제 88

여자 1941년 12월 17일(음) 卯時生

대운수: (초·중·정)氣生: 日 입절: 月 日

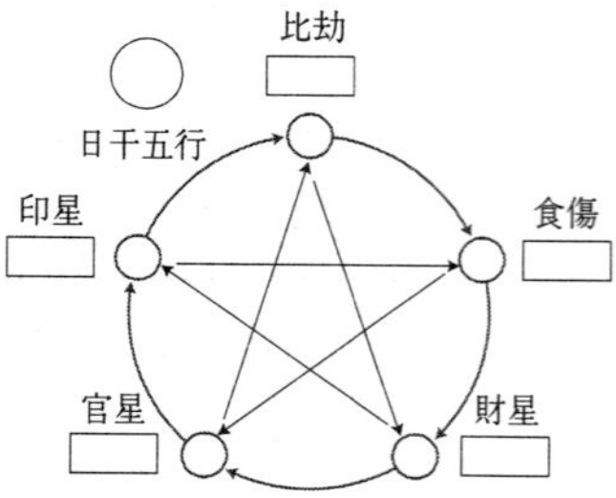

연		
월		
일		
시		

용신		기신	
희신		변수 오행	

연습문제 89

남자 2001년 8월 18일(양) 亥時生

대운수:　　　　(초·중·정)氣生:　　日　　입절:　　月　　日

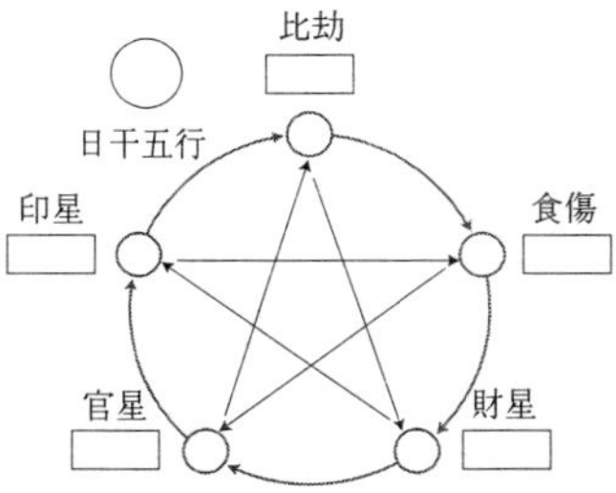

연		
월		
일		
시		

용신		기신	
희신		변수 오행	

연습문제 90

남자 1983년 9월 23일(양) 亥時生

대운수:　　　　(초·중·정)氣生:　　日　　입절:　　月　　日

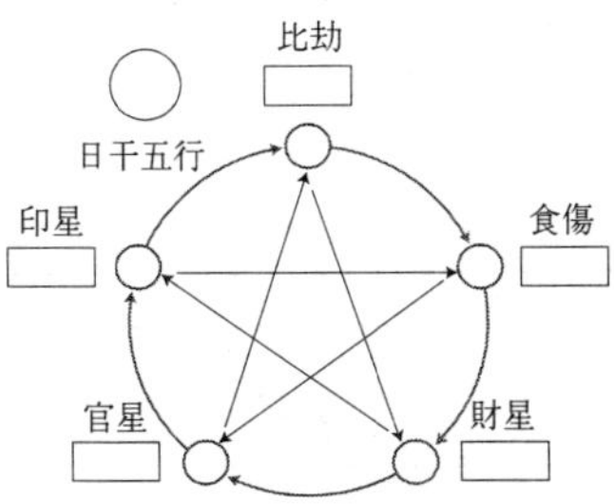

연		
월		
일		
시		

용신		기신	
희신		변수 오행	

연습문제 91

남자 1968년 9월 18일(음) 寅時生

대운수: ______ (초·중·정)氣生: ____日 입절: ____月 ____日

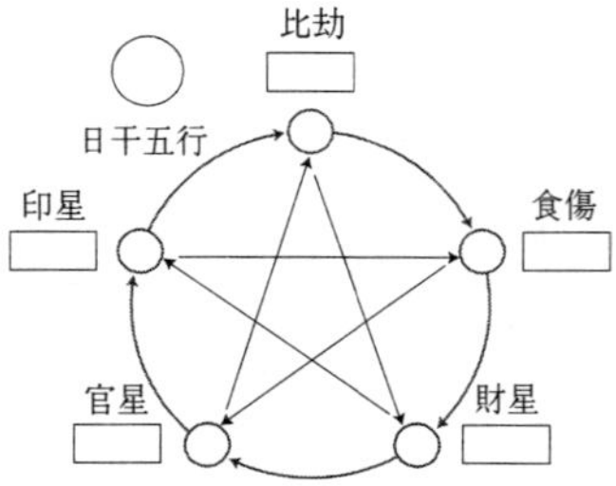

연		
월		
일		
시		

용신		기신	
희신		변수 오행	

연습문제 92

남자 1971년 3월 24일(양) 丑時生

대운수: ______ (초·중·정)氣生: ____日 입절: ____月 ____日

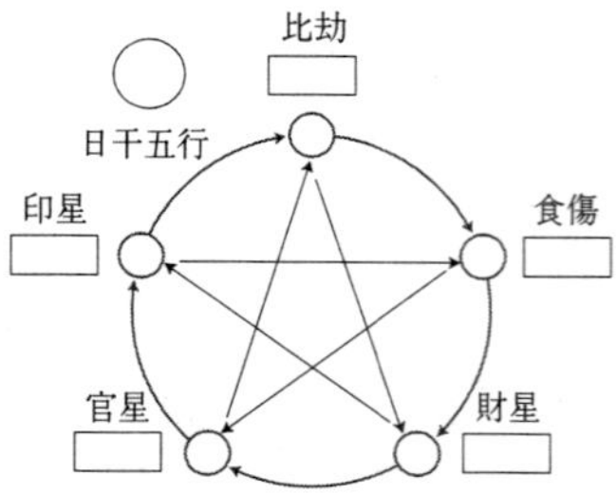

연		
월		
일		
시		

용신		기신	
희신		변수 오행	

연습문제 93

남자 1946년 9월 11일(음) 丑時生

대운수: (초·중·정)氣生 : 日 입절: 月 日

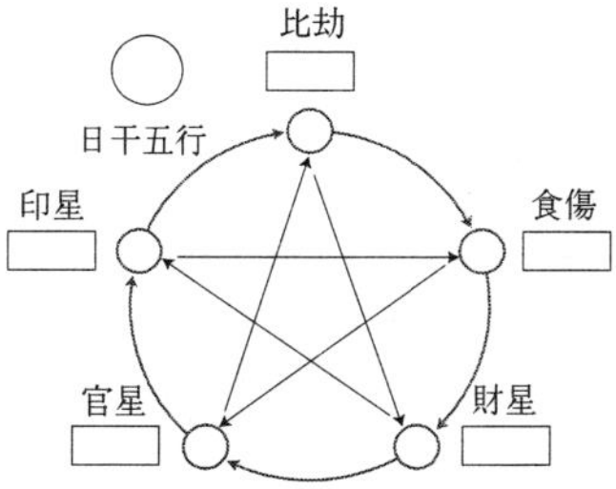

연		
월		
일		
시		

용신		기신	
희신		변수 오행	

연습문제 94

남자 1952년 2월 20일(음) 戌時生

대운수: (초·중·정)氣生 : 日 입절: 月 日

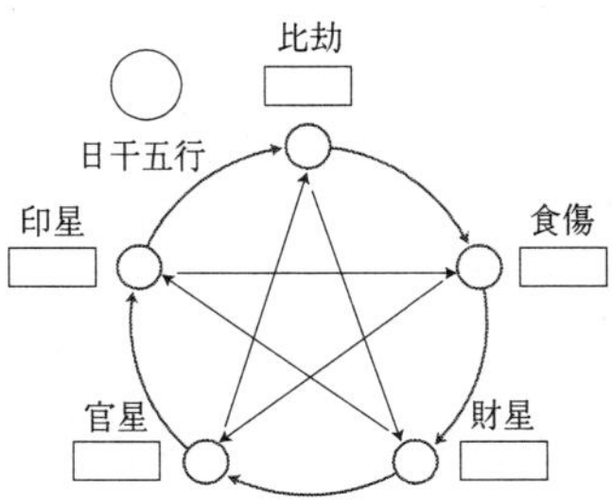

연		
월		
일		
시		

용신		기신	
희신		변수 오행	

연습문제 95

남자 1985년 2월 3일(양) 午時生

대운수: (초·중·정)氣生: 日 입절: 月 日

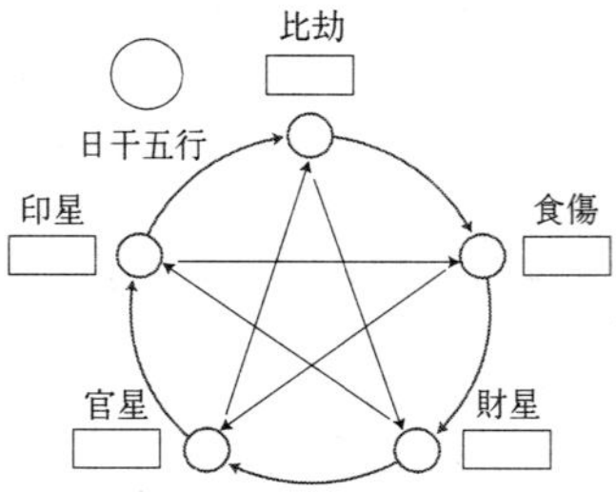

연		
월		
일		
시		

용신		기신	
희신		변수 오행	

연습문제 96

여자 1969년 11월 22일(음) 丑時生

대운수: (초·중·정)氣生: 日 입절: 月 日

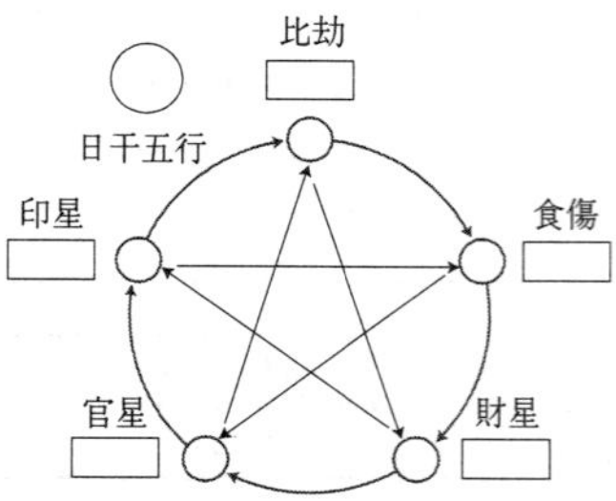

연		
월		
일		
시		

용신		기신	
희신		변수 오행	

연습문제 97

남자 1986년 12월 16일(음) 辰時生

대운수:　　　(초·중·정)氣生:　　日　입절:　　月　　日

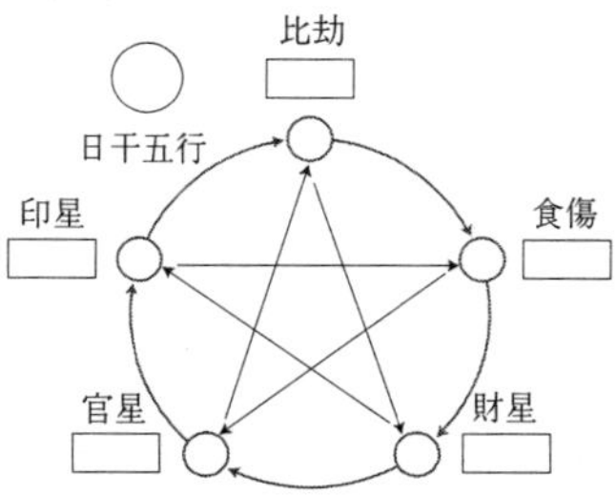

연		
월		
일		
시		

용신		기신	
희신		변수 오행	

연습문제 98

남자 1988년 11월 11일(양) 酉時生

대운수:　　　(초·중·정)氣生:　　日　입절:　　月　　日

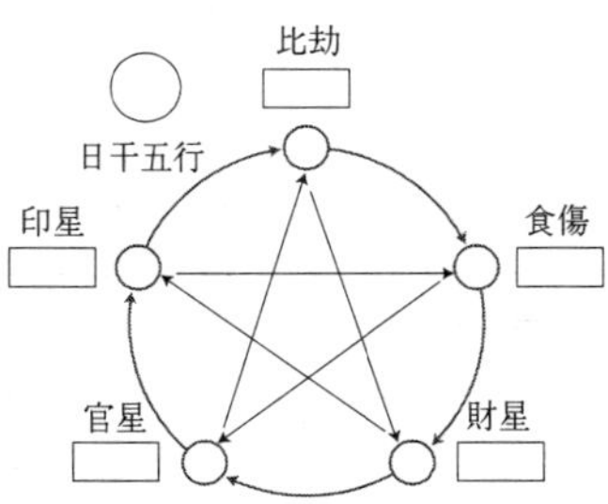

연		
월		
일		
시		

용신		기신	
희신		변수 오행	

연습문제 99

여자 1984년 12월 8일(음) 申時生

대운수:　　　(초·중·정)氣生:　　日　　입절:　　月　　日

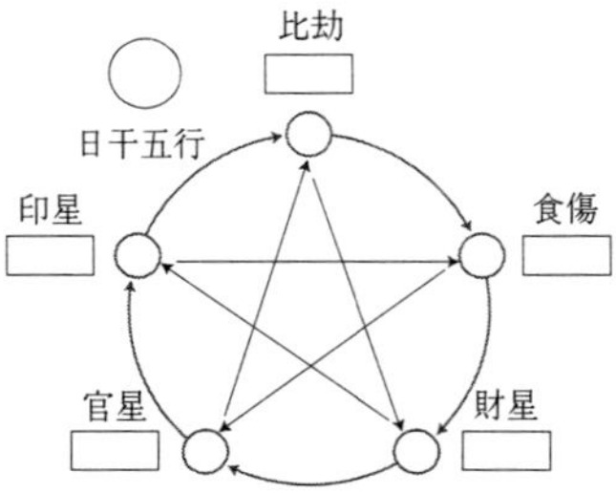

연		
월		
일		
시		

용신		기신	
희신		변수 오행	

연습문제 100

남자 1978년 8월 19일(음) 酉時生

대운수:　　　(초·중·정)氣生:　　日　　입절:　　月　　日

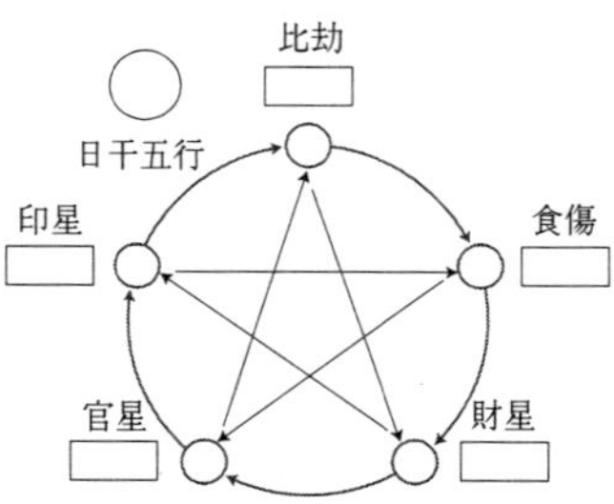

연		
월		
일		
시		

용신		기신	
희신		변수 오행	

모범 답안(1~100)

연습문제 1

여자 1977년 8월 16일(음) 戌時生

대운수: 4 (초·중·정)氣生: 日 입절: 月 日

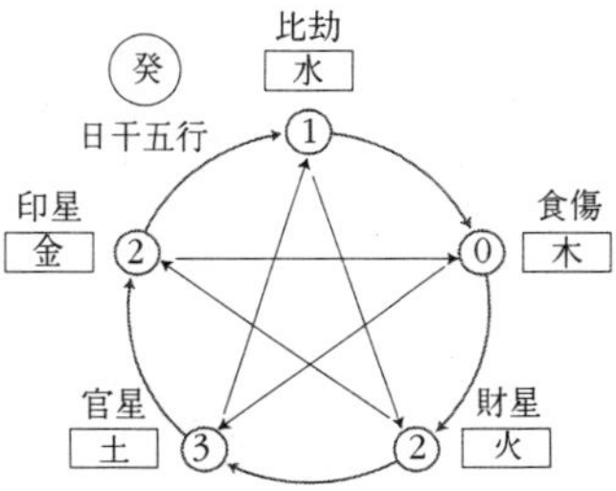

연	丁	巳	戊 庚 丙
월	己	酉	庚 辛 辛
일	戊	子	壬 癸 癸
시	壬	戌	辛 丁 戊

용신	木	기신	火
희신	水	변수 오행	

4	14	24	34	44	54	64
財	官	比	印	比	比	官
庚	辛	壬	癸	甲	乙	丙
戌 戊	亥 壬	子 癸	丑 己	寅 甲	卯 乙	辰 戊
官	財	比	食	比	比	財
9	19	29	39	49	59	69

연습문제 2

남자 1973년 6월 29일(음) 申時生

대운수: 7 (초·중·정)氣生: 日 입절: 月 日

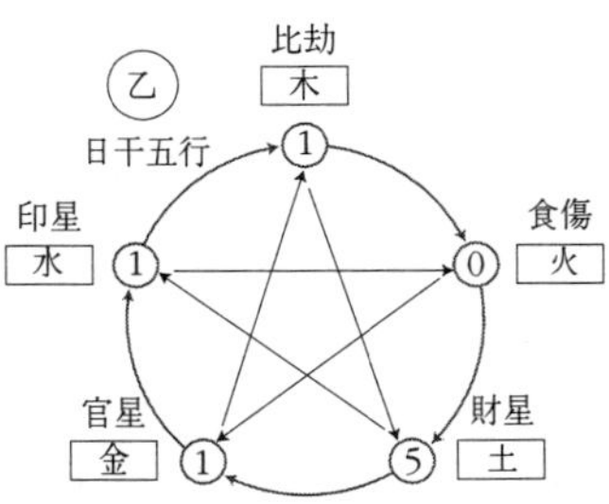

연	癸	丑	癸 辛 己
월	己	未	丁 乙 己
일	乙	丑	癸 辛 己
시	甲	申	己戊 壬 庚

용신	土	기신	火
희신	金	변수 오행	

7	17	27	37	47	57	67
財	比	官	比	比	印	比
戊	丁	丙	乙	甲	癸	壬
午 丁	巳 丙	辰 戊	卯 乙	寅 甲	丑 己	子 癸
官	比	財	比	比	食	比
12	22	32	42	52	62	72

연습문제 3

여자 1940년 9월 12일(음) 未時生

대운수: 2 　　(초)·중·정)氣生: 5 日 　　입절: 月 日

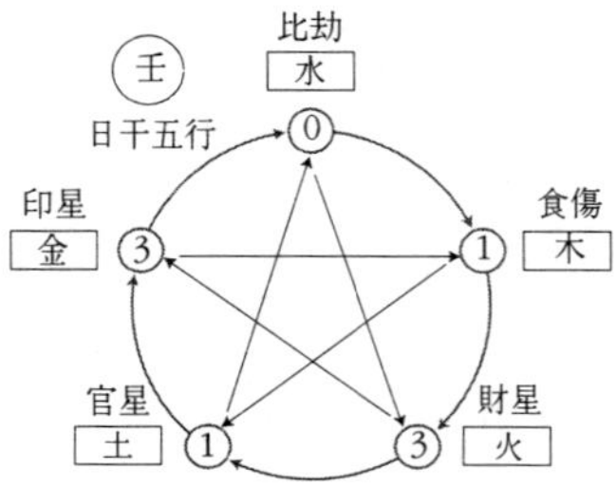

연	庚	辰	(乙) 癸 戊
월	丙	戌	(辛) 丁 戊
일	戊	子	(壬) 癸 癸
시	丁	未	(丁) 乙 己

용신	水	기신	木
희신	金	변수 오행	

2	12	22	32	42	52	62
印	食	食	食	財	食	印
乙	甲	癸	壬	辛	庚	己
酉 庚	申 戊	未 丁	午 丙	巳 戊	辰 乙	卯 甲
食	印	印	印	官	印	食
7	17	27	37	47	57	67

연습문제 4

남자 1941년 7월 2일(양) 午時生

대운수: 9 　　(초·중·(정))氣生: 日 　　입절: 月 日

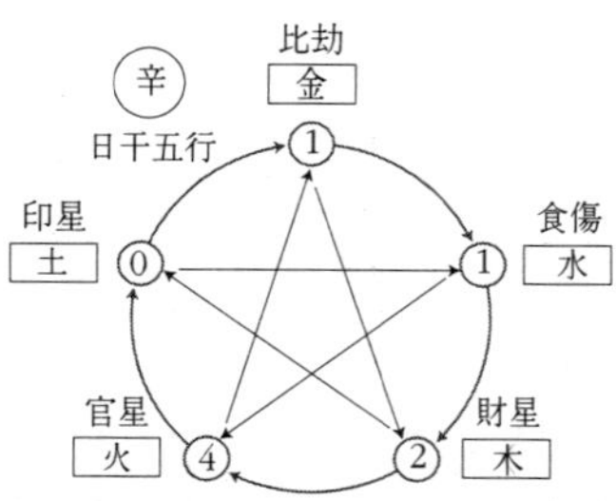

연	辛	巳	戊 庚 (丙)
월	甲	午	丙 己 (丁)
일	辛	亥	戊 甲 (壬)
시	甲	午	丙 己 (丁)

용신	火	기신	金
희신	土	변수 오행	

9	19	29	39	49	59	69
食	印	食	食	比	食	印
癸	壬	辛	庚	己	戊	丁
巳 丙	辰 戊	卯 乙	寅 甲	丑 己	子 癸	亥 壬
印	食	印	印	比	印	食
14	24	34	44	54	64	74

연습문제 5

남자 1940년 2월 11일(음) 辰時生

대운수: 6　　(초·중·정)氣生: 14 日　　입절: 月 日

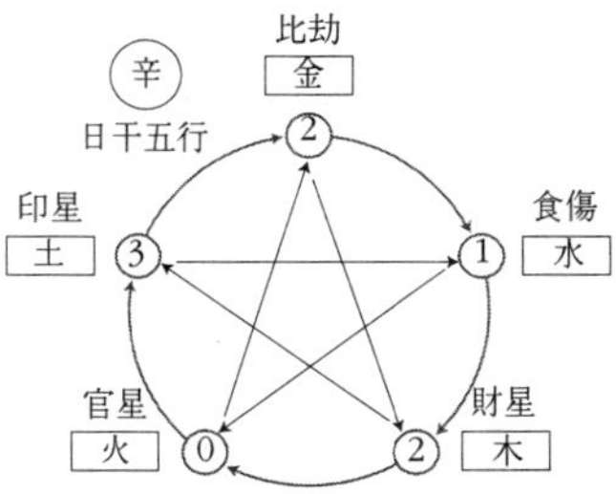

연	庚	辰	乙 癸 戊
월	己	卯	甲 乙 乙
일	辛	酉	庚 辛 辛
시	壬	辰	乙 癸 戊

용신	水	기신	土
희신	火	변수 오행	

6	16	26	36	46	56	66
財	比	印	印	印	印	官
庚	辛	壬	癸	甲	乙	丙
辰 戊	巳 庚	午 己	未 己	申 庚	酉 辛	戌 戊
官	比	食	食	食	食	財
11	21	31	41	5	61	71

연습문제 6

남자 1939년 12월 18일(음) 寅時生

대운수: 7　　(초·중·정)氣生: 日　　입절: 月 日

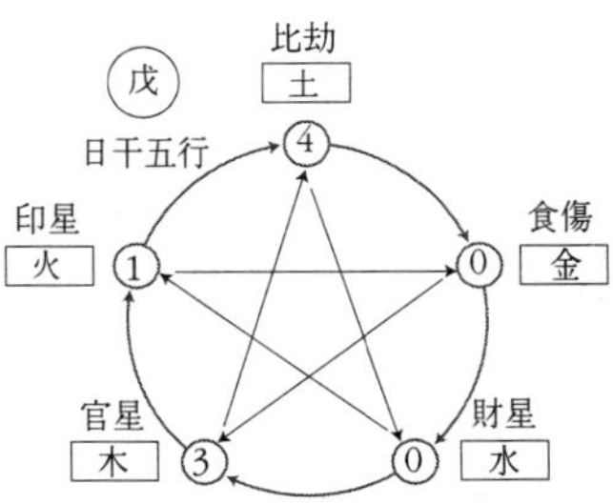

연	己	卯	甲 乙 乙
월	丁	丑	癸 辛 己
일	戊	辰	乙 癸 戊
시	甲	寅	戊 丙 甲

용신	金	기신	火
희신	水	변수 오행	

7	17	27	37	47	57	67
印	財	食	財	財	財	印
丙	乙	甲	癸	壬	辛	庚
子 癸	亥 壬	戌 戊	酉 辛	申 庚	未 己	午 丁
食	官	印	官	官	官	食
12	22	32	42	52	62	72

연습문제 7

남자 1942년 2월 1일(음) 丑時生

대운수: 7 (초·(중)·정)氣生: 12 日 입절: 月 日

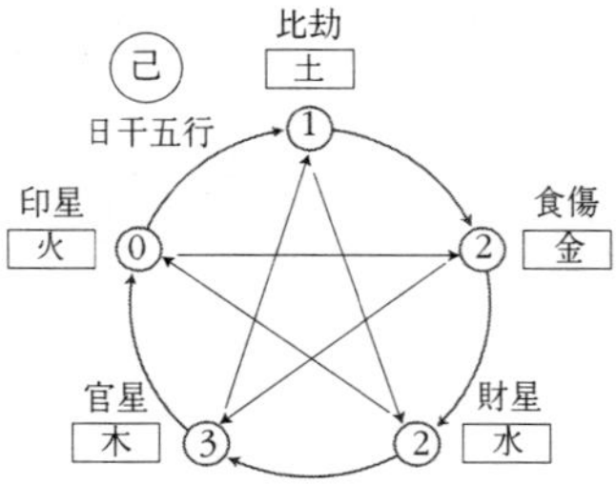

연	壬	午	丙 (己) 丁
월	癸	卯	甲 (乙) 乙
일	己	巳	戊 (庚) 丙
시	乙	丑	癸 (辛) 己

용신	木	기신	土
희신	火	변수 오행	

7	17	27	37	47	57	67
財	印	官	財	食	官	印
甲	乙	丙	丁	戊	己	庚
辰 癸	巳 庚	午 己	未 乙	申 壬	酉 辛	戌 丁
官	食	財	官	印	財	食
12	22	32	42	52	62	72

연습문제 8

남자 1940년 1월 27일(음) 卯時生

대운수: 1 (초·중·(정))氣生: 日 입절: 月 日

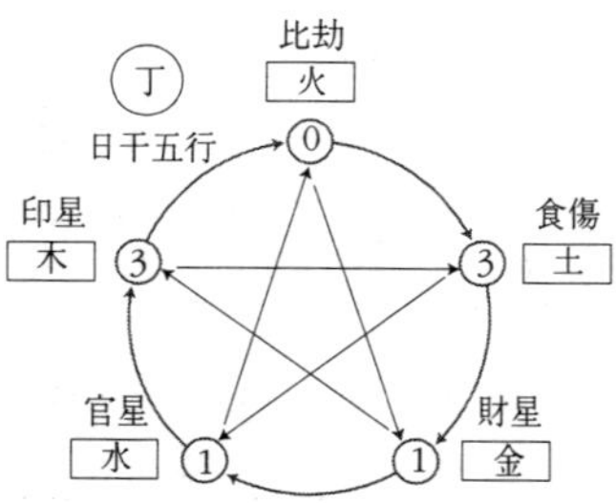

연	庚	辰	乙 癸 (戊)
월	戊	寅	戊 丙 (甲)
일	丁	未	丁 乙 (己)
시	癸	卯	甲 乙 (乙)

용신	火	기신	土
희신	木	변수 오행	

1	11	21	31	41	51	61
印	財	印	食	印	印	印
己	庚	辛	壬	癸	甲	乙
卯 乙	辰 戊	巳 丙	午 丁	未 己	申 庚	酉 辛
食	官	食	印	食	食	食
6	16	26	36	46	56	76

연습문제 9

남자 1936년 9월 27일(음) 巳時生

대운수: 9　　(초·중·정)氣生: 4 日　　입절: 月 日

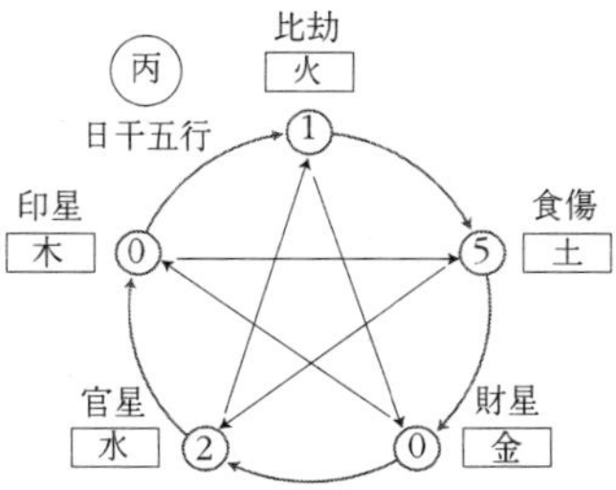

연	丙	子	壬 癸 癸
월	己	亥	戊 甲 壬
일	丙	申	己戊 壬 庚
시	癸	巳	戊 庚 丙

용신	土	기신	木
희신	金	변수 오행	

9	19	29	39	49	59	69
官	官	印	官	比	食	比
庚	辛	壬	癸	甲	乙	丙
子 壬	丑 癸	寅 戊	卯 甲	辰 乙	巳 戊	午 丙
財	財	食	財	比	印	比
14	24	34	44	54	64	74

연습문제 10

남자 1978년 7월 12일(양) 巳時生

대운수: 9　　(초·중·정)氣生: 6 日　　입절: 月 日

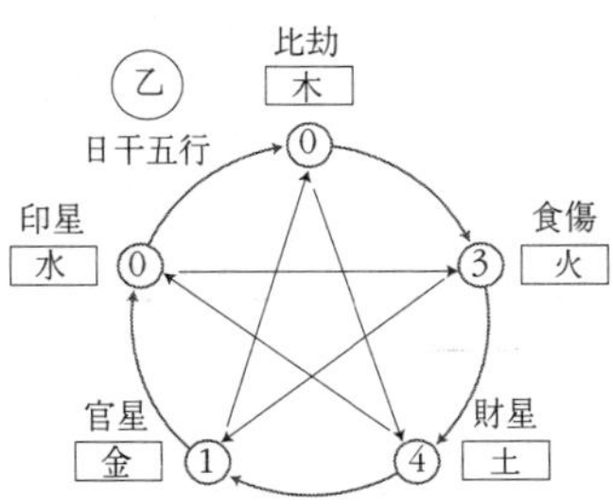

연	戊	午	丙 己 丁
월	己	未	丁 乙 己
일	乙	亥	戊 甲 壬
시	辛	巳	戊 庚 丙

용신	土	기신	木
희신	金	변수 오행	

財	比	財	印	財	財	官
庚	辛	壬	癸	甲	乙	丙
申 戊	酉 庚	戌 辛	亥 戊	子 壬	丑 癸	寅 戊
官	比	官	食	官	官	財

연습문제 11

남자 1944년 4월 4일(음) 寅時生

대운수: 3　　(초·중·정)氣生: 　日　　입절: 　月　日

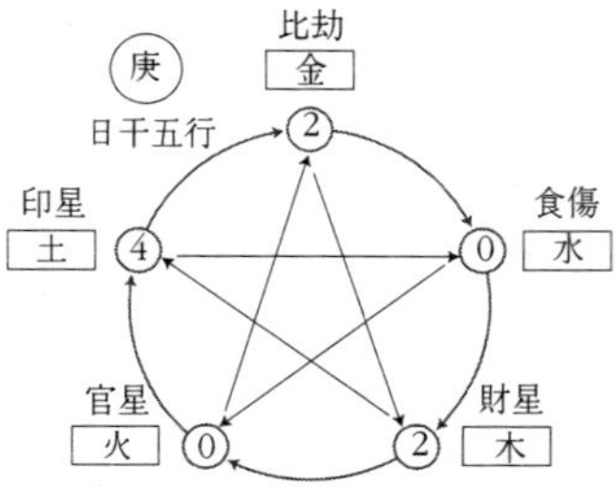

연	甲	申	己戊 壬 庚
월	戊	辰	乙 癸 戊
일	庚	申	己戊 壬 庚
시	戊	寅	戊 丙 甲

용신	水	기신	土
희신	木	변수 오행	

3	13	23	33	43	53	63
財	印	財	財	財	食	財
己	庚	辛	壬	癸	甲	乙
巳 丙	午 丁	未 己	申 庚	酉 辛	戌 戊	亥 壬
官	食	官	官	官	印	官
8	18	28	38	48	58	68

연습문제 12

남자 1936년 9월 2일(양) 巳時生

대운수: 2　　(초·중·정)氣生: 　日　　입절: 　月　日

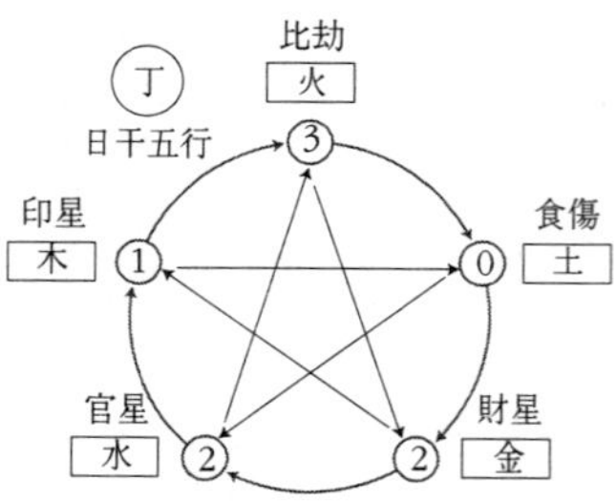

연	丙	子	壬 癸 癸
월	丙	申	己戊 壬 庚
일	丁	亥	戊 甲 壬
시	乙	巳	戊 庚 丙

용신	土	기신	木
희신	火	변수 오행	

2	12	22	32	42	52	62
食	比	食	官	財	官	官
丁	戊	己	庚	辛	壬	癸
酉 辛	戌 戊	亥 壬	子 癸	丑 己	寅 甲	卯 己
印	比	印	財	官	財	財
7	17	27	37	47	57	67

연습문제 13

남자 1948년 12월 6일(음) 子時生

대운수: 1　(초·중·정)氣生: 　日　입절: 　月　日

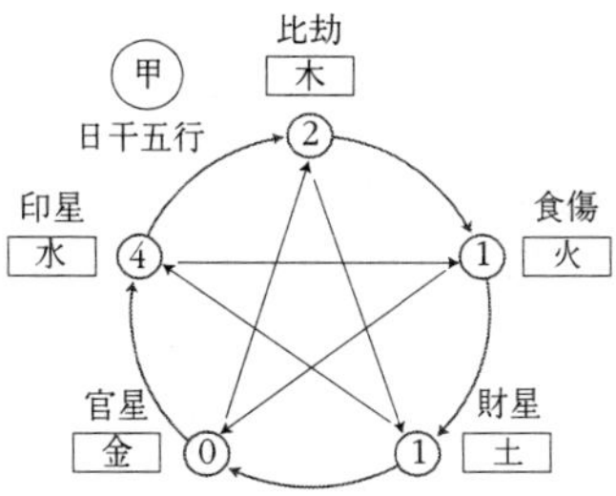

연	戊	子	壬 癸 癸
월	甲	子	壬 癸 癸
일	甲	午	丙 己 丁
시	甲	子	壬 癸 癸

용신	火	기신	水
희신	金	변수 오행	

1	11	21	31	41	51	61
食	財	財	比	財	官	財
乙	丙	丁	戊	己	庚	辛
丑 己	寅 甲	卯 乙	辰 戊	巳 丙	午 丁	未 己
印	官	官	比	官	財	官
6	16	26	36	46	56	76

연습문제 14

남자 1947년 1월 18일(음) 辰時生

대운수: 1　(초·중·정)氣生: 　4 日　입절: 　月　日

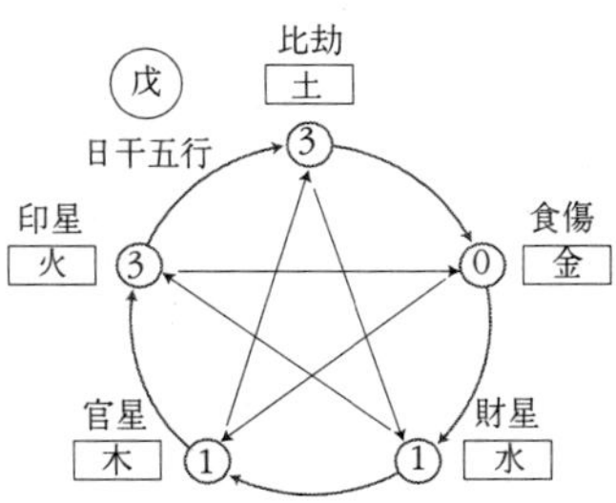

연	丁	亥	戊 甲 壬
월	壬	寅	戊 丙 甲
일	戊	午	丙 己 丁
시	丙	辰	乙 癸 戊

용신	金	기신	火
희신	水	변수 오행	

1	11	21	31	41	51	61
官	官	比	官	食	官	財
辛	庚	己	戊	丁	丙	乙
丑 癸	子 壬	亥 戊	戌 辛	酉 庚	申 戊	未 丁
財	財	比	財	印	財	官
6	16	26	36	46	56	66

연습문제 15

남자 1952년 11월 5일(음) 戌時生

대운수: 5　(초·중·㉢정)氣生: 日　입절: 月 日

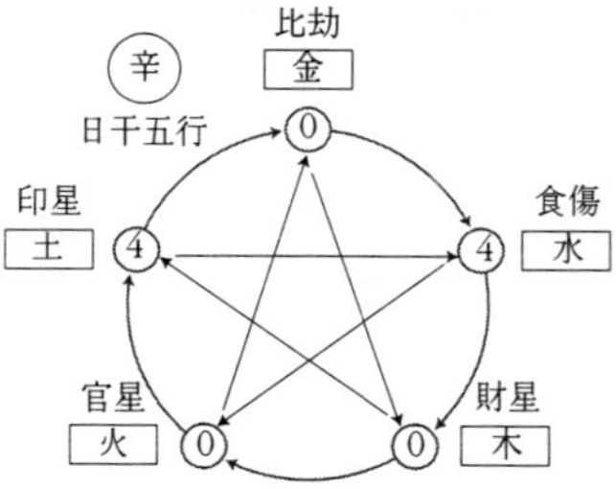

연	壬	辰	乙 癸 (戊)
월	壬	子	壬 癸 (癸)
일	辛	丑	癸 辛 (己)
시	戊	戌	辛 丁 (戊)

용신	金	기신	水
희신	木	변수 오행	

5	15	25	35	45	55	65
印	比	比	官	比	財	比
癸	甲	乙	丙	丁	戊	己
丑 己	寅 甲	卯 乙	辰 戊	巳 丙	午 丁	未 己
食	比	比	財	比	官	比
10	20	30	40	50	60	70

연습문제 16

남자 1941년 윤6월 27일(음) 亥時生

대운수: 4　(초·㉢중·정)氣生: 12 日　입절: 月 日

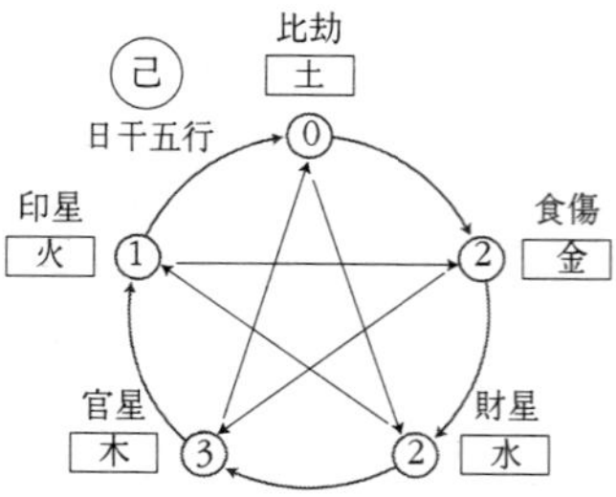

연	辛	巳	戊 (庚) 丙
월	丙	申	乙戊 (壬) 庚
일	己	亥	戊 (甲) 壬
시	乙	亥	戊 (甲) 壬

용신	水	기신	火
희신	土	변수 오행	

4	14	24	34	44	54	64
比	食	財	比	食	印	官
乙	甲	癸	壬	辛	庚	己
未 乙	午 己	巳 庚	辰 癸	卯 乙	寅 丙	丑 午
比	印	官	比	印	食	財
9	19	29	39	49	59	69

연습문제 17

남자 1951년 9월 9일(음) 戊時生

대운수: 10　(초)·중·정)氣生: 1日　입절: 月 日

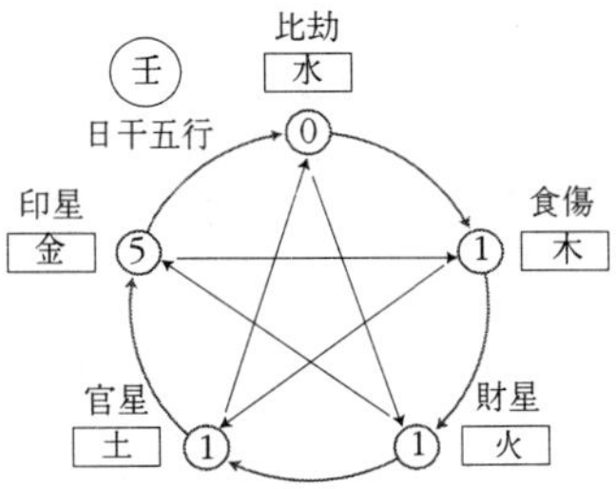

연	辛	卯	(甲) 乙 乙
월	戊	戌	(辛) 丁 戊
일	壬	午	(丙) 己 丁
시	庚	戌	(辛) 丁 戊

용신	金	기신	火
희신	水	변수 오행	

10	20	30	40	50	60	70
食	官	官	官	印	官	食
丁	丙	乙	甲	癸	壬	辛
酉 庚	申 己	未 丁	午 丙	巳 戊	辰 乙	卯 甲
印	財	財	財	食	財	印
15	25	35	45	55	65	75

연습문제 18

남자 1945년 8월 14일(음) 子時生

대운수: 4　(초·(중)·정)氣生: 12 日　입절: 月 日

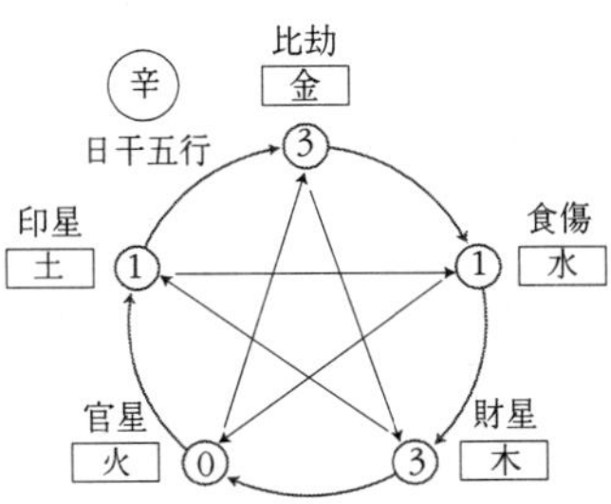

연	乙	酉	庚 (辛) 辛
월	乙	酉	庚 (辛) 辛
일	辛	卯	甲 (乙) 乙
시	戊	子	壬 (癸) 癸

용신	火	기신	水
희신	木	변수 오행	

4	14	24	34	44	54	64
財	官	印	比	官	印	財
甲	癸	壬	辛	庚	己	戊
申 壬	未 乙	午 己	巳 庚	辰 癸	卯 乙	寅 丙
官	財	食	比	財	食	官
9	19	29	39	49	59	69

연습문제 19

남자 1940년 9월 8일(음) 辰時生

대운수: 10　(초·중·정)氣生: 1日　입절: 月 日

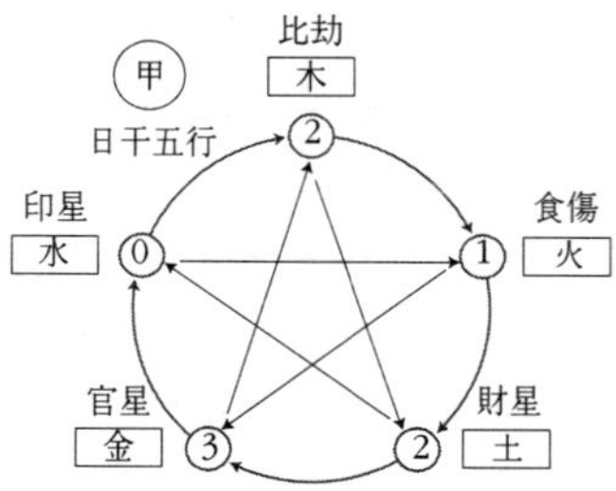

연	庚	辰	乙 癸 戊
월	丙	戌	辛 丁 戊
일	甲	申	己戊 壬 庚
시	戊	辰	乙 癸 戊

용신	水	기신	火
희신	金	변수 오행	

10	20	30	40	50	60	70
官	食	食	財	食	官	印
丁	戊	己	庚	辛	壬	癸
亥 戊	子 壬	丑 癸	寅 戊	卯 甲	辰 乙	巳 戊
財	印	印	官	印	財	食
15	25	35	45	55	65	75

연습문제 20

여자 1946년 9월 20일(음) 未時生

대운수: 2　(초·중·정)氣生: 6日　입절: 月 日

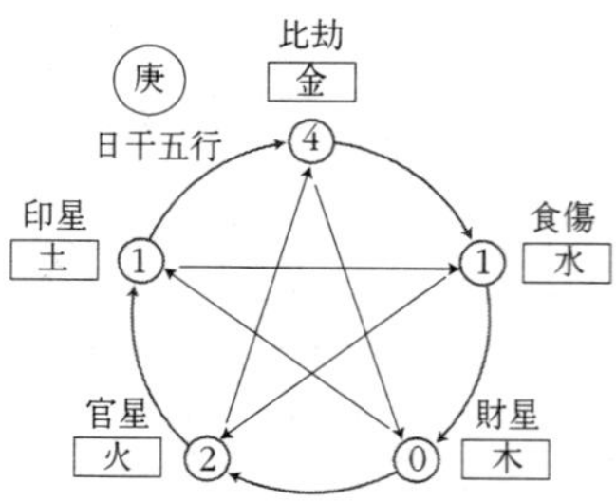

연	丙	戌	辛 丁 戊
월	戊	戌	辛 丁 戊
일	辛	酉	庚 辛 辛
시	癸	未	丁 乙 己

용신	水	기신	土
희신	木	변수 오행	

2	12	22	32	42	52	62
食	官	官	官	印	官	食
丁	丙	乙	甲	癸	壬	辛
酉 庚	申 戊	未 丁	午 丙	巳 戊	辰 乙	卯 甲
印	財	財	財	食	財	印
7	17	27	37	47	57	67

연습문제 21

남자 1941년 2월 8일(음) 巳時生

대운수: 10　(초·중·㉢)氣生: 　日　입절: 　月　日

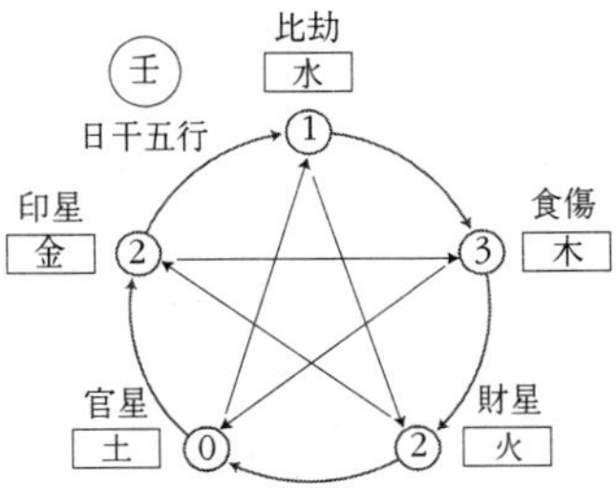

연	辛	巳	戊 庚 ㊀丙
월	庚	寅	戊 丙 (甲)
일	壬	子	壬 癸 (癸)
시	乙	巳	戊 庚 (丙)

용신	土	기신	木
희신	火	변수 오행	

10	20	30	40	50	60	70
比	食	印	官	印	印	印
己	戊	丁	丙	乙	甲	癸
丑 己	子 癸	亥 壬	戌 戊	酉 辛	申 庚	未 己
比	印	食	財	食	食	食
15	25	35	45	55	65	75

연습문제 22

남자 1942년 4월 29일(양) 酉時生

대운수: 3　(초·중·㉢)氣生: 　日　입절: 　月　日

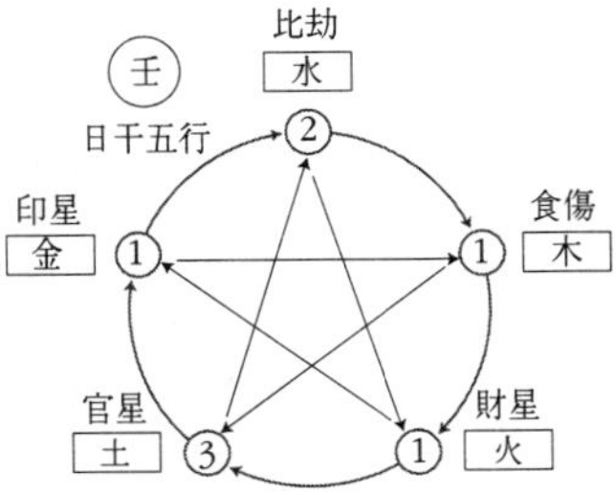

연	壬	午	丙 己 (丁)
월	甲	辰	乙 癸 (戊)
일	壬	子	壬 癸 (癸)
시	己	酉	庚 辛 (辛)

용신	金	기신	木
희신	土	변수 오행	

3	13	23	33	43	53	63
官	比	官	官	官	財	官
乙	丙	丁	戊	己	庚	辛
巳 丙	午 丁	未 己	申 庚	酉 辛	戌 戊	亥 壬
財	比	財	財	財	官	財
8	18	28	38	48	58	68

연습문제 23

남자 1968년 3월 28일(양) 子時生

대운수: 3 (초·중·(정))氣生: 日 입절: 月 日

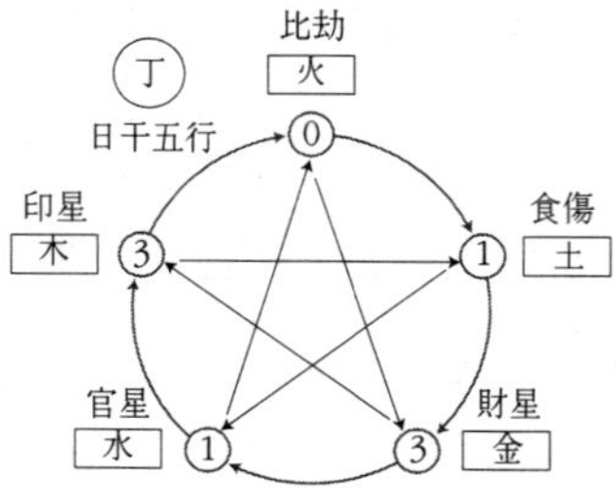

연	戊	申	己戊 壬 (庚)
월	乙	卯	甲 乙 (乙)
일	丁	酉	庚 辛 (辛)
시	庚	子	壬 癸 (癸)

용신	火	기신	土
희신	木	변수 오행	

3	13	23	33	43	53	63
官	比	財	比	比	比	印
丙	丁	戊	己	庚	辛	壬
辰 戊	巳 丙	午 丁	未 己	申 庚	酉 辛	戌 戊
財	比	官	比	比	比	食
8	18	28	38	48	58	68

연습문제 24

남자 1980년 12월 13일(양) 辰時生

대운수: 8 ((초)·중·정)氣生: 7 日 입절: 月 日

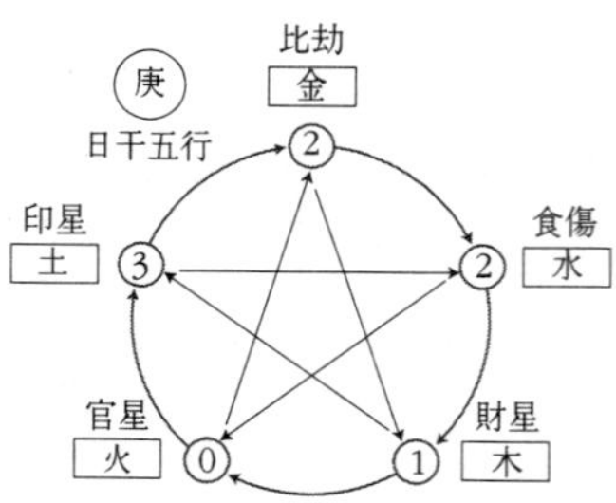

연	庚	申	(己戊) 壬 庚
월	戊	子	(壬) 癸 癸
일	庚	申	(己戊) 壬 庚
시	庚	辰	(乙) 癸 戊

용신	水	기신	土
희신	火	변수 오행	

8	18	28	38	48	58	68
食	財	食	官	印	官	官
己	庚	辛	壬	癸	甲	乙
丑 癸	寅 戊	卯 甲	辰 乙	巳 戊	午 丙	未 丁
印	官	印	財	食	財	財
13	23	33	43	53	63	73

연습문제 25

남자 1953년 5월 11일(음) 辰時生

대운수: 5　(초·중·정)氣生: 日　입절: 月 日

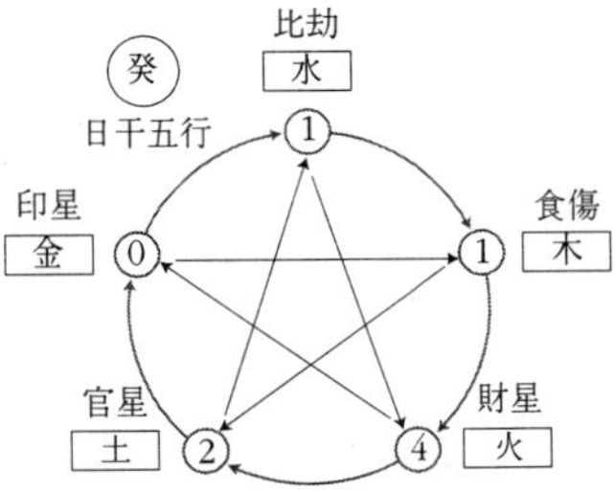

연	癸	巳	戊 庚 丙
월	戊	午	丙 巳 丁
일	癸	卯	甲 乙 乙
시	丙	辰	乙 癸 戊

용신	土	기신	水
희신	火	변수 오행	

5	15	25	35	45	55	65
比	官	比	比	印	比	官
丁	丙	乙	甲	癸	壬	辛
巳 丙	辰 戊	卯 乙	寅 甲	丑 己	子 癸	亥 壬
比	財	比	比	食	比	財
10	20	30	40	50	60	70

연습문제 26

남자 1957년 12월 24일(양) 丑時生

대운수: 6　(초·중·정)氣生: 日　입절: 月 日

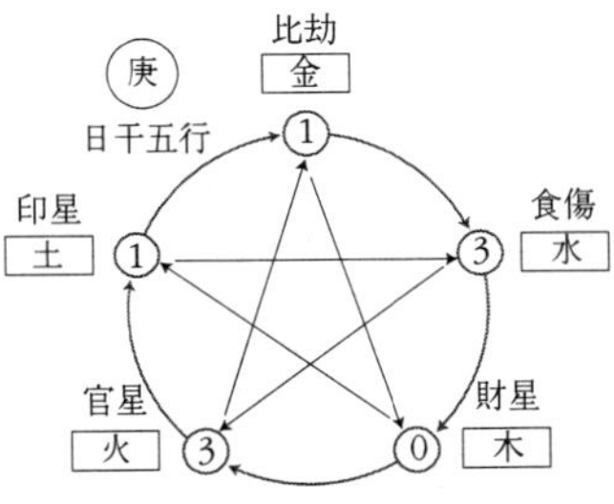

연	丁	酉	庚 辛 辛
월	壬	子	壬 癸 癸
일	庚	午	丙 己 丁
시	丁	丑	癸 辛 己

용신	木	기신	金
희신	水	변수 오행	

6	16	26	36	46	56	66
官	財	官	官	官	比	官
辛	庚	己	戊	丁	丙	乙
亥 壬	戌 戊	酉 辛	申 庚	未 己	午 丁	巳 丙
財	官	財	財	財	比	財
11	21	31	41	51	61	71

연습문제 27

여자 1958년 1월 4일(음) 寅時生

대운수: 6 (초·중·(정))氣生: 日 입절: 月 日

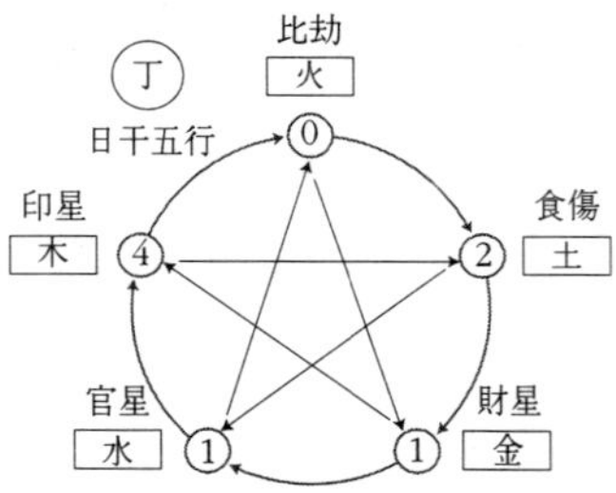

연	戊	戌	辛 丁 (戊)
월	甲	寅	戊 丙 (甲)
일	庚	午	丙 己 (丁)
시	壬	寅	戊 丙 (甲)

용신	火	기신	金
희신	木	변수 오행	

6	16	26	36	46	56	66
印	比	官	財	官	官	官
癸	壬	辛	庚	己	戊	丁
丑 己	子 癸	亥 壬	戌 戊	酉 辛	申 庚	未 己
食	比	財	官	財	財	財
11	21	31	41	51	61	71

연습문제 28

여자 1983년 8월 24일(음) 辰時生

대운수: 3 (초·중·(정))氣生: 日 입절: 月 日

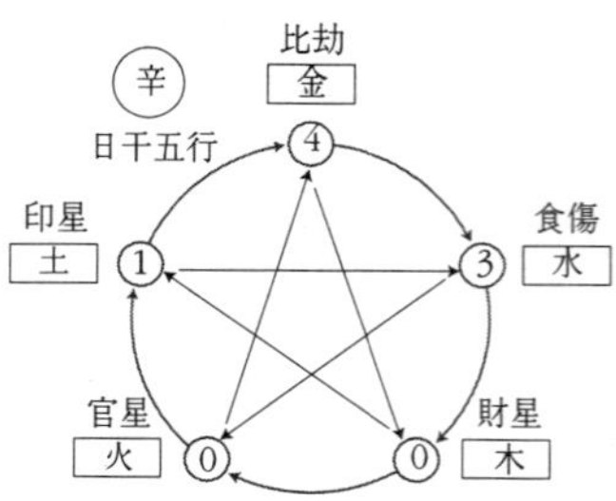

연	癸	亥	戊 甲 (壬)
월	辛	酉	庚 辛 (辛)
일	辛	酉	庚 辛 (辛)
시	壬	辰	乙 癸 (戊)

용신	水	기신	土
희신	木	변수 오행	

3	13	23	33	43	53	63
印	比	財	食	財	財	比
壬	癸	甲	乙	丙	丁	戊
戌 戊	亥 壬	子 癸	丑 己	寅 甲	卯 乙	辰 戊
食	比	官	印	官	官	比
8	18	28	38	48	58	68

연습문제 29

여자 1960년 9월 22일(음) 卯時生

대운수: 1　(초·중·정)氣生: 4日　입절: 月 日

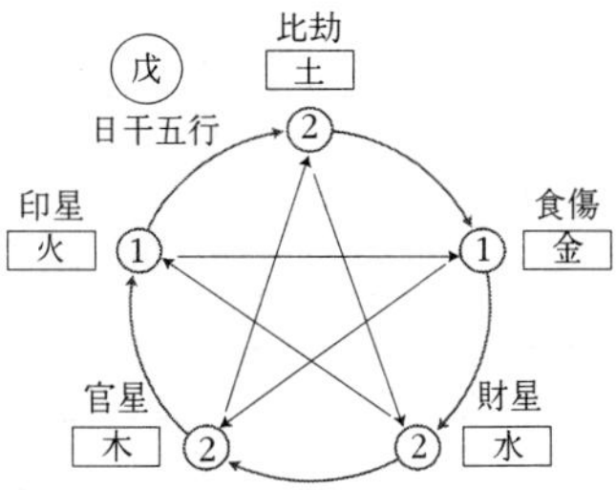

연	庚	子	壬 癸 癸
월	丁	亥	戊 甲 壬
일	壬	寅	戊 丙 甲
시	乙	卯	甲 乙 乙

용신	火	기신	金
희신	木	변수 오행	

1	11	21	31	41	51	61
食	印	食	食	食	財	食
丙	乙	甲	癸	壬	辛	庚
戌 辛	酉 庚	申 戊	未 己	午 丙	巳 戊	辰 乙
印	食	印	印	印	官	印
6	16	26	36	46	56	66

연습문제 30

여자 1959년 2월 21일(음) 戌時生

대운수: 3　(초·중·정)氣生: 日　입절: 月 日

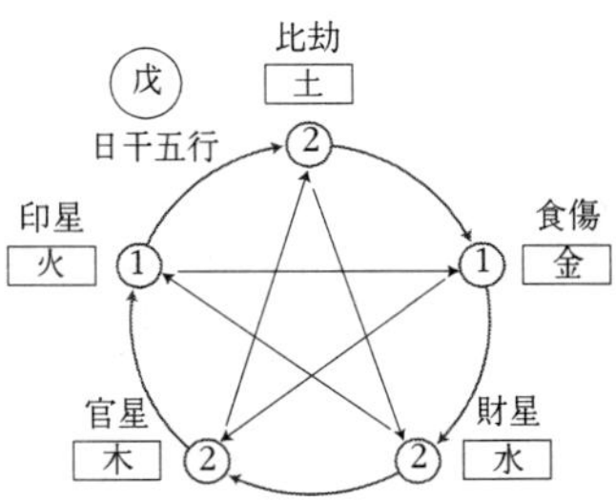

연	己	亥	戊 甲 壬
월	丁	卯	甲 乙 乙
일	庚	戌	辛 丁 戊
시	壬	戌	辛 丁 戊

용신	火	기신	金
희신	木	변수 오행	

3	13	23	33	43	53	63
比	財	印	財	財	財	食
戊	己	庚	辛	壬	癸	甲
辰 戊	巳 丙	午 丁	未 己	申 庚	酉 辛	戌 戊
比	官	食	官	官	官	印
8	18	28	38	48	58	68

연습문제 31

남자 1962년 2월 9일(음) 亥時生

대운수: 8 (초·(중)·정)氣生: 9日 입절: 月 日

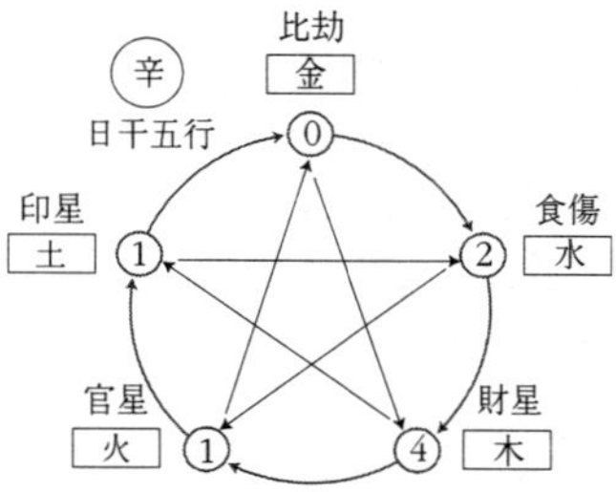

연	壬	寅	戊 (丙) 甲
월	癸	卯	(甲) 乙 乙
일	辛	亥	戊 (甲) 壬
시	己	亥	戊 (甲) 壬

용신	木	기신	水
희신	金	변수 오행	

8	18	28	38	48	58	68
比	印	比	比	比	官	比
甲	乙	丙	丁	戊	己	庚
辰 乙	巳 庚	午 丙	未 丁	申 戊	酉 庚	戌 辛
比	食	比	比	比	財	比
13	23	33	43	53	63	73

연습문제 32

남자 1987년 9월 25일(양) 酉時生

대운수: 6 (초·중·(정))氣生: 日 입절: 月 日

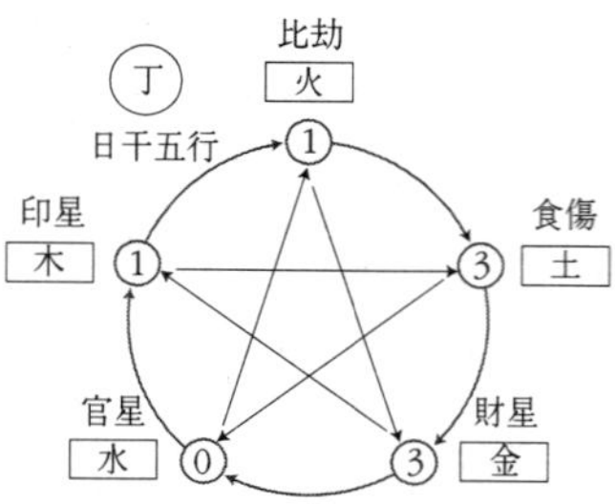

연	丁	卯	甲 乙 (乙)
월	己	酉	庚 辛 (辛)
일	丁	丑	癸 辛 (己)
시	己	酉	庚 辛 (辛)

용신	水	기신	土
희신	金	변수 오행	

6	16	26	36	46	56	66
官	官	比	官	食	官	官
戊	丁	丙	乙	甲	癸	壬
申 庚	未 己	午 丁	巳 丙	辰 戊	卯 乙	寅 甲
財	財	比	財	印	財	財
11	21	31	41	51	61	71

연습문제 33

남자 1990년 9월 28일(양) 卯時生

대운수: 4 (초·중·(정))氣生: 日 입절: 月 日

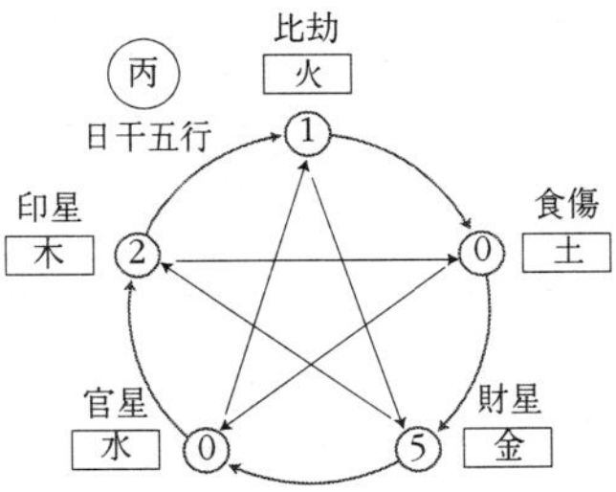

연	庚	午	丙 己 (丁)
월	乙	酉	庚 辛 (辛)
일	丙	申	己戊 壬 (庚)
시	辛	卯	甲 乙 (乙)

용신	金	기신	土
희신	水	변수 오행	

4	14	24	34	44	54	64
官	印	食	比	食	食	印
丙	丁	戊	己	庚	辛	壬
戌 戊	亥 壬	子 癸	丑 己	寅 甲	卯 乙	辰 戊
財	食	印	比	印	印	食
9	19	29	39	49	59	69

연습문제 34

여자 1961년 11월 7일(음) 丑時生

대운수: 8 ((초)·중·정)氣生: 8 日 입절: 月 日

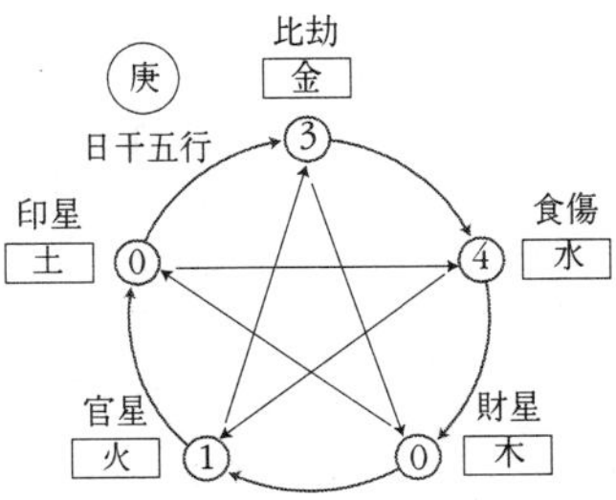

연	辛	丑	(癸) 辛 己
월	庚	子	(壬) 癸 癸
일	辛	巳	戊 (庚) 丙
시	丁	丑	(癸) 辛 己

용신	土	기신	水
희신	火	변수 오행	

8	18	28	38	48	58	68
官	食	官	比	印	比	比
辛	壬	癸	甲	乙	丙	丁
丑 癸	寅 丙	卯 甲	辰 乙	巳 庚	午 丙	未 丁
財	印	財	比	食	比	比
13	23	33	43	53	63	73

연습문제 35

여자 1965년 8월 3일(음) 卯時生

대운수: 3　(초·중·㊥)氣生: 日　입절: 月 日

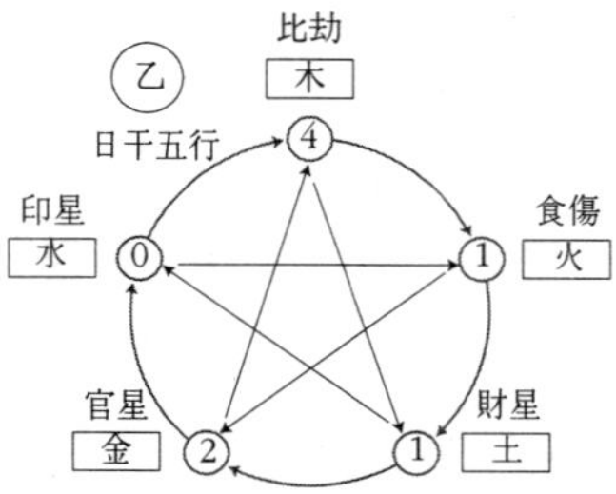

연	乙	巳	戊 庚 (丙)
월	甲	申	己戊 壬 (庚)
일	乙	卯	甲 乙 (乙)
시	己	卯	甲 乙 (乙)

용신	水	기신	土
희신	金	변수 오행	

3	13	23	33	43	53	63
印	官	印	食	比	食	食
乙	丙	丁	戊	己	庚	辛
酉 辛	戌 戊	亥 壬	子 癸	丑 己	寅 甲	卯 乙
食	財	食	印	比	印	印
8	18	28	38	48	58	68

연습문제 36

여자 1986년 11월 1일(양) 丑時生

대운수: 8　(초·중·㊥)氣生: 日　입절: 月 日

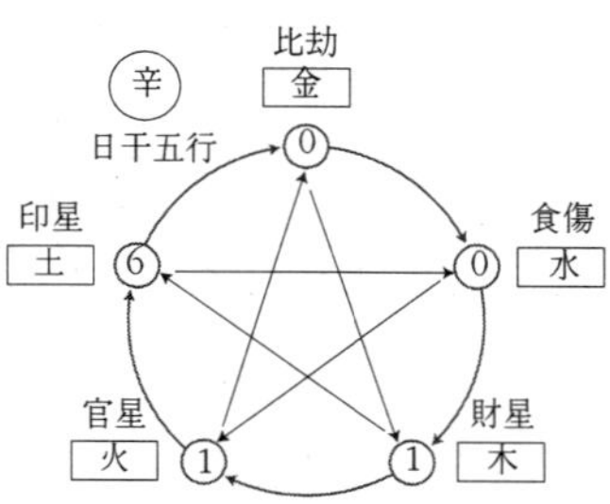

연	丙	寅	戊 丙 (甲)
월	戊	戌	辛 丁 (戊)
일	己	酉	庚 辛 (辛)
시	己	丑	癸 辛 (己)

용신	土	기신	木
희신	金	변수 오행	

8	18	28	38	48	58	68
食	食	食	官	食	印	食
丁	丙	乙	甲	癸	壬	辛
酉 辛	申 庚	未 己	午 丁	巳 丙	辰 戊	卯 乙
印	印	印	財	印	食	印
13	23	33	43	53	63	73

연습문제 37

남자 1984년 6월 27일(양) 辰時生

대운수: 3 (초·중·(정))氣生: 日 입절: 月 日

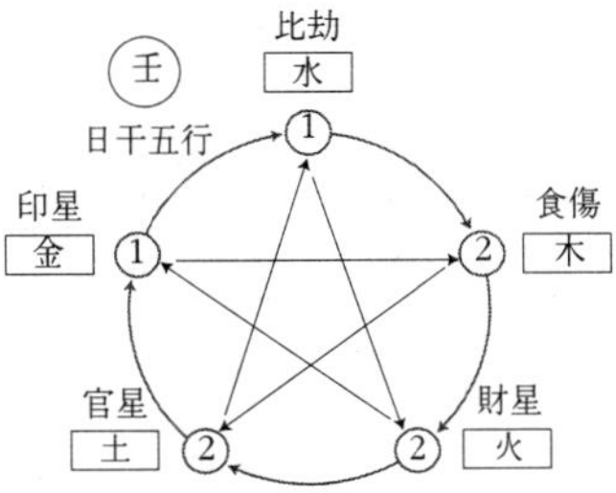

연	甲	子	壬 癸 (癸)
월	庚	午	丙 己 (丁)
일	壬	辰	乙 癸 (戊)
시	甲	辰	乙 癸 (戊)

용신	金	기신	木
희신	土	변수 오행	

3	13	23	33	43	53	63
財	財	財	食	財	印	官
辛	壬	癸	甲	乙	丙	丁
未 己	申 庚	酉 辛	戌 戊	亥 壬	子 癸	丑 己
官	官	官	印	官	食	財
8	18	28	38	48	58	68

연습문제 38

남자 1986년 1월 13일(양) 酉時生

대운수: 3 ((초)·중·정)氣生: 8 日 입절: 月 日

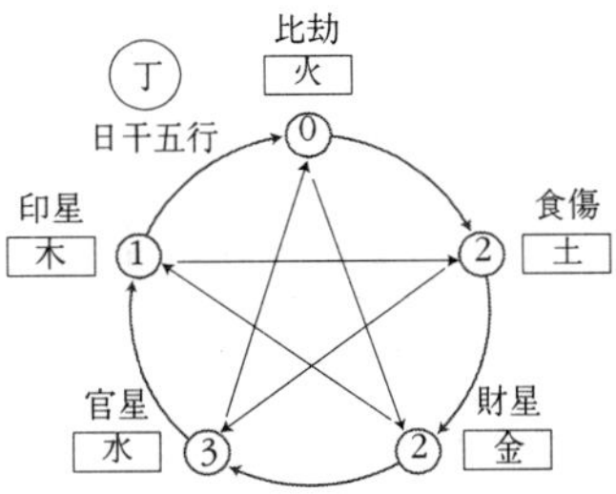

연	乙	丑	(癸) 辛 己
월	己	丑	(癸) 辛 己
일	丁	巳	戊 (庚) 丙
시	己	酉	(庚) 辛 辛

용신	水	기신	土
희신	火	변수 오행	

3	13	23	33	43	53	63
食	財	食	印	食	食	食
戊	丁	丙	乙	甲	癸	壬
子 壬	亥 甲	戌 辛	酉 庚	申 戊	未 丁	午 丙
印	官	印	食	印	印	印
8	18	28	38	48	58	68

연습문제 39

남자 1986년 10월 25일(양) 辰時生

대운수: 5　　(초·중·(정))氣生: 　日　　입절: 　月　日

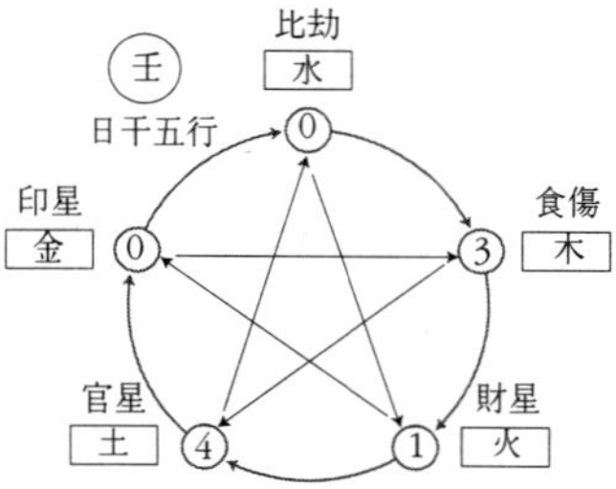

연	丙	寅	戊 丙 (甲)
월	戊	戌	辛 丁 (戊)
일	壬	寅	戊 丙 (甲)
시	甲	辰	乙 癸 (戊)

용신	火	기신	水
희신	木	변수 오행	

5	15	25	35	45	55	65
食	官	財	官	官	食	官
己	庚	辛	壬	癸	甲	乙
亥 壬	子 癸	丑 己	寅 甲	卯 乙	辰 戊	己 丙
印	財	官	財	財	印	財
10	20	30	40	50	60	70

연습문제 40

여자 1957년 11월 23일(양) 亥時生

대운수: 5　　(초·중·(정))氣生: 　日　　입절: 　月　日

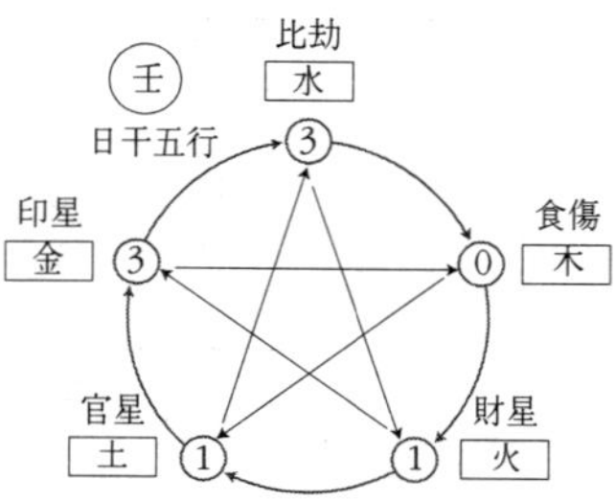

연	丁	酉	庚 辛 (辛)
월	辛	亥	戊 甲 (壬)
일	己	亥	戊 甲 (壬)
시	辛	亥	戊 甲 (壬)

용신	木	기신	金
희신	火	변수 오행	

5	15	25	35	45	55	65
比	印	比	比	官	比	財
壬	癸	甲	乙	丙	丁	戊
子 癸	丑 己	寅 甲	卯 乙	辰 戊	己 丙	午 丁
比	食	比	比	財	比	官
10	20	30	40	50	60	70

연습문제 41

여자 1957년 8월 17일(음) 午時生

대운수: 10 (㊀·중·정)氣生: 3 日 입절: 月 日

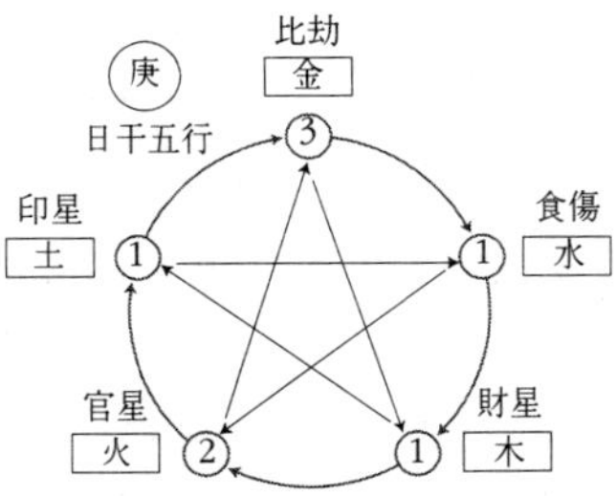

연	丁	酉	㊎庚 辛 辛
월	己	酉	(庚) 辛 辛
일	乙	酉	(庚) 辛 辛
시	壬	午	(丙) 己 丁

용신	水	기신	土
희신	木	변수 오행	

10	20	30	40	50	60	70
比	財	比	比	食	比	財
庚	辛	壬	癸	甲	乙	丙
戌 辛	亥 戊	子 壬	丑 癸	寅 戊	卯 甲	辰 乙
比	官	比	比	印	比	官
15	25	35	45	55	65	75

연습문제 42

여자 1957년 2월 14일(음) 寅時生

대운수: 7 (초·(중)·정)氣生: 10 日 입절: 月 日

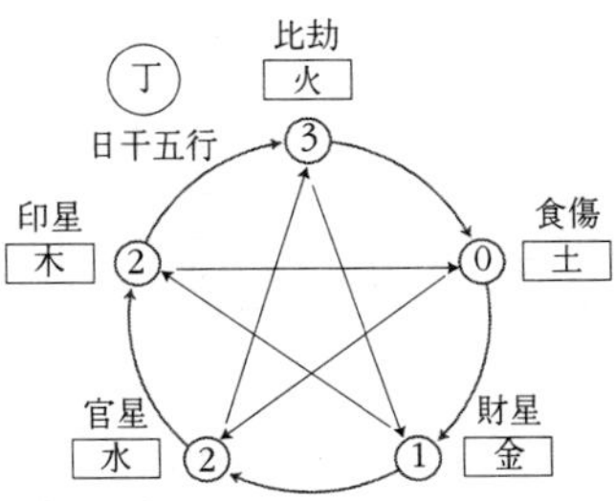

연	丁	酉	(庚) 辛 辛
월	癸	卯	(甲) 乙 乙
일	丙	戌	辛 (丁) 戊
시	壬	寅	戊 (丙) 甲

용신	土	기신	木
희신	金	변수 오행	

7	17	27	37	47	57	67
財	印	比	財	比	官	印
甲	乙	丙	丁	戊	己	庚
辰 癸	巳 庚	午 丙	未 乙	申 戊	酉 庚	戌 丁
官	食	比	官	比	財	食
12	22	32	42	52	62	72

연습문제 43

남자 1958년 9월 9일(음) 酉時生

대운수: 6　　(초·중·정)氣生: 　日　　입절: 　月　日

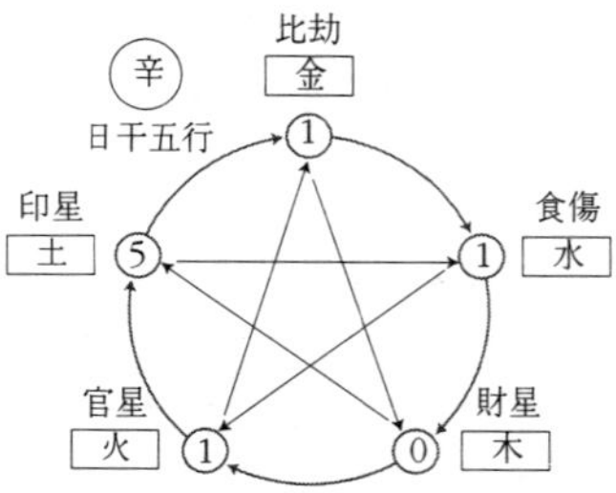

연	戊	戌	辛 丁 戊
월	壬	戌	辛 丁 戊
일	辛	未	丁 乙 己
시	丁	酉	庚 辛 辛

용신	土	기신	火
희신	木	변수 오행	

6	16	26	36	46	56	66
比	財	食	財	財	比	財
癸	甲	乙	丙	丁	戊	己
亥 壬	子 癸	丑 己	寅 甲	卯 乙	辰 戊	巳 丙
比	官	印	官	官	比	官
11	21	31	41	51	61	71

연습문제 44

남자 1988년 12월 1일(양) 午時生

대운수: 2　　(초·중·정)氣生: 　日　　입절: 　月　日

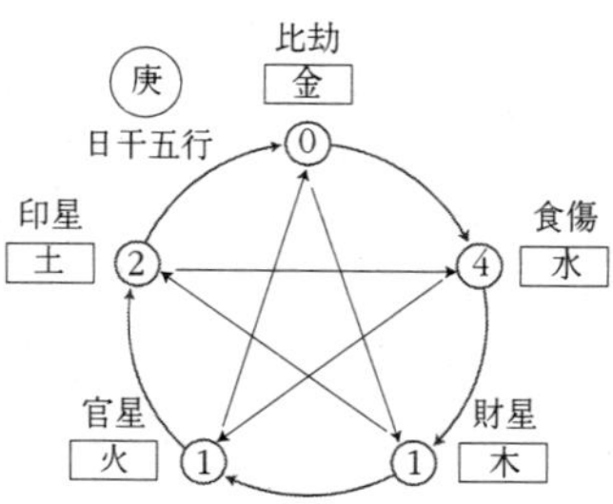

연	戊	辰	乙 癸 戊
월	癸	亥	戊 甲 壬
일	庚	寅	戊 丙 甲
시	壬	午	丙 己 丁

용신	金	기신	水
희신	土	변수 오행	

2	12	22	32	42	52	62
財	食	財	財	比	財	印
甲	乙	丙	丁	戊	己	庚
子 癸	丑 己	寅 甲	卯 乙	辰 戊	巳 丙	午 丁
官	印	官	官	比	官	食
7	17	27	37	47	57	67

연습문제 45

여자 1959년 4월 3일(음) 寅時生

대운수: 9　(초·중·정)氣生: 5 日　입절: 月 日

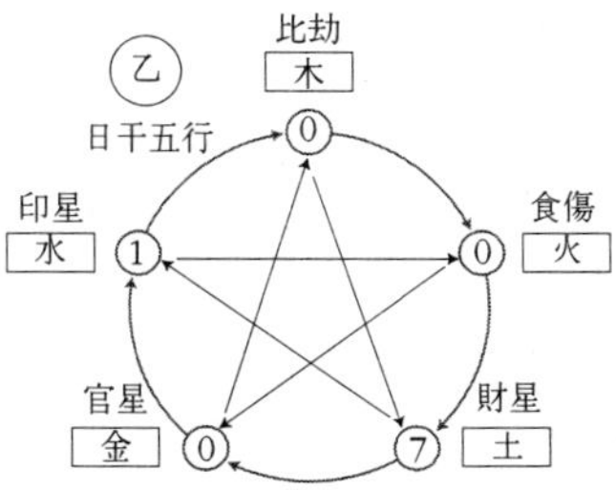

연	己	亥	戊 甲 壬
월	己	巳	戊 庚 丙
일	壬	辰	乙 癸 戊
시	戊	寅	戊 丙 甲

용신	土	기신	火
희신	金	변수 오행	

9	19	29	39	49	59	69
印	印	印	財	印	食	印
庚	辛	壬	癸	甲	乙	丙
午 丙	未 丁	申 戊	酉 庚	戌 辛	亥 戊	子 壬
食	食	食	官	食	印	食
14	24	34	44	54	64	74

연습문제 46

남자 1971년 3월 27일(음) 申時生

대운수: 6　(초·중·정)氣生: 日　입절: 月 日

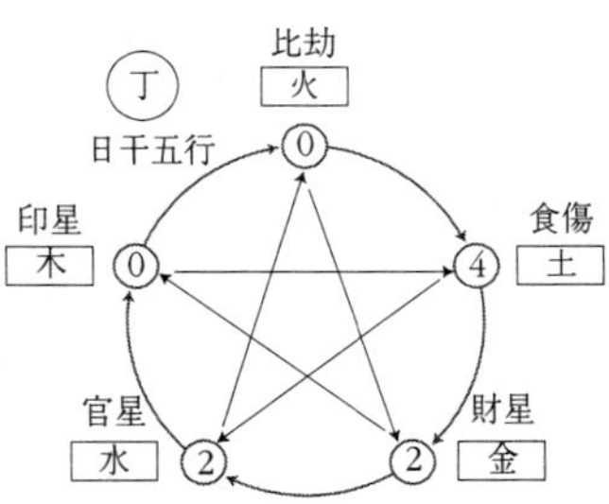

연	辛	亥	戊 甲 壬
월	壬	辰	乙 癸 戊
일	丁	丑	癸 辛 己
시	戊	申	己戊 壬 庚

용신	金	기신	土
희신	水	변수 오행	

6	16	26	36	46	56	66
食	食	比	食	印	官	印
辛	庚	己	戊	丁	丙	乙
卯 乙	寅 甲	丑 己	子 癸	亥 壬	戌 戊	酉 辛
印	印	比	印	食	財	食
11	21	31	41	51	61	71

연습문제 47

여자 1958년 8월 1일(음) 戌時生

대운수: 2 　(㊅·중·정)氣生: 6 日 　입절: 月 日

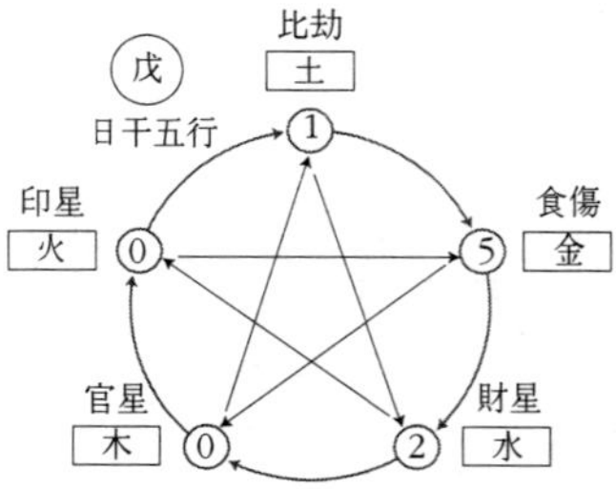

연	戊	戌	㊉ 丁 戊
월	辛	酉	(庚) 辛 辛
일	癸	巳	(戊) 庚 丙
시	壬	戌	(辛) 丁 戊

용신	金	기신	火
희신	水	변수 오행	

2	12	22	32	42	52	62
財	財	財	官	財	比	食
庚	己	戊	丁	丙	乙	甲
申 戊	未 丁	午 丙	巳 戊	辰 乙	卯 甲	寅 戊
官	官	官	財	官	比	印
7	17	27	37	47	57	67

연습문제 48

남자 1956년 1월 15일(음) 卯時生

대운수: 3 　(초·중·㊅)氣生: 日 　입절: 月 日

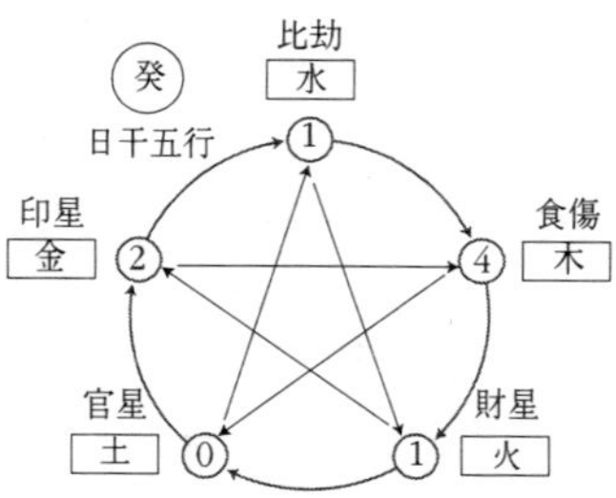

연	丙	申	己戊 壬 (庚)
월	庚	寅	戊 丙 (甲)
일	癸	亥	戊 甲 (壬)
시	乙	卯	甲 乙 (乙)

용신	金	기신	木
희신	土	변수 오행	

3	13	23	33	43	53	63
食	印	食	官	食	食	食
辛	壬	癸	甲	乙	丙	丁
卯 乙	辰 戊	巳 丙	午 丁	未 己	申 庚	酉 辛
印	食	印	財	印	印	印
8	18	28	38	48	58	68

연습문제 49

여자 1974년 12월 10일(양) 午時生

대운수: 1 (초·중·정)氣生: 4 日 입절: 月 日

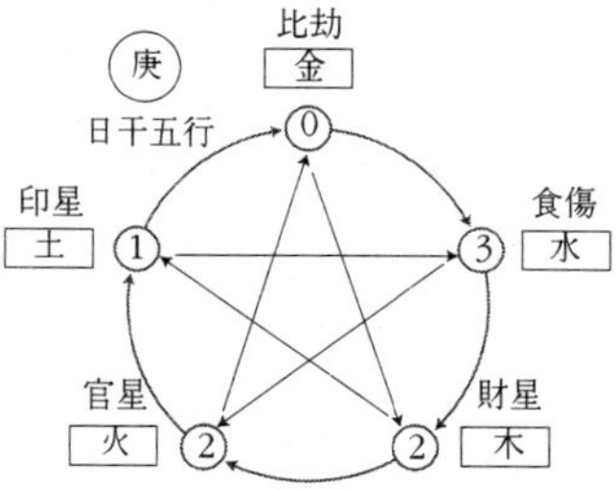

연	甲	寅	戊 丙 甲
월	丙	子	壬 癸 癸
일	乙	酉	庚 辛 辛
시	壬	午	丙 己 丁

용신	木	기신	土
희신	金	변수 오행	

1	11	21	31	41	51	61
食	印	財	印	印	印	比
乙	甲	癸	壬	辛	庚	己
亥 戊	戌 辛	酉 庚	申 戊	未 丁	午 丙	巳 戊
印	食	官	食	食	食	比
6	16	26	36	46	56	66

연습문제 50

남자 1985년 11월 21일(양) 戌時生

대운수: 5 (초·중·정)氣生: 日 입절: 月 日

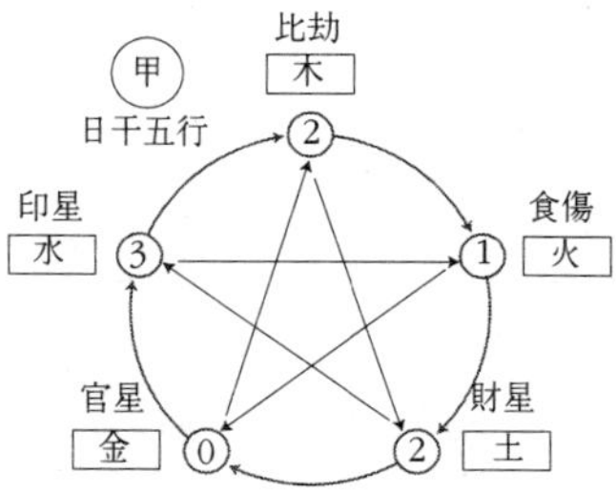

연	乙	丑	癸 辛 己
월	丁	亥	戊 甲 壬
일	甲	子	壬 癸 癸
시	甲	戌	辛 丁 戊

용신	火	기신	水
희신	金	변수 오행	

5	15	25	35	45	55	65
官	印	印	印	食	印	財
丙	乙	甲	癸	壬	辛	庚
戌 戊	酉 辛	申 庚	未 己	午 丁	巳 丙	辰 戊
財	食	食	食	印	食	官
10	20	30	40	50	60	70

연습문제 51

여자 1955년 1월 10일(음) 午時生

대운수: 9　(초·중·정)氣生: 日　입절: 月 日

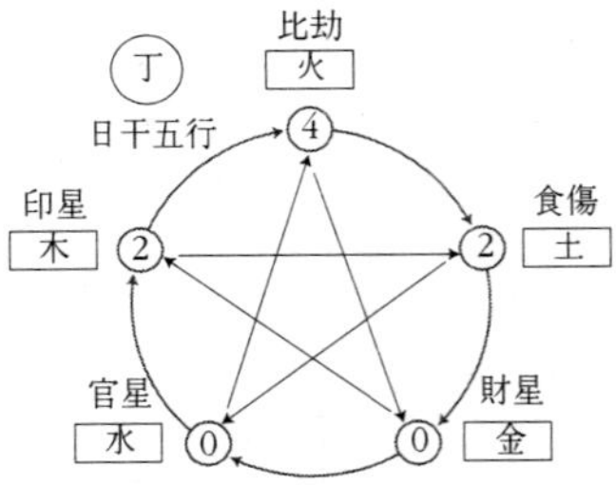

연	甲	午	丙 己 丁
월	丁	丑	癸 辛 己
일	甲	午	丙 己 丁
시	丙	午	丙 己 丁

용신	土	기신	木
희신	金	변수 오행	

9	19	29	39	49	59	69
印	財	食	財	財	財	印
丙	乙	甲	癸	壬	辛	庚
子 癸	亥 壬	戌 戊	酉 辛	申 庚	未 庚	午 丁
食	官	印	官	官	官	食
14	24	34	44	54	64	74

연습문제 52

여자 1976년 4월 8일(음) 未時生

대운수: 1　(초·중·정)氣生: 2 日　입절: 月 日

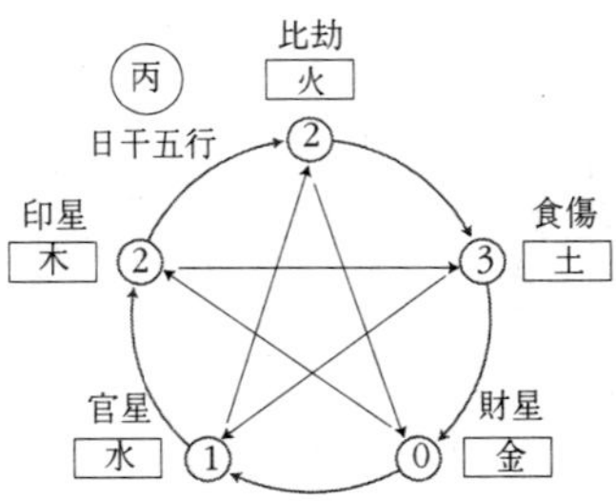

연	丙	辰	乙 癸 戊
월	癸	巳	戊 庚 丙
일	戊	午	丙 己 丁
시	乙	未	丁 乙 己

용신	金	기신	水
희신	土	변수 오행	

1	11	21	31	41	51	61
官	食	財	食	食	官	食
壬	辛	庚	己	戊	丁	丙
辰 乙	卯 甲	寅 戊	丑 癸	子 壬	亥 戊	戌 辛
財	印	官	印	印	財	印
6	16	26	36	46	56	66

연습문제 53

남자 1954년 7월 9일(음) 未時生

대운수: 1 (초·중·(정))氣生: 日 입절: 月 日

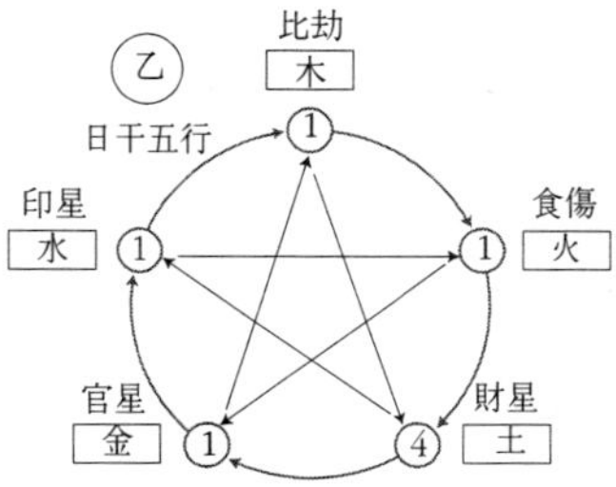

연	甲	午	丙 己 (丁)
월	辛	未	丁 乙 (己)
일	乙	未	丁 乙 (己)
시	癸	未	丁 乙 (己)

용신	水	기신	火
희신	金	변수 오행	

1	11	21	31	41	51	61
財	財	食	財	印	官	印
壬	癸	甲	乙	丙	丁	戊
申 庚	酉 辛	戌 戊	亥 壬	子 癸	丑 己	寅 甲
官	官	印	官	食	財	食
6	16	26	36	46	56	66

연습문제 54

남자 1954년 7월 16일(음) 午時生

대운수: 9 ((초)·중·정)氣生: 7 日 입절: 月 日

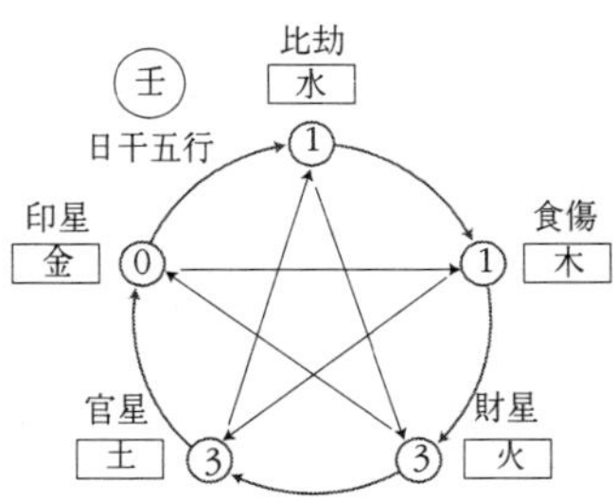

연	甲	午	(丙) 己 丁
월	壬	申	(己戊) 壬 庚
일	壬	寅	(戊) 丙 甲
시	丙	午	(丙) 己 丁

용신	土	기신	木
희신	金	변수 오행	

9	19	29	39	49	59	69
財	印	食	印	印	比	印
癸	甲	乙	丙	丁	戊	己
酉 庚	戌 辛	亥 戊	子 壬	丑 癸	寅 戊	卯 甲
官	食	印	食	食	比	食
14	24	34	44	54	64	74

연습문제 55

남자 1991년 1월 16일(음) 午時生

대운수: 9　(초·중·㉢)氣生: 日　입절: 月 日

(초·중·정 중 '정'에 동그라미)

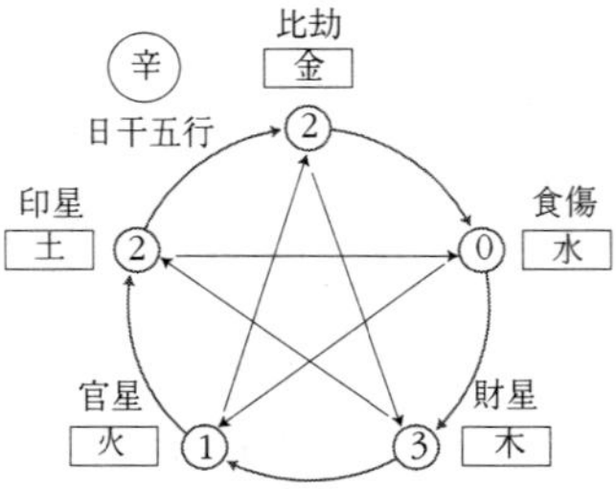

연	辛	未	丁 乙 (己)
월	庚	寅	戊 丙 (甲)
일	辛	未	丁 乙 (己)
시	甲	午	丙 己 (丁)

용신	水	기신	土
희신	火	변수 오행	

9	19	29	39	49	59	69
比	食	印	官	印	印	印
己	戊	丁	丙	乙	甲	癸
丑 己	子 癸	亥 壬	戌 戊	酉 辛	申 庚	未 己
比	印	食	財	食	食	食
14	24	34	44	54	64	74

연습문제 56

여자 1997년 7월 24일(양) 巳時生

대운수: 5　(초·중·정)氣生: 日　입절: 月 日

(초·중·정 중 '정'에 동그라미)

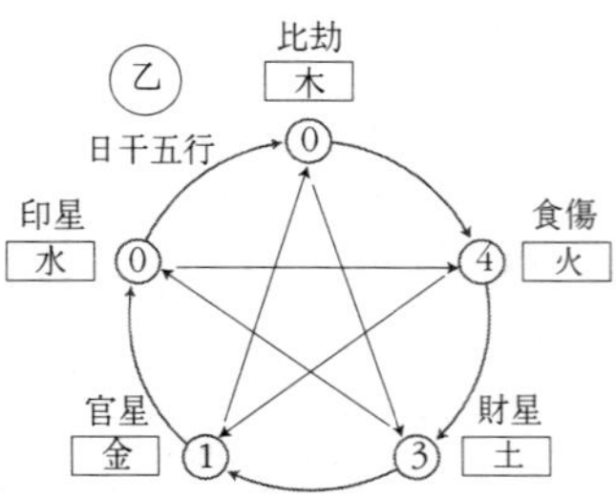

연	丁	丑	癸 辛 (己)
월	丁	未	丁 乙 (己)
일	丁	卯	甲 乙 (乙)
시	辛	巳	戊 庚 (丙)

용신	金	기신	水
희신	土	변수 오행	

5	15	25	35	45	55	65
官	官	財	官	比	印	比
戊	己	庚	辛	壬	癸	甲
申 庚	酉 辛	戌 戊	亥 壬	子 癸	丑 己	寅 甲
財	財	官	財	比	食	比
10	20	30	40	50	60	70

연습문제 57

남자 1961년 2월 18일(음) 辰時生

대운수: 10 (초·중·(정))氣生: 日 입절: 月 日

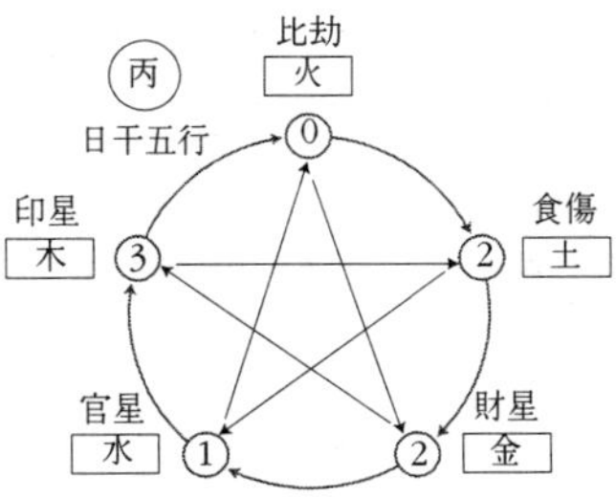

연	辛	丑	癸 辛 (己)
월	辛	卯	甲 乙 (乙)
일	丙	寅	戊 丙 (甲)
시	壬	辰	乙 癸 (戊)

용신	火	기신	土
희신	木	변수 오행	

10	20	30	40	50	60	70
食	比	食	印	官	印	印
庚	己	戊	丁	丙	乙	甲
寅 甲	丑 己	子 癸	亥 壬	戌 戊	酉 辛	申 庚
印	比	印	食	財	食	食
15	25	35	45	55	65	75

연습문제 58

남자 1994년 3월 3일(음) 巳時生

대운수: 8 (초·(중)·정)氣生: 9 日 입절: 月 日

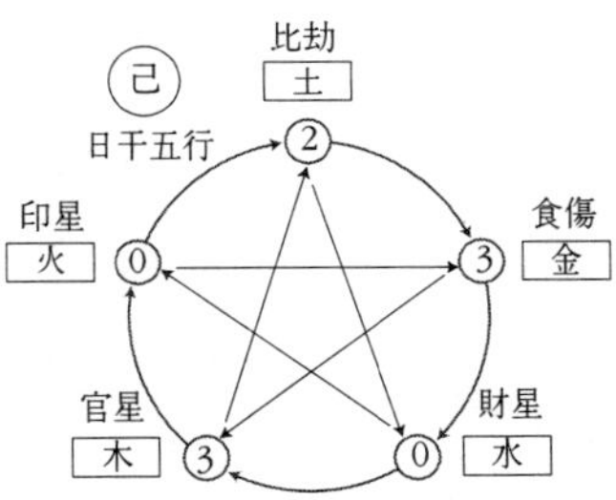

연	甲	戌	(辛) 丁 戊
월	戊	辰	(乙) 癸 戊
일	己	巳	戊 (庚) 丙
시	己	巳	戊 (庚) 丙

용신	火	기신	金
희신	木	변수 오행	

8	18	28	38	48	58	68
官	印	印	印	財	印	比
己	庚	辛	壬	癸	甲	乙
巳 庚	午 丙	未 丁	申 戊	酉 庚	戌 辛	亥 甲
財	食	食	食	官	食	比
13	23	33	43	53	63	73

연습문제 59

여자 1985년 5월 12일(음) 辰時生

대운수: 3 (초·중·(정))氣生: 日 입절: 月 日

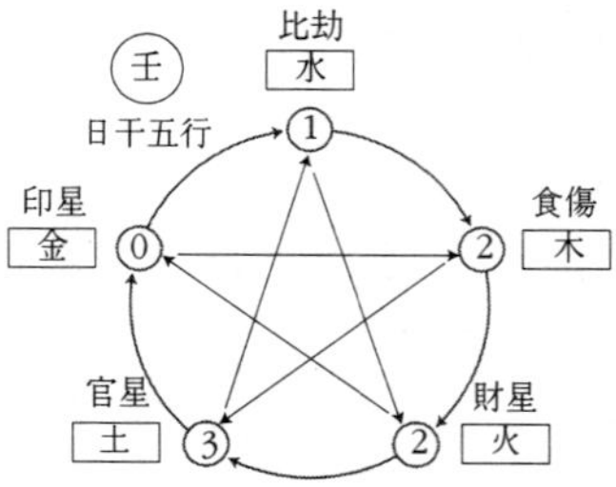

연	乙	丑	癸 辛 (己)
월	壬	午	丙 己 (丁)
일	己	亥	戊 甲 (壬)
시	甲	辰	乙 癸 (戊)

용신	火	기신	水
희신	木	변수 오행	

3	13	23	33	43	53	63
印	印	印	官	印	食	比
癸	甲	乙	丙	丁	戊	己
未 己	申 庚	酉 辛	戌 戊	亥 壬	子 癸	丑 己
食	食	食	財	食	印	比

연습문제 60

남자 1986년 5월 18일(양) 丑時生

대운수: 6 (초·(중)·정)氣生: 13 日 입절: 月 日

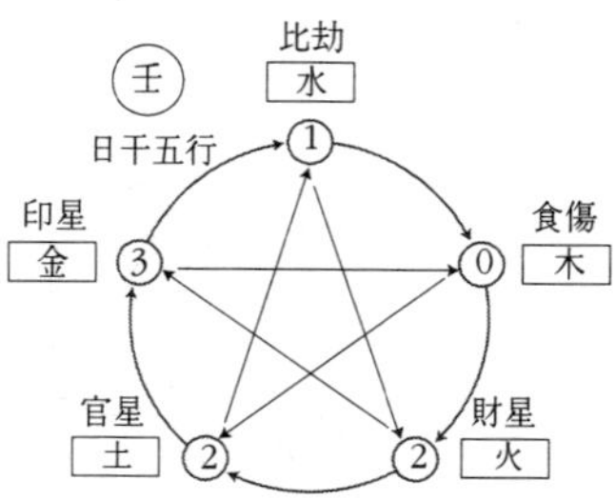

연	丙	寅	戊 (丙) 甲
월	癸	巳	戊 (庚) 丙
일	壬	戌	辛 丁 (戊)
시	辛	丑	癸 辛 (己)

용신	木	기신	金
희신	水	변수 오행	

6	16	26	36	46	56	66
食	食	印	食	比	印	官
甲	乙	丙	丁	戊	己	庚
午 己	未 己	申 壬	酉 辛	戌 戊	亥 甲	子 癸
印	印	食	印	比	食	財
11	21	31	41	51	61	71

연습문제 61

남자 1986년 8월 9일(양) 卯時生

대운수: 10　　(초)·중·정)氣生: 2 日　　입절: 月 日

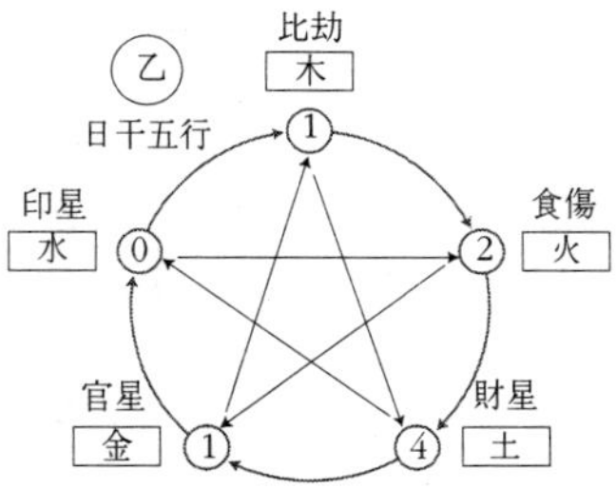

연	丙	寅	(戊) 丙 甲
월	丙	申	(己)戊 壬 庚
일	乙	酉	(庚) 辛 辛
시	己	卯	(甲) 乙 乙

용신	土	기신	木
희신	金	변수 오행	

10	20	30	40	50	60	70
食	官	比	官	官	印	官
丁	戊	己	庚	辛	壬	癸
酉 庚	戌 辛	亥 戊	子 壬	丑 癸	寅 戊	卯 甲
印	財	比	財	財	食	財
15	25	35	45	55	65	75

연습문제 62

남자 1947년 8월 10일(음) 卯時生

대운수: 5　　(초·중·(정))氣生: 日　　입절: 月 日

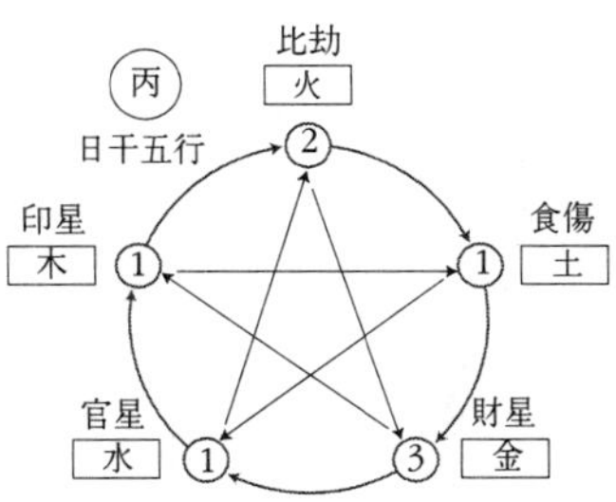

연	丁	亥	戊 甲 (壬)
월	己	酉	庚 辛 (辛)
일	丙	午	丙 己 (丁)
시	辛	卯	甲 乙 (乙)

용신	木	기신	土
희신	水	변수 오행	

5	15	25	35	45	55	65
官	官	比	官	食	官	官
戊	丁	丙	乙	甲	癸	壬
申 庚	未 己	午 丁	巳 丙	辰 戊	卯 乙	寅 甲
財	財	比	財	印	財	財
10	20	30	40	50	60	70

연습문제 63

여자 1996년 3월 12일(양) 亥時生

대운수: 2 (초·중·정)氣生: 8 日 입절: 月 日

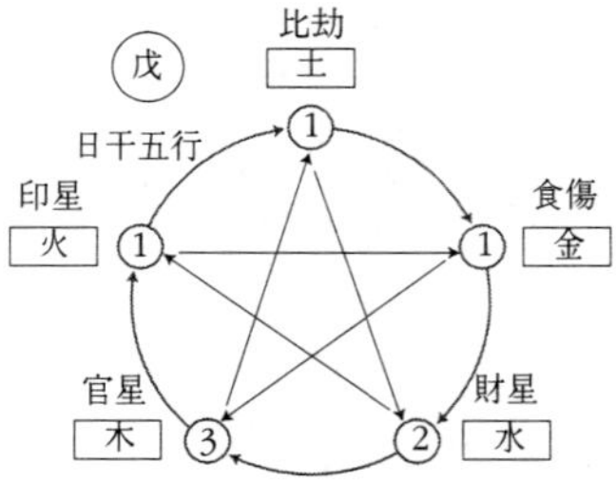

연	丙	子	壬 癸 癸
월	辛	卯	甲 乙 乙
일	戊	申	己戊 壬 庚
시	癸	亥	戊 甲 壬

용신	火	기신	水
희신	木	변수 오행	

2	12	22	32	42	52	62
印	食	食	財	食	印	食
庚	己	戊	丁	丙	乙	甲
寅 丙	丑 癸	子 壬	亥 甲	戌 辛	酉 庚	申 戊
食	印	印	官	印	食	印
7	17	27	37	47	57	67

연습문제 64

남자 1967년 11월 1일(양) 巳時生

대운수: 8 (초·중·정)氣生: 日 입절: 月 日

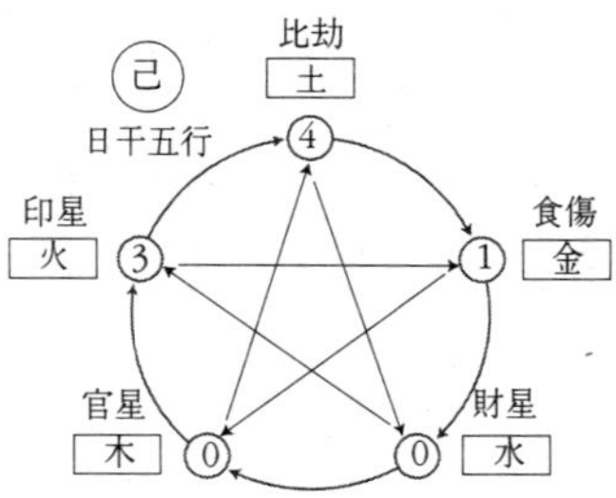

연	丁	未	丁 乙 己
월	庚	戌	辛 丁 戊
일	己	巳	戊 庚 丙
시	己	巳	戊 庚 丙

용신	金	기신	火
희신	水	변수 오행	

8	18	28	38	48	58	68
官	官	官	比	官	食	官
己	戊	丁	丙	乙	甲	癸
酉 辛	申 庚	未 己	午 丁	巳 丙	辰 戊	卯 乙
財	財	財	比	財	印	財
13	23	33	43	53	63	73

연습문제 65

여자 1983년 8월 8일(양) 寅時生

대운수: 10 　 (초·중·정)氣生: 1日 　 입절: 月 日

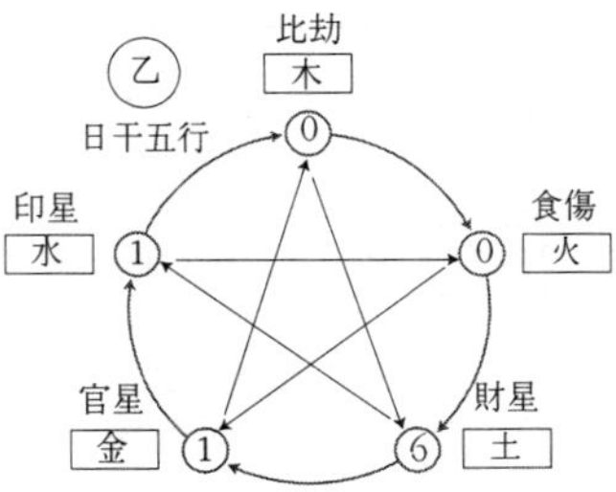

연	癸	亥	(戊) 甲 壬
월	庚	申	(己)戊 壬 庚
일	戊	辰	(乙) 癸 戊
시	戊	寅	(戊) 丙 甲

용신	土	기신	木
희신	金	변수 오행	

10	20	30	40	50	60	70
比	財	印	財	財	官	財
辛	壬	癸	甲	乙	丙	丁
酉 庚	戌 辛	亥 戊	子 壬	丑 癸	寅 戊	卯 甲
比	官	食	官	官	財	官
15	25	35	45	55	65	75

연습문제 66

남자 1978년 10월 29일(양) 子時生

대운수: 3 　 (초·중·정)氣生: 日 　 입절: 月 日

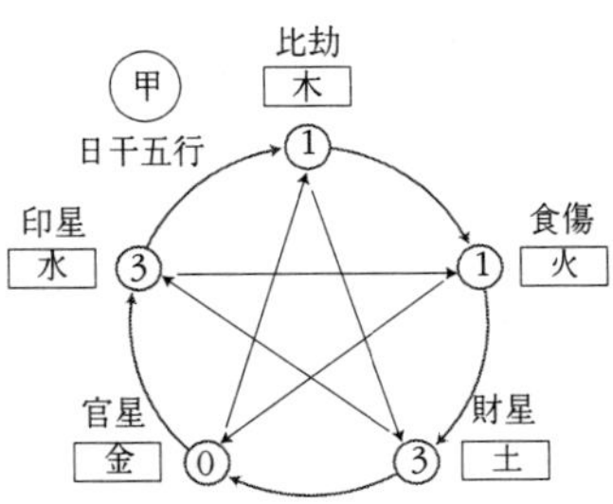

연	戊	午	丙 己 (丁)
월	壬	戌	辛 丁 (戊)
일	甲	子	壬 癸 (癸)
시	甲	子	壬 癸 (癸)

용신	金	기신	火
희신	土	변수 오행	

3	13	23	33	43	53	63
比	財	食	財	財	比	財
癸	甲	乙	丙	丁	戊	己
亥 壬	子 癸	丑 己	寅 甲	卯 乙	辰 戊	巳 丙
比	官	印	官	官	比	官
8	18	28	38	48	58	68

연습문제 67

남자 1986년 2월 7일(양) 申時生

대운수: 9 (조·중·정)氣生: 4 日 입절: 月 日

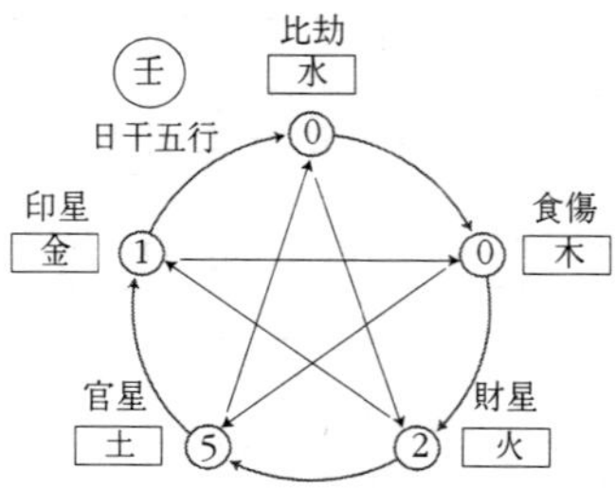

연	丙	寅	戊	丙	甲
월	庚	寅	戊	丙	甲
일	壬	午	丙	己	丁
시	戊	申	己戊	壬	庚

용신	土	기신	木
희신	金	변수 오행	

9	19	29	39	49	59	69
食	官	印	官	官	官	食
辛	壬	癸	甲	乙	丙	丁
卯 甲	辰 乙	巳 戊	午 丙	未 丁	申 戊	酉 庚
印	財	食	財	財	財	印
14	24	34	44	54	64	74

연습문제 68

남자 1961년 10월 15일(음) 寅時生

대운수: 5 (초·중·정)氣生: 日 입절: 月 日

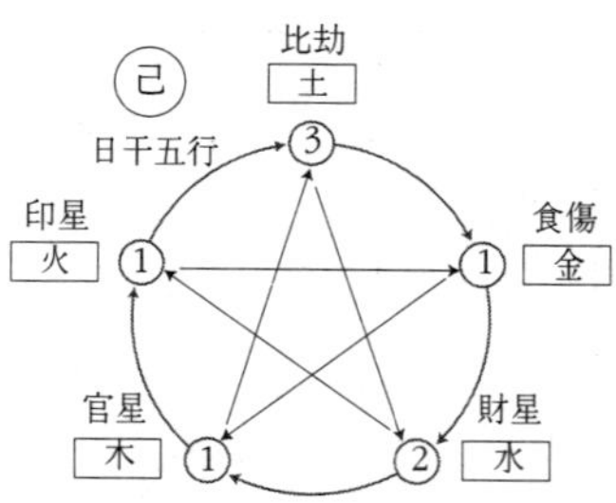

연	辛	丑	癸	辛	己
월	己	亥	戊	甲	壬
일	己	未	丁	乙	己
시	丙	寅	戊	丙	甲

용신	水	기신	火
희신	金	변수 오행	

5	15	25	35	45	55	65
比	食	食	食	官	食	印
戊	丁	丙	乙	甲	癸	壬
戌 戊	酉 辛	申 庚	未 己	午 丁	巳 丙	辰 戊
比	印	印	印	財	印	食
10	20	30	40	50	60	70

연습문제 69

여자 1983년 4월 18일(양) 辰時生

대운수: 6　　(초·중·㉧)氣生: 　日　　입절: 　月　日

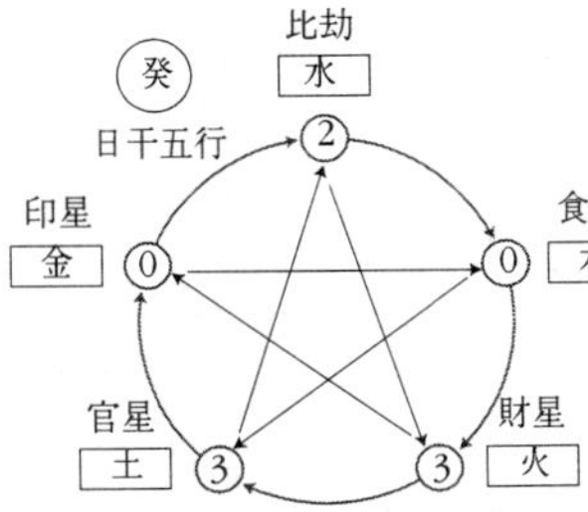

연	癸	亥	戊 甲 (壬)
월	丙	辰	乙 癸 (戊)
일	丙	子	壬 癸 (癸)
시	丙	辰	乙 癸 (戊)

용신	金	기신	木
희신	土	변수 오행	

6	16	26	36	46	56	66
比	財	比	比	比	印	比
丁	戊	己	庚	辛	壬	癸
巳 丙	午 丁	未 己	申 庚	酉 辛	戌 戊	亥 壬
比	官	比	比	比	食	比
11	21	31	41	51	61	71

연습문제 70

남자 1987년 3월 4일(음) 辰時生

대운수: 9　　(초·중·㉧)氣生: 　日　　입절: 　月　日

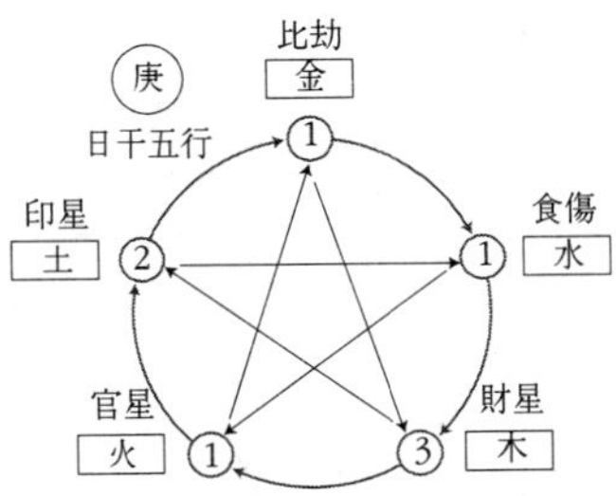

연	丁	卯	甲 乙 (乙)
월	癸	卯	甲 乙 (乙)
일	庚	辰	乙 癸 (戊)
시	庚	辰	乙 癸 (戊)

용신	土	기신	水
희신	火	변수 오행	

9	19	29	39	49	59	69
官	財	官	食	比	食	食
壬	辛	庚	己	戊	丁	丙
寅 甲	丑 己	子 癸	亥 壬	戌 戊	酉 辛	申 庚
財	官	財	印	比	印	印
14	24	34	44	54	64	74

연습문제 71

여자 1963년 9월 17일(음) 未時生

대운수: 2 (초·중·정)氣生: 日 입절: 月 日

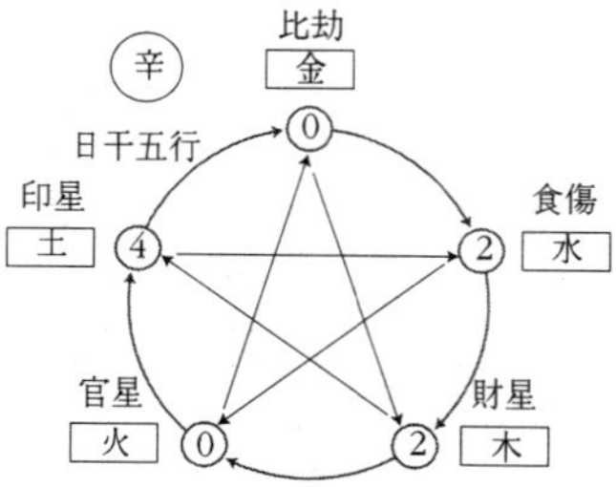

연	癸	卯	甲 乙 乙
월	壬	戌	辛 丁 戊
일	己	酉	庚 辛 辛
시	乙	未	丁 乙 己

용신	金	기신	水
희신	火	변수 오행	

2	12	22	32	42	52	62
比	財	食	財	財	比	財
癸	甲	乙	丙	丁	戊	己
亥 壬	子 癸	丑 己	寅 甲	卯 乙	辰 戊	巳 丙
比	官	印	官	官	比	官
7	17	27	37	47	57	67

연습문제 72

남자 1973년 3월 13일(양) 申時生

대운수: 3 (초·중·정)氣生: 8日 입절: 月 日

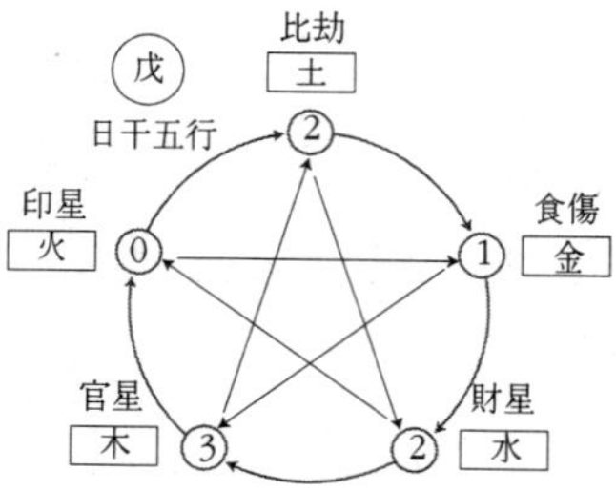

연	癸	丑	癸 辛 己
월	乙	卯	甲 乙 己
일	戊	申	己戊 壬 庚
시	庚	申	己戊 壬 庚

용신	火	기신	金
희신	木	변수 오행	

3	13	23	33	43	53	63
官	比	比	食	比	官	比
甲	癸	壬	辛	庚	己	戊
寅 丙	丑 癸	子 壬	亥 甲	戌 辛	酉 庚	申 戊
財	比	比	印	比	財	比
8	18	28	38	48	58	68

연습문제 73

여자 1986년 9월 2일(양) 亥時生

대운수: 8 (초·중·(정))氣生: 日 입절: 月 日

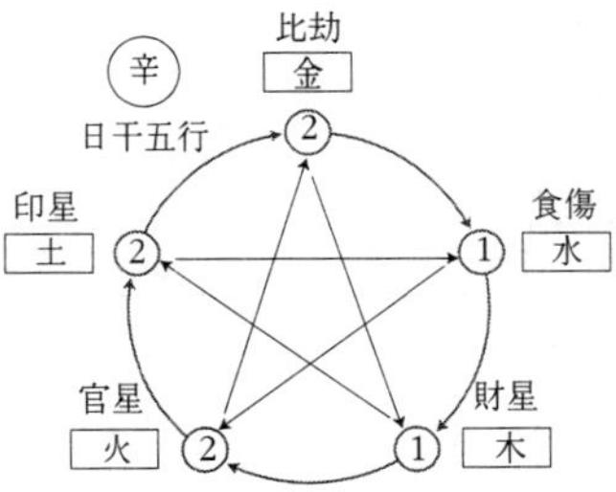

연	丙	寅	戊	丙	(甲)
월	丙	申	己戊	壬	(庚)
일	己	酉	庚	辛	(辛)
시	己	亥	戊	甲	(壬)

용신	水	기신	土
희신	木	변수 오행	

8	18	28	38	48	58	68
食	官	食	印	食	食	比
乙	甲	癸	壬	辛	庚	己
未 己	午 丁	巳 丙	辰 戊	卯 乙	寅 甲	丑 己
印	財	印	食	印	印	比
13	23	33	43	53	63	73

연습문제 74

남자 1987년 2월 18일(음) 申時生

대운수: 4 (초·(중)·정)氣生: 12 日 입절: 月 日

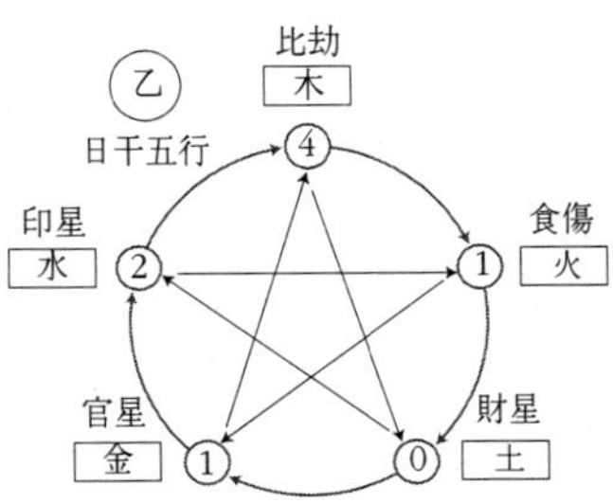

연	丁	卯	甲	(乙)	乙
월	癸	卯	甲	(乙)	乙
일	乙	丑	癸	(辛)	己
시	甲	申	己戊	(壬)	庚

용신	火	기신	水
희신	土	변수 오행	

4	14	24	34	44	54	64
食	比	官	印	財	食	印
壬	辛	庚	己	戊	丁	丙
寅 丙	丑 辛	子 癸	亥 甲	戌 丁	酉 辛	申 壬
印	比	財	食	官	印	食
9	19	29	39	49	59	69

연습문제 75

여자 1968년 9월 2일(음) 戌時生

대운수: 5 (초·중·㉧)氣生: 日 입절: 月 日

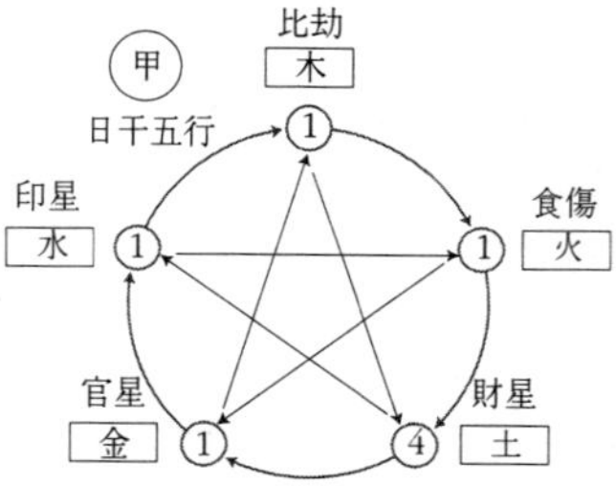

연	戊	申	己戊	壬	庚
월	壬	戌	辛	丁	戊
일	丙	寅	戊	丙	甲
시	甲	戌	辛	丁	戊

용신	水	기신	火
희신	金	변수 오행	

5	15	25	35	45	55	65
比	比	比	財	比	官	比
辛	庚	己	戊	丁	丙	乙
酉 辛	申 庚	未 己	午 丁	巳 丙	辰 戊	卯 乙
比	比	比	官	比	財	比
10	20	30	40	50	60	70

연습문제 76

여자 1956년 3월 24일(음) 戌時生

대운수: 10 (초·중·㉧)氣生: 日 입절: 月 日

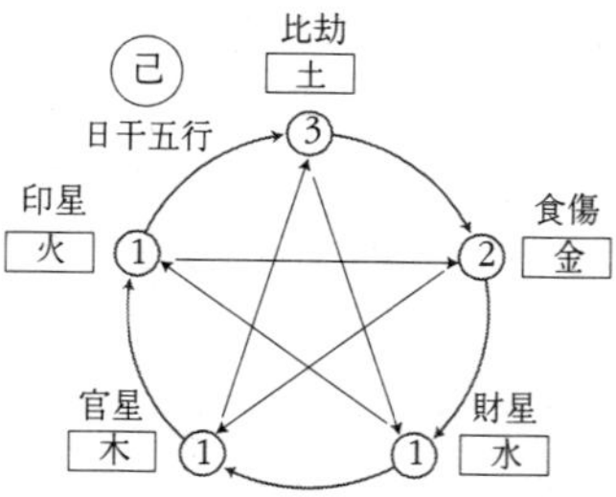

연	丙	申	己戊	壬	庚
월	壬	辰	乙	癸	戊
일	辛	未	丁	乙	己
시	甲	戌	辛	丁	戊

용신	水	기신	火
희신	金	변수 오행	

10	20	30	40	50	60	70
食	食	比	食	印	官	印
辛	庚	己	戊	丁	丙	乙
卯 乙	寅 甲	丑 己	子 癸	亥 壬	戌 戊	酉 辛
印	印	比	印	食	財	食
15	25	35	45	55	65	75

연습문제 77

여자 1963년 7월 18일(음) 丑時生

대운수: 1　　(초·중·㉨)氣生: 　日　　입절: 　月　日

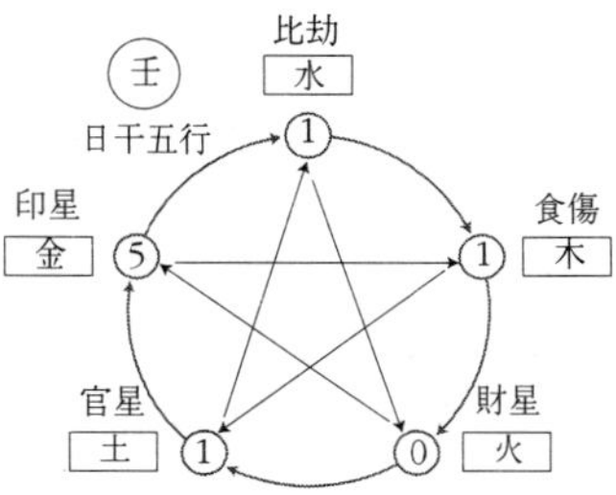

연	癸	卯	甲 乙 ㉠乙
월	庚	申	己戊 壬 庚
일	辛	亥	戊 甲 壬
시	辛	丑	癸 辛 己

용신	金	기신	木
희신	火	변수 오행	

1	11	21	31	41	51	61
比	印	比	財	食	財	財
辛	壬	癸	甲	乙	丙	丁
酉 辛	戌 戊	亥 壬	子 癸	丑 己	寅 甲	卯 乙
比	食	比	官	印	官	官
6	16	26	36	46	56	66

연습문제 78

여자 1955년 3월 28일(음) 酉時生

대운수: 6　　(초·중·㉨)氣生: 　日　　입절: 　月　日

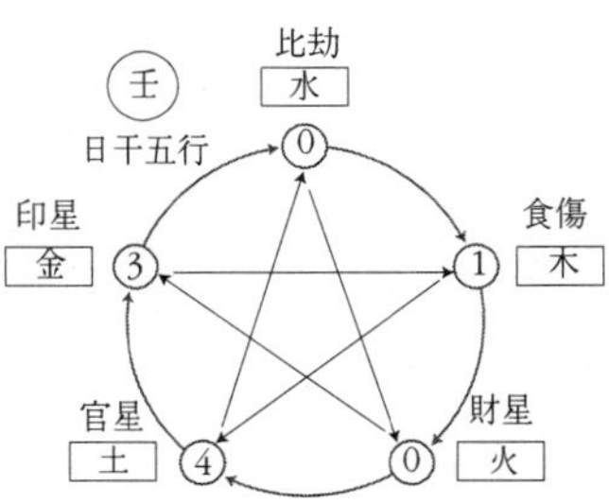

연	乙	未	丁 乙 己
월	庚	辰	乙 癸 戊
일	辛	亥	戊 甲 壬
시	己	酉	庚 辛 辛

용신	水	기신	木
희신	金	변수 오행	

6	16	26	36	46	56	66
印	食	印	印	印	官	印
辛	壬	癸	甲	乙	丙	丁
巳 丙	午 丁	未 己	申 庚	酉 辛	戌 戊	亥 壬
食	印	食	食	食	財	食
11	21	31	41	51	61	71

연습문제 79

남자 1986년 2월 20일(음) 辰時生

대운수: 2　(초·중·정)氣生: 日　입절: 月 日

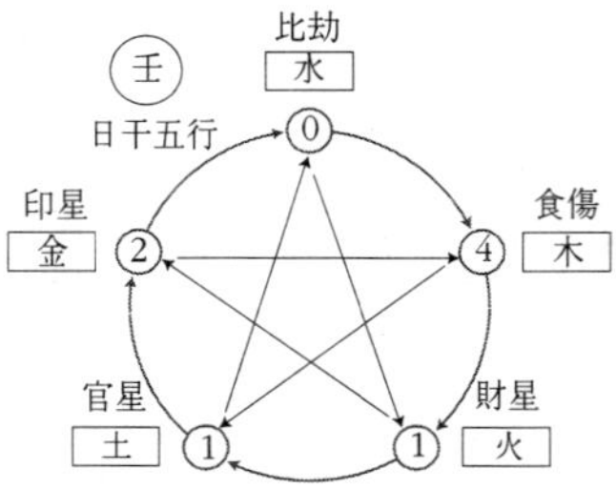

연	丙	寅	戊 丙 甲
월	辛	卯	甲 乙 乙
일	壬	申	己戊 壬 庚
시	甲	辰	乙 寅 戊

용신	水	기신	木
희신	金	변수 오행	

2	12	22	32	42	52	62
印	食	官	食	食	食	比
壬	癸	甲	乙	丙	丁	戊
辰 戊	巳 丙	午 丁	未 己	申 庚	酉 辛	戌 戊
食	印	財	印	印	印	比
7	17	27	37	47	57	67

연습문제 80

남자 1959년 2월 21일(음) 戌時生

대운수: 8　(초·중·정)氣生: 日　입절: 月 日

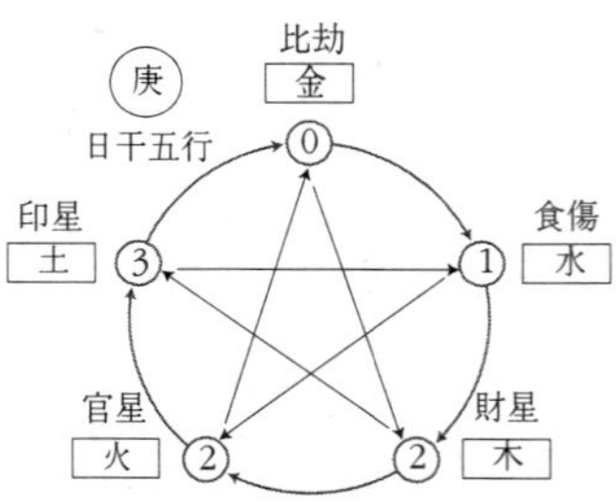

연	己	亥	戊 甲 壬
월	丁	卯	甲 乙 乙
일	庚	戌	辛 丁 戊
시	丙	戌	辛 丁 戊

용신	金	기신	水
희신	土	변수 오행	

8	18	28	38	48	58	68
財	食	財	比	印	比	比
丙	乙	甲	癸	壬	辛	庚
寅 甲	丑 己	子 癸	亥 壬	戌 戊	酉 辛	申 庚
官	印	官	比	食	比	比
13	23	33	43	53	63	73

연습문제 81

남자 1988년 4월 27일(양) 子時生

대운수: 3　(초·중·㉢정)氣生: 　日　입절: 　月　日

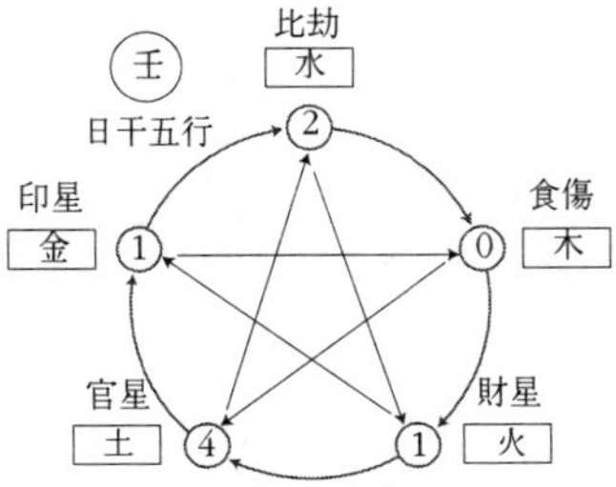

연	戊	辰	乙 癸 戊
월	丙	辰	乙 癸 戊
일	壬	子	壬 癸 癸
시	庚	子	壬 癸 癸

용신	金	기신	火
희신	木	변수 오행	

3	13	23	33	43	53	63
比	財	比	比	比	印	比
丁	戊	己	庚	辛	壬	癸
巳 丙	午 丁	未 己	申 庚	酉 辛	戌 戊	亥 壬
比	官	比	比	比	食	比
8	18	28	38	48	58	68

연습문제 82

남자 1983년 9월 12일(양) 申時生

대운수: 1　(㉢초·중·정)氣生: 5 日　입절: 　月　日

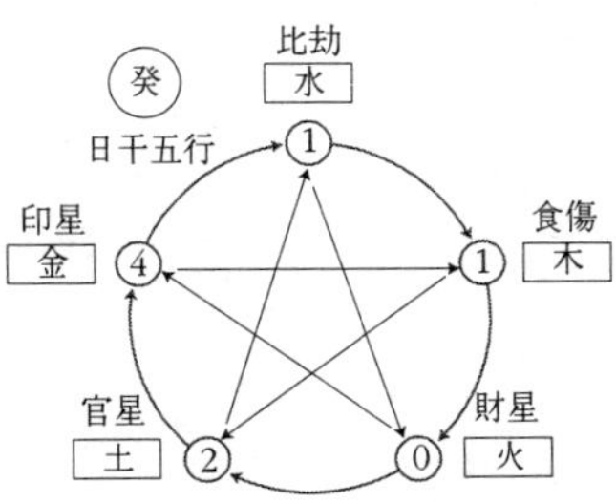

연	癸	亥	戊 甲 壬
월	辛	酉	庚 辛 辛
일	癸	卯	甲 乙 乙
시	庚	申	己戊 壬 庚

용신	火	기신	金
희신	木	변수 오행	

1	11	21	31	41	51	61
財	財	財	官	財	比	食
庚	己	戊	丁	丙	乙	甲
申 戊	未 丁	午 丙	巳 戊	辰 乙	卯 甲	寅 戊
官	官	官	財	官	比	印
6	16	26	36	46	56	66

연습문제 83

남자 1961년 11월 17일(음) 戌時生

대운수: 6　(초·중·㉢)氣生: 日　입절: 月 日

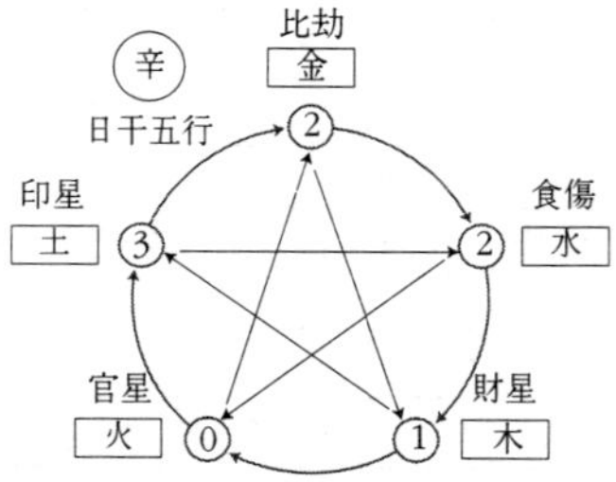

연	辛	丑	癸 辛 ㉠己
월	庚	子	壬 癸 ㉠癸
일	辛	卯	甲 乙 ㉠乙
시	戊	戌	辛 丁 ㉠戊

용신	火	기신	土
희신	水	변수 오행	

6	16	26	36	46	56	66
食	比	食	食	食	官	食
己	戊	丁	丙	乙	甲	癸
亥 壬	戌 戊	酉 辛	申 庚	未 己	午 丁	巳 丙
印	比	印	印	印	財	印
11	21	31	41	51	61	71

연습문제 84

여자 1987년 10월 28일(양) 午時生

대운수: 4　(초·중·㉢)氣生: 日　입절: 月 日

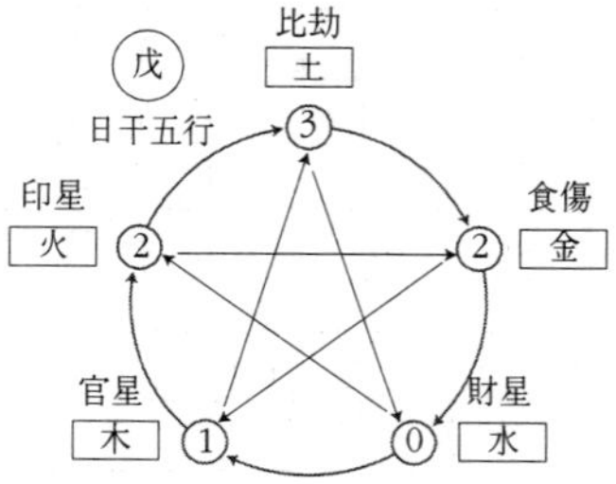

연	丁	卯	甲 乙 ㉠乙
월	庚	戌	辛 丁 ㉠戊
일	庚	戌	辛 丁 ㉠戊
시	戊	午	丙 己 ㉠丁

용신	水	기신	火
희신	金	변수 오행	

4	14	24	34	44	54	64
官	比	印	比	比	官	比
辛	壬	癸	甲	乙	丙	丁
亥 壬	子 癸	丑 己	寅 甲	卯 乙	辰 戊	巳 丙
財	比	食	比	比	財	比
9	19	29	39	49	59	69

연습문제 85

남자 1964년 12월 23일(음) 巳時生

대운수: 3　(초·중·정)氣生: 日　입절: 月 日

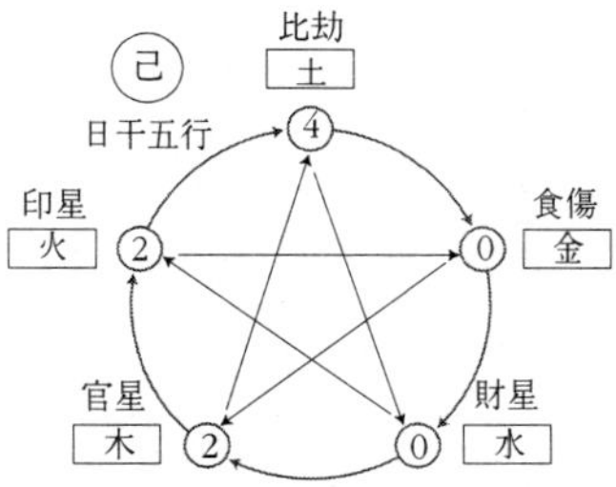

연	甲	辰	乙 癸 戊
월	丁	丑	癸 辛 己
일	己	卯	甲 乙 乙
시	己	巳	戊 庚 丙

용신	金	기신	火
희신	水	변수 오행	

3	13	23	33	43	53	63
印	印	財	印	食	印	印
戊	己	庚	辛	壬	癸	甲
寅 甲	卯 乙	辰 戊	巳 丙	午 丁	未 己	申 庚
食	食	官	食	印	食	食
8	18	28	38	48	58	68

연습문제 86

남자 1985년 1월 6일(양) 午時生

대운수: 10　(초·중·정)氣生: 2 日　입절: 月 日

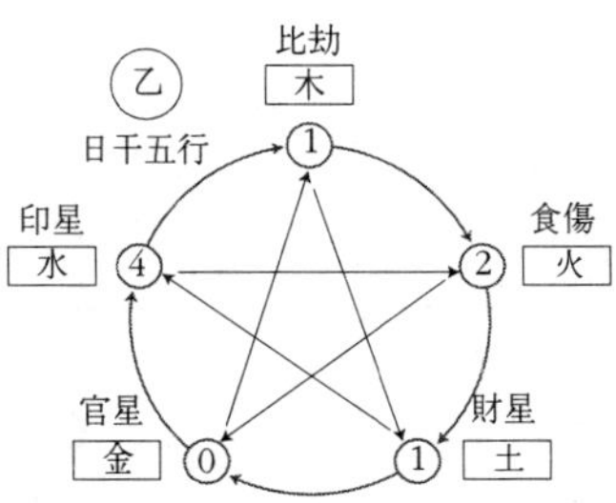

연	甲	子	壬 癸 癸
월	丁	丑	癸 辛 己
일	乙	巳	戊 庚 丙
시	壬	午	丙 己 丁

용신	金	기신	水
희신	土	변수 오행	

10	20	30	40	50	60	70
比	印	食	財	食	食	食
戊	己	庚	辛	壬	癸	甲
寅 戊	卯 甲	辰 乙	巳 戊	午 丙	未 丁	申 己
比	食	印	官	印	印	印
15	25	35	45	55	65	75

연습문제 87

남자 1954년 4월 24일(음) 寅時生

대운수: 4　(초·중·㊣)氣生: 日　입절: 月 日

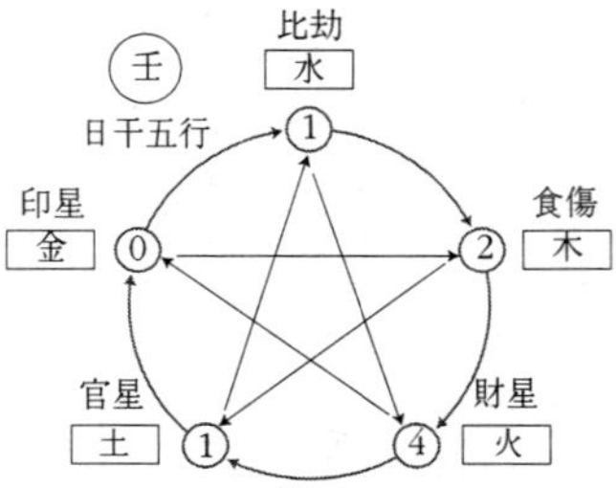

연	甲	午	丙 己 ㊣丁
월	己	巳	戊 庚 ㊣丙
일	壬	午	丙 己 ㊣丁
시	壬	寅	戊 丙 ㊣甲

용신	火	기신	水
희신	土	변수 오행	

4	14	24	34	44	54	64
印	財	財	財	食	財	印
庚	辛	壬	癸	甲	乙	丙
午 丁	未 己	申 庚	酉 辛	戌 戊	亥 壬	子 癸
食	官	官	官	印	官	食
9	19	29	39	49	59	69

연습문제 88

여자 1941년 12월 17일(음) 卯時生

대운수: 1　(초·중·㊣)氣生: 日　입절: 月 日

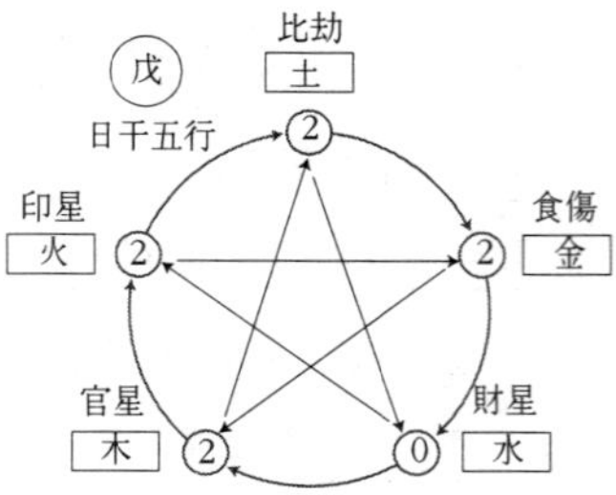

연	辛	巳	戊 庚 ㊣丙
월	辛	丑	癸 辛 ㊣己
일	丙	戌	辛 丁 ㊣戊
시	乙	卯	甲 乙 ㊣乙

용신	水	기신	木
희신	金	변수 오행	

1	11	21	31	41	51	61
官	官	食	官	比	官	官
壬	癸	甲	乙	丙	丁	戊
寅 甲	卯 乙	辰 戊	巳 丙	午 丁	未 己	申 庚
財	財	印	財	比	財	財
6	16	26	36	46	56	66

연습문제 89

남자 2001년 8월 18일(양) 亥時生

대운수: 4　(초·(중)·정)氣生: 12 日　입절: 月 日

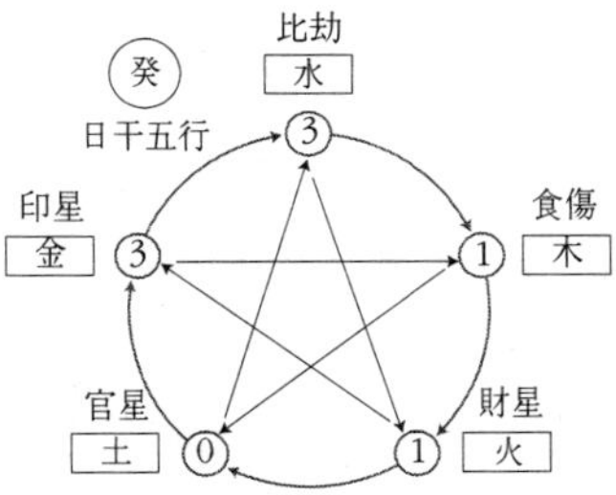

연	辛	巳	戊 (庚) 丙
월	丙	申	己戊 (壬) 庚
일	癸	丑	癸 (辛) 己
시	癸	亥	戊 (甲) 壬

용신	木	기신	金
희신	土	변수 오행	

4	14	24	34	44	54	64
比	食	財	比	食	印	官
乙	甲	癸	壬	辛	庚	己
未 乙	午 己	巳 庚	辰 癸	卯 乙	寅 丙	丑 辛
比	印	官	比	印	食	財
9	19	29	39	49	59	69

연습문제 90

남자 1983년 9월 23일(양) 亥時生

대운수: 5　(초·중·(정))氣生: 日　입절: 月 日

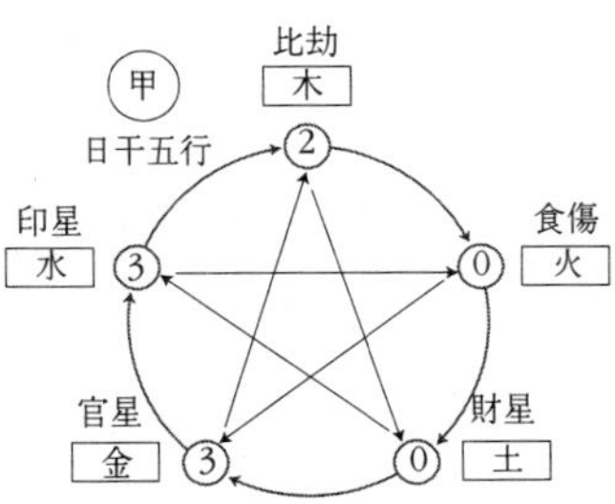

연	癸	亥	戊 甲 (壬)
월	辛	酉	庚 辛 (辛)
일	甲	寅	戊 丙 (甲)
시	乙	亥	戊 甲 (壬)

용신	火	기신	水
희신	土	변수 오행	

5	15	25	35	45	55	65
比	比	財	比	官	比	比
庚	己	戊	丁	丙	乙	甲
申 庚	未 己	午 丁	巳 丙	辰 戊	卯 乙	寅 甲
比	比	官	比	財	比	比
10	20	30	40	50	60	70

연습문제 91

남자 1968년 9월 18일(음) 寅時生

대운수: 10　(초·중·정)氣生: 2 日　입절: 月 日

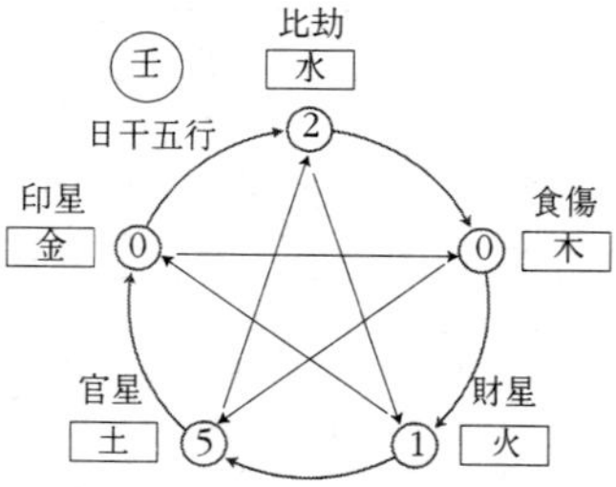

연	戊	申	㉠己戊 壬 庚
월	癸	亥	(戊) 甲 壬
일	壬	午	(丙) 己 丁
시	壬	寅	(戊) 丙 甲

용신	土	기신	水
희신	金	변수 오행	

10	20	30	40	50	60	70
財	財	官	財	印	比	印
甲	乙	丙	丁	戊	己	庚
子 壬	丑 癸	寅 戊	卯 甲	辰 乙	巳 戊	午 丙
官	官	財	官	食	比	食
15	25	35	45	55	65	75

연습문제 92

남자 1971년 3월 24일(양) 丑時生

대운수: 6　(초·중·정)氣生: 日　입절: 月 日

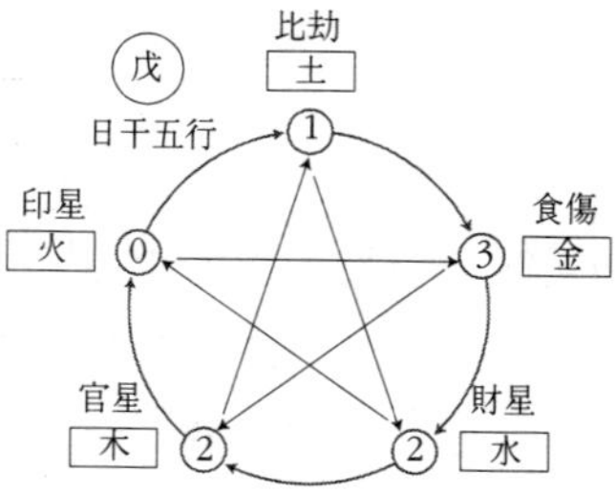

연	辛	亥	戊 甲 (壬)
월	辛	卯	甲 乙 (乙)
일	戊	申	己戊 壬 (庚)
시	癸	丑	癸 辛 (己)

용신	水	기신	土
희신	木	변수 오행	

6	16	26	36	46	56	66
食	比	食	印	官	印	印
庚	己	戊	丁	丙	乙	甲
寅 甲	丑 己	子 癸	亥 壬	戌 戊	酉 辛	申 庚
印	比	印	食	財	食	食
11	21	31	41	51	61	71

연습문제 93

남자 1946년 9월 11일(음) 丑時生

대운수: 1　(초·중·정)氣生: 日　입절: 月 日

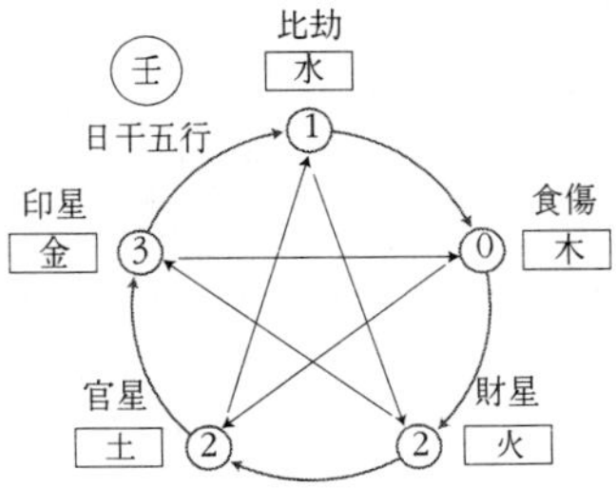

연	丙	戌	辛 丁 戊
월	丁	酉	庚 辛 辛
일	壬	子	壬 癸 癸
시	辛	丑	癸 辛 己

용신	木	기신	金
희신	火	변수 오행	

1	11	21	31	41	51	61
比	食	官	財	官	官	食
戊	己	庚	辛	壬	癸	甲
戌 戊	亥 壬	子 癸	丑 己	寅 甲	卯 乙	辰 戊
比	印	財	官	財	財	印
6	16	26	36	46	56	66

연습문제 94

남자 1952년 2월 20일(음) 戌時生

대운수: 7　(초·중·정)氣生: 10 日　입절: 月 日

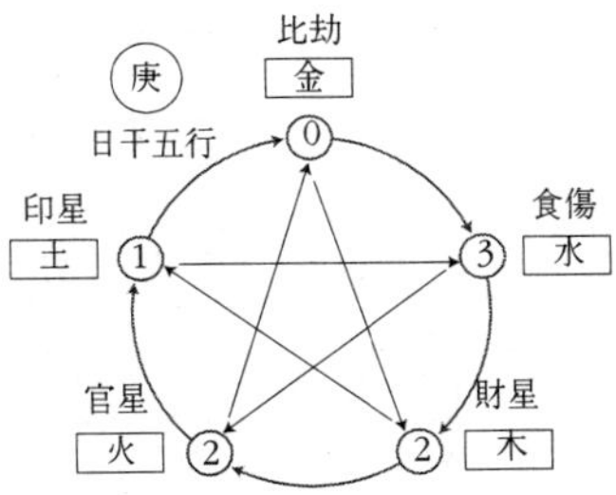

연	壬	辰	乙 癸 戊
월	癸	卯	甲 乙 乙
일	庚	申	己 戊 壬 庚
시	丙	戌	辛 丁 戊

용신	木	기신	土
희신	金	변수 오행	

7	17	27	37	47	57	67
財	印	比	財	比	官	印
甲	乙	丙	丁	戊	己	庚
辰 癸	巳 庚	午 丙	未 乙	申 戊	酉 庚	戌 丁
官	食	比	官	比	財	食
12	22	32	42	52	62	72

연습문제 95

남자 1985년 2월 3일(양) 午時生

대운수: 1 (초·중·㉧)氣生: 日 입절: 月 日

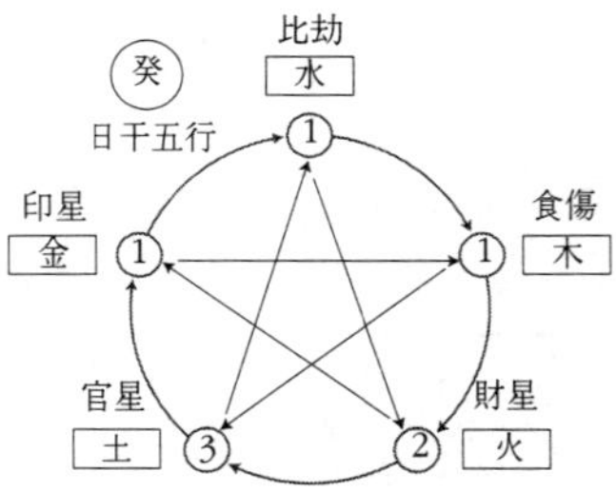

연	甲	子	壬 癸 ㉦
월	丁	丑	癸 辛 ㉠
일	癸	酉	庚 辛 ㉦
시	戊	午	丙 己 ㉠

용신	金	기신	木
희신	土	변수 오행	

1	11	21	31	41	51	61
印	印	財	印	食	印	印
戊	己	庚	辛	壬	癸	甲
寅 甲	卯 乙	辰 戊	巳 丙	午 丁	未 己	申 庚
食	食	官	食	印	食	食
6	16	26	36	46	56	66

연습문제 96

여자 1969년 11월 22일(음) 丑時生

대운수: 2 (초·중·㉧)氣生: 日 입절: 月 日

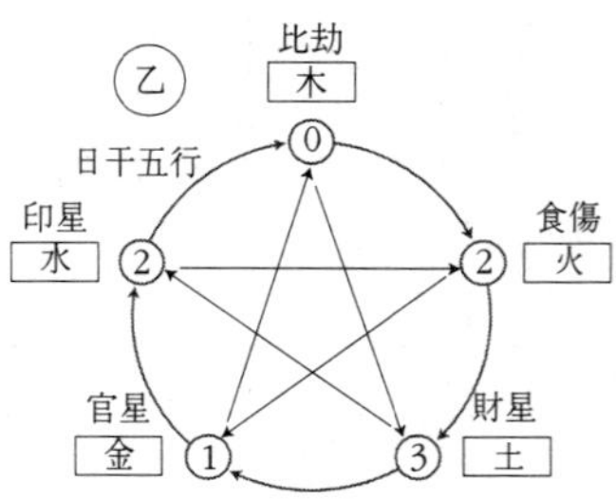

연	己	酉	庚 辛 ㉦
월	丙	子	壬 癸 ㉦
일	己	卯	甲 乙 ㉠
시	丁	丑	癸 辛 ㉠

용신	木	기신	火
희신	水	변수 오행	

2	12	22	32	42	52	62
官	印	印	財	印	食	印
丁	戊	己	庚	辛	壬	癸
丑 己	寅 甲	卯 乙	辰 戊	巳 丙	午 丁	未 己
財	食	食	官	食	印	食
7	17	27	37	47	57	67

연습문제 97

남자 1986년 12월 16일(음) 辰時生

대운수: 7 (초·(중)·정)氣生: 10 日 입절: 月 日

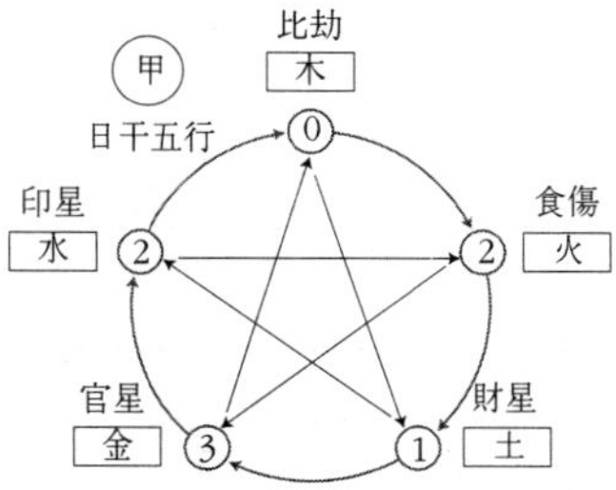

연	丙	寅	戊 (丙) 甲
월	辛	丑	癸 (辛) 己
일	甲	子	(壬) 癸 癸
시	戊	辰	乙 (癸) 戊

용신	木	기신	火
희신	水	변수 오행	

7	17	27	37	47	57	67
食	官	財	印	比	財	比
壬	癸	甲	乙	丙	丁	戊
寅 丙	卯 甲	辰 癸	巳 庚	午 丙	未 乙	申 戊
印	財	官	食	比	官	比
12	22	32	42	52	62	72

연습문제 98

남자 1988년 11월 11일(양) 酉時生

대운수: 9 ((초)·중·정)氣生: 5 日 입절: 月 日

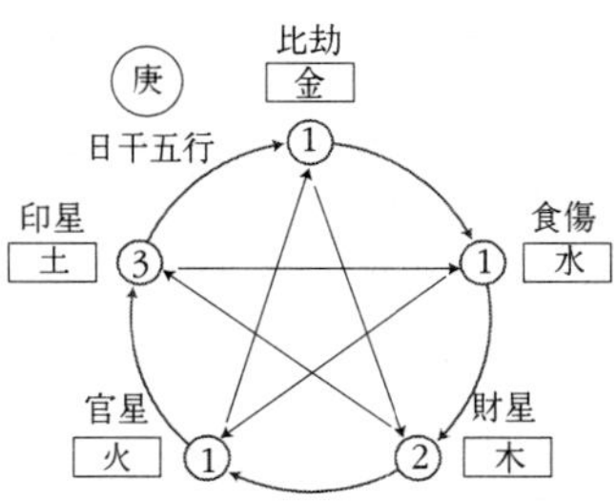

연	戊	辰	(乙) 癸 戊
월	癸	亥	(戊) 甲 壬
일	庚	午	(丙) 己 丁
시	乙	酉	(庚) 辛 辛

용신	火	기신	水
희신	木	변수 오행	

9	19	29	39	49	59	69
財	財	官	財	印	比	印
甲	乙	丙	丁	戊	己	庚
子 壬	丑 癸	寅 戊	卯 甲	辰 乙	巳 戊	午 丙
官	官	財	官	食	比	食
14	24	34	44	54	64	74

연습문제 99

여자 1984년 12월 8일(음) 申時生

대운수: 8 (초·중·㉧)氣生: 日 입절: 月 日

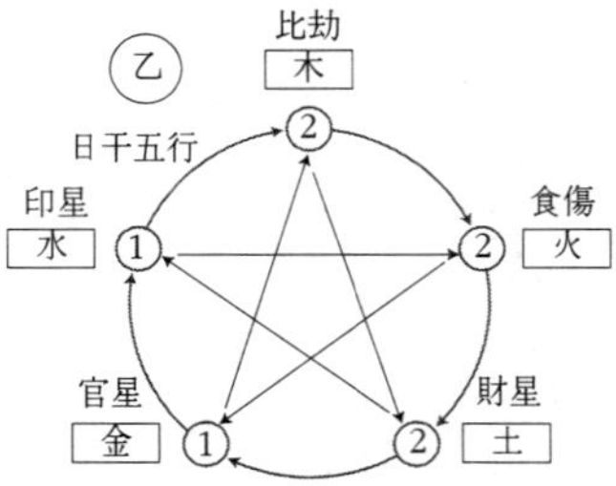

연	甲	子	壬 癸 ㊂癸
월	丁	丑	癸 辛 ㊂己
일	丁	卯	甲 乙 ㊂乙
시	甲	申	己戊 壬 ㊂庚

용신	水	기신	火
희신	金	변수 오행	

8	18	28	38	48	58	68
印	財	食	財	財	財	印
丙	乙	甲	癸	壬	辛	庚
子 癸	亥 壬	戌 戊	酉 辛	申 庚	未 己	午 丁
食	官	印	官	官	官	食
13	23	33	43	53	63	73

연습문제 100

남자 1978년 8월 19일(음) 酉時生

대운수: 6 (초·중·㉧)氣生: 日 입절: 月 日

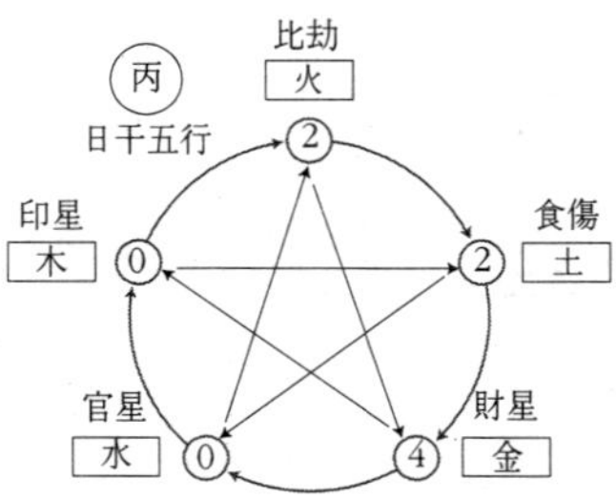

연	戊	午	丙 己 ㊂丁
월	辛	酉	庚 辛 ㊂辛
일	丙	戌	辛 丁 ㊂戊
시	丁	酉	庚 辛 ㊂辛

용신	木	기신	土
희신	水	변수 오행	

6	16	26	36	46	56	66
印	比	財	食	財	財	比
壬	癸	甲	乙	丙	丁	戊
戌 戊	亥 壬	子 癸	丑 己	寅 甲	卯 乙	辰 戊
食	比	官	印	官	官	比
11	21	31	41	51	61	71

부 록

사주감정의 두 가지 방법

• 唐四柱式 單式看命法

十=神殺, 十=運星, 諸神殺위주로 看命하고

用神은 旺, 相, 休, 囚, 死 아니면 調候法 등을 이용하는 看命術이다.

[예 1] **坤命** 대운 4

연주(생년)	甲	寅
월주(생월)	壬	申
일주(생일)	辛	卯
시주(생시)	丁	酉

- 金이 3이고 木이 3이니 물로써 中和하리라.
- 불로써 차가움을 제거하니 특별한 기술로 이름을 이루리라.
- 남편을 따라 해외로 나가 영광의 길로 나아가니 외국어학을 특별히 익혀라.
- 16~17세 때에 근면의 공이 있고, 19세에 하늘의 도움이 있으리라.
- 28~29세에 부군이 흥하고 30세 후 점점 좋아지리라.
- 33세에는 길한 가운데 근신하며 궁지의 사람을 구하면 해가 될 수 있다.
- 74세 후는 수양을 근본으로 삼을 지어라.

[예 2] **坤命** 대운 2

연주(생년)	癸	巳
월주(생월)	甲	寅
일주(생일)	辛	亥
시주(생시)	己	丑

- 辛金의 성질은 壬水로써 티끌을 씻어내고 巳火의 온기와 甲木을 소토하니, 특수한 재능으로 출세할 자질요, 만혼이 당연하고, 중년이 비록 길하나 뛰어난 자를 시샘함이 세상의 상정이요, 몸이 약한 것이 흠이다.
- 40세 이후 특별히 하늘이 도우리니 53세 이후 20년 동안 대길하리라.

[예 3] 坤命 대운 6

연주(생년)	辛 未
월주(생월)	戊 戌
일주(생일)	癸 亥
시주(생시)	丙 辰

- 戊月의 癸水가 日支에 亥水를 놓아 득지로 身旺하고 戊辰戌未 4土가 있어 明暗이 교집된 명조로 음탕한 사주로 구성되어 있다.
- 이런 경우 음日干에 多逢官殺하니 기생팔자다.

[예 4] 坤命 대운 6

연주(생년)	壬 子
월주(생월)	癸 丑
일주(생일)	庚 申
시주(생시)	丙 戌

- 12월 엄동설한인 丑月庚金이 늦은 시간인 戌時에 태어나고 사주구성이 金水태왕하여 차가운 명조이므로 조후용신으로 丙火를 써야 한다.

[예 5] 坤命 대운 4

연주(생년)	己 未
월주(생월)	丁 丑
일주(생일)	乙 未
시주(생시)	己 卯

- 月支에 편재가 있고 月支 지장간 중 己土 편재가 투출하여 편재격 재다신약하여 비겁이 필요하니 신왕재왕 운이면 부귀겸존할 명조다.

[예 6] 坤命 대운 5

연주(생년)	甲 午
월주(생월)	戊 辰
일주(생일)	丙 午
시주(생시)	甲 午

- 이 명조는 木火가 세를 이루어 比劫이 당을 구성하여 辰중의 水를 제압하고자 하는 뜻이다. 원국의 辰庫가 열리지 않으니 제압하기 어렵다. 즉, 대운이 亥子 水운에 이르러 辰중의 水를 인출하니 원국 중의 火에게 水가 제압을 당하여 이 20년 동안 發財하였다.

• **子平式 復式看命法**

徐子年의 看命術을 모범으로 하는 看命法이다. 그래서 日干을 중심으로 하는 生, 剋, 制, 化 및 六神의 동태에 의해서 吉, 凶을 판단하고 또 用神은 초, 중, 정기별 지장간을 代入하여 日干의 身弱, 身强에 따르는 抑扶用神法에 준거해서 運命(destiny=하느님의 계획)을 읽어내는 看命術이다. 이 책은 子平 易理만을 따르는 易理와 易術이다.

이제는 버려야 할 神殺들

• **부적(符籍)**

道敎 등 민간 신앙에서 하는 일로, 악귀와 잡신을 쫓고 재앙을 물리치기 위해 붉은 글씨 모양의 것을 야릇하게 그려 몸에 지니거나 집에 붙이는 종이 또는 물건, 조각물 따위 등 命理學과는 아무 관련이 없다.

• **삼재(三災)**

띠는 모두 12개의 띠가 있고, 3재에 해당하는 띠가 3개씩이다. 그러므로 3개 (3재 띠)÷ 12(12支)=0.25=25%

3재년	3재에 해당되는 띠
寅 · 卯 · 辰	申 · 子 · 辰
巳 · 午 · 未	亥 · 卯 · 未
申 · 酉 · 戌	寅 · 午 · 戌
亥 · 子 · 丑	巳 · 酉 · 丑

이 25%는 우리나라 모든 사람 중 25%가 매년 삼재에 해당된다는 논리다.

2010년 현재 우리나라 인구인 5,000만명×25%면 12,500,000명이다. 이들이 매년 3재(天災, 地災, 人災)에 해당되는 고통을 받는다는 말인데 실제로 그럴까? 이런 말을 믿는 것이 바로 미신을 믿는 것이다.

• 백호대살(白虎大殺)

원래는 호랑이에게 물려서 피 흘리고 죽는다는 殺인데 옛날 마을이나 뒷동산에 까지 호랑이가 어슬렁 거리던 그야말로 호랑이 담배먹던 시절의 이야기다. 그러다 보니 현대에는 교통사고로 피 흘리거나 죽는다는 殺로 변형된 凶殺이다.

이 백호살이 사주에 있으면 본인이 아니면 부모 형제 자식 중에 누군가가 교통사고를 당한다고 겁을 주고 부적 따위를 강매한다. 이런 역술인이나 무속인 따위의 말에 귀가 솔깃한 것이 바로 미신을 믿는 것이다.

백호살은 60갑자 干支 중에 7개의 干支가 있다. 60甲子 중 백호대살 干支는 甲辰, 乙未, 丙戌, 丁丑, 戊辰, 壬戌, 癸丑의 7개 干支다.

그러면 인구 5,000만명 중 약 12%(7÷60갑자=0.12=12%)가 교통사고를 당한다는 말이 된다.

다시 말해서 매년 6,000,000만명이 교통사고 등의 흉사를 당한다는 숫자가 나온다. 과연 그럴까? 절대 아니다.

박정희 전 대통령(1917. 11. 14~1979. 10. 26)
사주간명 14선

알 림

- 박정희 전 대통령의 看命 14選은 국내 역술인들의 감정을 무작위로 게재했음.
- 사주 양식 및 대운 양식은 편의상 통일시켰음.
- 간명 내용은 간명자의 간명 내용을 무삭제 그대로 전재(轉載=그대로 옮겨 실음)했음.
- 그러므로 오자(誤字)도 있을 수 있음.

고 박정희 대통령의 사주감정을 실은 까닭

감정 내용을 보노라면 결론은 같으나 감정 방식은 십인십색이다. 왜냐? 감정인 마다 적용하는 用神法이나 傳達 감정 방식이 제 각각이기 때문이다. 이 책에서 배운대로 八字分數圖(=用神公式)과 再六神으로 大運을 간명해보아라. 그랬다면 몇 명이 간명하든 간에 모두 똑같은 看命이 나올 것이다.

그래서 八字分數圖와 再六神의 위력을 몸소 체험하고 운명 상담에 자신감을 가지라는 뜻에서 소개하는 것이다.

여기에 소개하는 사주감정사 중 어느 누구도 초, 중, 정기를 따지지 않고 정기생으로만 간명했다. 고 박정희 대통령은 초기생이다. 초기생, 중기생을 구별하지 않고 초기생도 정기생으로 보았을 때와 비교해 보아라. 生氣를 따져 보아야 하는 이유를 알 것이다.

간명사례 1 　박정희 1917년 9월 30일(음) 寅時生　대운수: 3

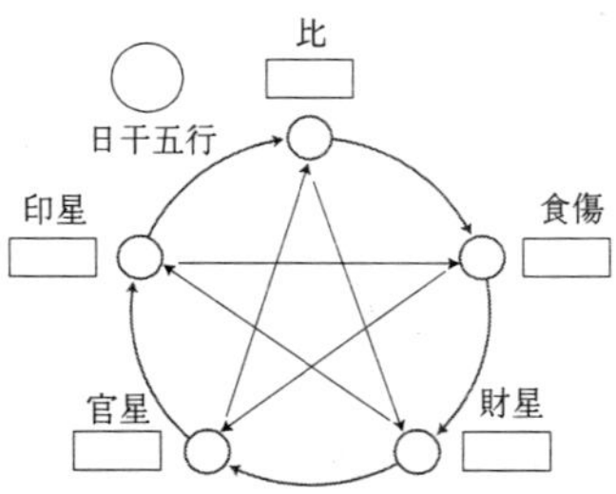

연주(생년)	丁　巳
월주(생월)	辛　亥
일주(생일)	庚　申
시주(생시)	戊　寅

用神	火	喜神	
忌神		仇神	

庚	己	戊	丁	丙	乙	甲
戌	酉	申	未	午	巳	辰
3	13	23	33	43	53	63

1) 이 사주는 몇 백만명 중 한 명 정도 나타나는 아주 보기 드문 사주이다. 巳亥沖·寅申沖을 寅亥合·巳申合으로 沖氣를 合으로 화해한다.
위처럼 四孟格의 眞格이 되면 3부 대신의 지위에 오르는 극히 귀한 인물이 된다(子平書). 그러나 여자가 四孟格이 되면 불행해 진다. 위 사주는 특히 庚金 日干을 美命으로 본다.

2) 用神은 庚金 日干이 亥水 食神월에 태어나 설기(洩氣)가 되나 月干에 辛金이 있고 또 日支가 申金여서 自强하다. 특히 이 사주는 巳火가 用神이어서 더욱 貴하다. 丁火가 노출하여 巳火가 丁火의 帝旺으로 用神이어서 더욱 貴하다. 또 戊土 時干이 時支寅木 중에서 노출하여 長生이 되어 日干 庚金을 도와주고 있다.

또 巳火 偏官이 用神이니 틀림없이 군인이 된다.
日干 庚金 巳火에서 노출되니 더욱 貴한 命運(=四柱)가 된다. 日干 用神중에서 노출이 되면 더욱 좋아지는 것이 四柱法의 하나다.

3) 난세에는 영웅적인 인재가 등장해야 그 난세가 수습이 된다. 그렇지만 반드시 독

재정치가 뒤따르게 된다. 이는 역사가 잘 보여주고 있는 것으로써 이성계, 드골 대통령, 이등박문 등이 그러하다. 이 사주는 난세의 인물이지 평화로운 때의 인물은 아니다.

4) 이 사주에서 나쁜 점은 庚申 日柱로 自强한 日支의 사주는 남, 여를 불문하고 배우자와 살다가 헤어지거나 또는 죽어서 이별하는 경우가 많다는 점이다.
甲寅日柱·丙午日柱·辛酉日柱·戊辰日柱·戊戌日柱·壬子日柱·庚申日柱 등인데 日支를 沖하게 되면 사건이 발생하는 반면 合이 되면 배우자가 생긴다.

5) 1979(己未)년은, 이 사주로 봐서 불행한 行運이다.
63세는 甲木 대운으로 甲木은 喜神이다. 己未(1979)년의 己土와 甲己 合化土로 甲木이 변신하여 閑神이 되고 南方 火 대운에서 東方 木 대운으로 이식(移植)이 되는 대운의 해이다. 그것을 接木運이라 한다.

다시 말하면, 나무를 다른 장소로 옮기게 되면 그 뿌리가 자리를 잡기 까지는 생기가 없는데다가 강압으로 변화를 주는 것과 같다.
이처럼 63세가 되는 己未(1979)년은 접목운이 된다. 大運을 보면 32세부터 62세까지는 전성기로 南方 火氣運인 것이다. 그러나 32세 이전은 파란 곡절이 많다.

간명사례 2 　 박정희 1917년 9월 30일(음) 寅時生 　 대운수 : 2

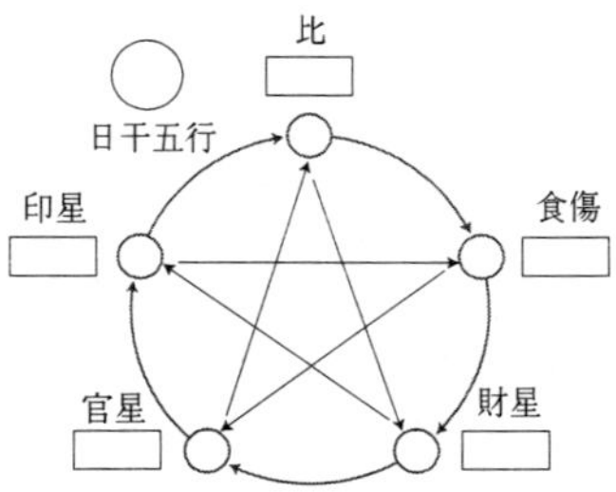

연주(생년)	丁 巳
월주(생월)	辛 亥
일주(생일)	庚 申
시주(생시)	戊 寅

用神	火	喜神	
忌神	木	仇神	

2	12	22	32	42	52	62
庚	己	戊	丁	丙	乙	甲
戌	酉	申	未	午	巳	辰

庚申 일생이 亥월 水旺當節에 출행하여 眞傷官格을 이룬 중에 日支 申金에 祿을 놓고 年支 巳火에 長生을 놓았으며 時上에 戊土가 日主를 도와준다고는 하나 亥월에 설기태심하고 四柱元局이 金生水로 한냉하니 年上 丁火正官으로 調候用神을 삼는데 다행히 南方 火運으로 大運이 흐른 극부극귀(極富極貴)할 운명이다.

특히 이 사주가 寅·申·巳·亥로 四柱之局과 年月에 財·官·印 三奇를 놓고 亥가 天關, 申이 地軸으로 天關地軸을 놓았으니 貴格으로 판단하게 된다. 또한 寅申巳亥를 다 놓았는데 이 寅申巳亥의 뜻을 알아보면 寅자는 봄철의 시작인 立春이 되고 巳자는 여름의 초기인 立夏가 되고, 申자는 가을철의 초기인 立秋가 되고 亥자는 겨울철의 초기인 立冬으로 이루어졌으므로 四季節의 첫 자가 된다고 하여 四孟格 또는 四生之格이라고도 한다.

즉, 이것은 寅申沖·巳亥沖으로 四柱가 이루어졌으나 寅亥·巳申으로 合을 이루어 沖하는 것을 소명시키게 되어 貴格으로 작용한다고 하는데 大運이 잘 흐르면 三公의 자리에 올라 大富大貴할 팔자로 그 이름이 천하에 떨친다고 하였다. 이 사주가 寅巳申으로 三形殺을 놓았으니 군경이나 의약사, 판검사 또는 자객(刺客)등의 직업으로 출세할 팔자로 판단하게 된다.

그리고 用神이 火氣가 되니 水氣가 病神이 되고 金氣는 仇神이 되는데 출생한 후부터 31세까지 약 30년 간의 대운이 西쪽 申酉戌 金局이 되어 仇神운으로 흐르니 대운이 불길한데 다행히 개두(蓋頭)에 戊己土 藥神으로 대운이 흐르매 軍으로 진출하여 한국전쟁 동안은 주로 육군본부 정보국에서 근무하다가 1953(癸巳)년에 장군으로 진급하여 1954(甲午)년에 제2군단 포병사령관, 1955(乙未)년에 제1군 참모장, 1960(庚子)년에 육군 군수기지 사령관, 제1관구 사령관, 육군본부 작전참모부장을 거쳐 1961(辛丑)년애 제2군부 사령관이 되었다.

박정희 씨의 과거를 회고해 보면,
2년 7개월(9백45일)간 최고통치기구로 군림해 온 국가최고재건회의를 민정이양의 전야 1963(癸卯)년 12얼 16일 오후 2시에 해체하고 이 해 12월 17일에 제6대 국회개원과 동시에 제5대 대통령으로 박정희 장군이 취임한 후 제 5, 6, 7, 8, 9대 대통령을 지냈다.

박정희 씨가 이와 같이 대통령에 당선된 것은 일생일대의 황금운인 丙午대운과 癸卯(1963)년의 卯가 月支亥와 亥卯로 木局을 이루어 박정희 씨는 대한민국 대통령으로서 5대에 걸쳐 재임하는 동안 우리나라 근대화 작업에 크나큰 업적을 이룩하였다는 평을 받고 있다.

그러나 1974(甲寅)년 8·15 광복절 기념식장에서 박정희 대통령의 영부인 陸英修 여사가 재일교포 文世光의 총탄의 총탄에 맞아 피살당하였는데 이 해가 乙巳대운으로 寅申 相沖과 巳亥相沖으로 사주 여덟 글자가 폭발진동하니 큰일이 일어나게 될 해이다.

즉, 寅申 相沖으로 甲木과 丙火가 다 타버리고 巳亥 沖 역시 水·火가 서로 싸우는 형상으로 하필이면 육영수 여사가 사망하기에 이르렀다.

또한 박정희 사주의 日柱가 庚申일인데 庚은 甲과 甲은 寅과 天沖地沖을 이루니 妻가 되는 財인 甲·寅木이 庚·申木, 즉 甲·寅木이 쓰러지는 이치가 되어서 이와 같은 비극이 일어나게 되었다는 사실이다.

그런데 박정희 대통령은 어찌하여 무사하였는가가 문제될 것이다. 이 해(1974, 甲寅년)가 58세 乙巳대운이니 乙木 財는 육영수 여사로서 乙庚으로 合化하여 金氣로 化하게 되니 乙木은 金氣로 가버리고 마는 理致가 되어서 박 대통령은 더욱 강해지는 동시에 巳火 用神의 뿌리가 되어서 무방하였다는 사실이다.

1979년(己未)년 甲戌월 丙寅일 戌시(10월 26일 오후 7시)에 평소 가장 신임인 두텁고 가장 사랑한 고향 사람인 김재규씨에게 피살당하는 비운을 맞이하였다. 이때가 63세 대운이 甲辰대운으로 접목운이 된다.

즉, 접목운이라고 하는 것은 글자 그대로 나무를 옮겨 심으면 그 뿌리가 자리를 잡기까지는 나무가지와 이파리는 말라죽기 직전에 다다르게 된다. 즉 계절이 바뀌는 순간들의 연령을 가르키는 것으로 강한 運氣일수록 피해는 크고 약할수록 피해는 적은 법이다.

이 사주는 四生之局에다가 正官用神으로 나라가 어려울 때에 적합한 사주로 한때는 사상범으로 구형까지 받은 처지였으나 귀인의 도움으로 감형을 받았는데 이는 '巳' 字에 暗祿이란 吉神을 놓은 까닭이다.

특히 박대통령이 본처와 이별 후 재취하고 또 그 처가 사망한 원인은
첫째로, 干與支同이 되는 庚申日柱이고 둘째로, 日支 申金이 고진살(孤嗔殺)이며 셋째로, 日時가 相沖·刑이 된 점 넷째로, 群劫爭財인데 이와 같이 사주가 구성되면 그 처와 生別, 死別을 거듭할 팔자라고 판단하게 된다.

또한 박정희 씨가 대통령까지 오르게 된 것은 大運이 중년부터 잘 흐르는 원인이 있겠으나 그의 부인인 육영수 여사의 사주로 火가 용신이 되는 관계로 그의 남편을 잘 보좌하는 사주가 되어 박정희 씨가 육영수 여사와 결혼 후부터 운이 풀리기 시작하여서 부귀영화를 누리게 된 것으로 반다.

그러므로 남녀가 결혼할 때는 서로가 궁합을 잘 보아서 피차간의 用神을 보강하는 사주로 짝을 맺어 부부가 되어야만 다복한 생애를 보내게 된다는 사실이다.

박정희 대통령이 고향사람인 중앙정보부장 김재규로부터 피살당한 원인을 분석

하여 보면 다음과 같다.

1979년 10월 26일 오후 7시 50분 청와대 궁정동 밀실에서 사망하였는데 이 해가 己未년이고 박대통령에게는 甲辰 대운이 된다.

1. 用神 丁火가 습토인 辰土에 설기태심하니 用神이 무력한 중에 己未土는 身主(=日干)을 도와주어 극히 흉한 형상이 되고
2. 10월은 甲戌로서 用神 火氣(=丁火)가 戌에 入墓함으로 불길하고
3. 丙寅日은 日柱 庚申金을 天干과 地支가 相剋相沖한 원인이며
4. 오후 7시 50분은 戊戌時로서 역시 用神인 丁火의 火氣가 戌에 入墓하는 동시에 용신 火氣(=丁火)가 戊土에 설기되니 용신이 무력하여진 원인으로 본다.

또한, 괴이한 행동은,

1) 10월 26일, 사태가 일어나기 전날 박 대통령은 충청남도 도고 온천으로 가기 위하여 헬기를 타고 출발하려는 순간에 헬기 소리에 청와대에서 사육중인 사슴이 놀라서 죽었다는 사실이다. 이것은 크게 불길한 징조로서 청와대 비서진 사이에서 근심하였다는 풍문이 돌았다고 한다.

2) 사고가 나던 날은 박대통령이 충남 삽교제방 준공식과 물개상 제막식에 참석하였는데 이 날 행사장소와 물개는 火氣에 속하는 관계로 이 날은 用神인 火氣가 꺼지는 형상으로 불길함을 암시하고 있다.

3) 그리고 박정희 대통령의 姓名字를 破字로 풀어보면,
   - 朴字 : 복(卜)술가(=점을 치는 사람)에게 풀어 물어 보았더니 18년(木=十=八)만 대통령을 하고
   - 正字 : 한 번(一) 더 할려고 하지 말고 그 치(止)라고 하였는데 한번 더 할려고 하다가
   - 熙字 : 자기(自己) 신하(臣下)로부 빵빵빵빵 네 번(····)이나 총을 맞고 죽은 것이라고 해석할 수가 있다.

간명사례 3 박정희 1917년 9월 30일(음) 寅時生 대운수 : 2

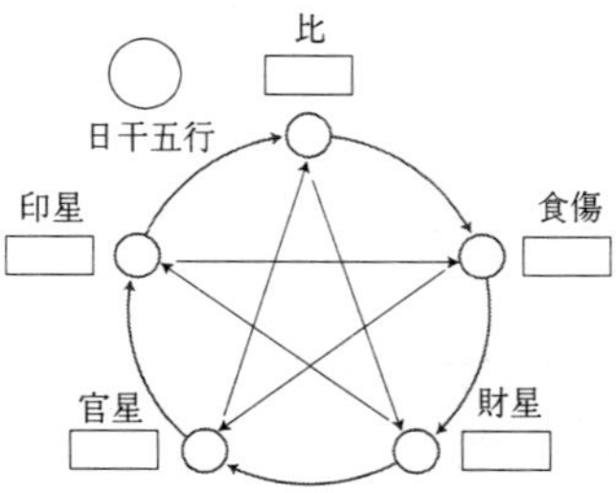

연주(생년)	丁 巳
월주(생월)	辛 亥
일주(생일)	庚 申
시주(생시)	戊 寅

用神	火	喜神	
忌神	木	仇神	

2	12	22	32	42	52	62
庚 戌	己 酉	戊 申	丁 未	丙 午	乙 巳	甲 辰

庚金 日主로서 金, 水가 太旺하고 官이 투출되어 있기 때문에 身旺한 사주인데 亥月에 태어나서 食神格에도 해당되는데 官인 巳火와 충돌하고 있기 때문에 좋게 보면 反抗心이고 나쁘게 말하면 부역행위에 해당된다고 볼수 있다.

그리고 庚申 日柱는 申金이 建祿格으로 한 마디로 말해서 의리의 사나이로 볼 수 있다. 또한 食神格이므로 한 때는 학교에서 교편을 잡기도 했다. 八字가 다 거의 沖·刑이 많아서 ①집안이 편치 못하다 ②죽을 고비를 여러 번 당한다는 뜻으로 풀이할 수 있다. 또한 丁·巳는 딸이 되는데 고란살로 외롭게 혼자 사는 경우에 해당된다.

또한 寅木이 妻에 해당되는데 寅·申이 沖이므로 부인과 해로가 안되고 寅木이 湯火殺(=煞)이므로 말년에 총기로 -寅·申 相沖- 가고 또한 부인도 해당되므로 부인도 총기로 가는 형상이다.

이 사주의 핵심은 寅木인데 申金에 의해서 沖剋을 당하고 있기 때문에 申金을 극히 꺼려하는 형상인데 여기서 申金은 방향으로는 西쪽이며 나라로 지목하면 미국에 해당되는데 박정희 대통령은 청년 장교시절부터 미국에 좋지 않은 감정을 가졌다. 그러다가 나중에는 민족안보와 정권연장을 위해서 할 수 없이 미국에 협조한 것이다.

四柱學上으로 보면 申金에 의해서 피상당하고 있으므로 미국에 의해서 거세당하는 형태가 된다. 그래서 그런지 박정희 대통령 암살 배후에는 미국이 개입되었다는 소문이 자자하게 퍼져있었던 것이다.

또한 寅중 丙火가 자식인데 寅申沖을 하고 있어서 자식이 되는 것이 없는 어려운 형편이고, 꼭 金·水년에는 아들 朴志晩의 이름이 나쁘게 등장한다. 왜냐하면 火氣(=丙火)는 金·水運에 죽기 때문이다.

月柱 辛亥를 보면 月干 辛은 형제들이고 月支亥는 辛이 볼 때 고란설(=고신살+과숙살=부부금실이 좋지 못함/日干기준으로 보는 殺임)에 해당되므로 형제들도 외롭다는 것을 의미한다.

寅申巳亥(=四孟=立春+立秋+立夏+立冬)가 地支에 다 있으면 특별格으로 貴格이라 하지만 六親(=六神=十神)관계의 沖·刑은 그대로 봐주어야 한다. 또 地支에 寅·申·巳·亥를 다 깔고 있으면 대체적으로 남자는 여자 꼬시는데 천재이고, 여자는 바람둥이가 많다.

성격은 냉정하다 못해 예리하게 보이며, 지나치게 완벽하고 거만한 것이 처세의 흠이다. 무슨 일이든 임사즉결하고 사나이다운 점은 좋으나 말이 너무 모가 져서 남의 폐부를 찌르니 言行을 조심하여야 하겠다. 또한 이 사주도 紅艶殺(=바람둥이살)이 있어서 술과 색에 아주 강한 것이 특징이다.

이제 大運과 비교하기로 하자.

젊은 시절에는 運이 안 좋아서 32세까지는 불행한 시절을 보냈다고 할 수 있다. 그러나 32세부터 62세까지 30년 동안은 좋은 운이 들어옴으로써 小將까지 진급할 수-그렇게 방해세력이 많았어도- 있었고, 그 어려운 혁명도 무난하게 성공했고 오랫동안 대통령 자리를 지킬 수 있었던 것이다.

그러나 62세부터 辰土는 申金과 合해지면서 水局을 형성해서 이 사주의 官運인 巳火를 극하기 때문에 여기서 관운은 끝난다고 볼 수 있다.

水가 누구인가? 傷食이므로 아랫사람이나 부하에게 해당된다. 따라서 데리고 있던 부하에 의해서 去勢되는 형상이 된 것이다. 庚申(1980)년이 위험하다고 봤었는데 그보다 1년 앞선 己未(1979)년에 돌아가셨다. 年運은 무난했는데 돌아가신 것은 그만치 大運의 영향력이 크다는 것을 단적으로 말해주고 있다.

간명사례 4 박정희 1917년 9월 30일(음) 寅時生 대운수 : 2

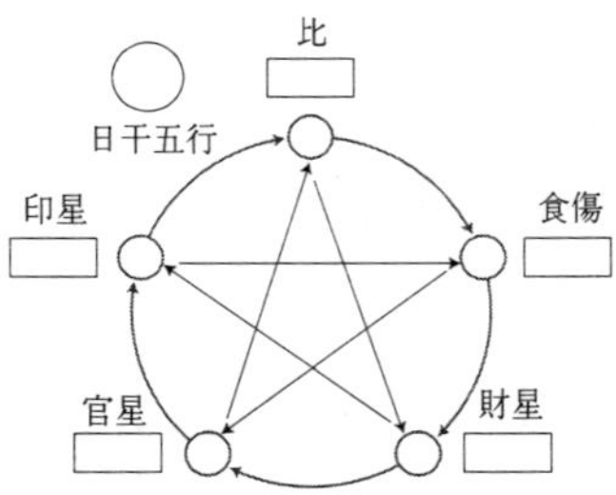

연주(생년)	丁 巳
월주(생월)	辛 亥
일주(생일)	庚 申
시주(생시)	戊 寅

用神		喜神	
忌神		仇神	

2	12	22	32	42	52	62
庚	己	戊	丁	丙	乙	甲
戌	酉	申	未	午	巳	辰

이 사주는 역대에 希有한 定命定局의 하나이다. 이 定局은 金水 상관격에 寅·甲·巳·亥의 四孟格으로써 四支에 四季節의 우두머리를 갖추었으니 寅은 봄의 첫머리요, 巳는 여름의 첫머리요, 申은 가을의 첫머리요, 亥는 겨울의 첫머리로써 사계절을 관장했고 또한 才角으로는 寅의 東方·巳의 南方·申의 西方·亥의 北方을 통어(統御)하였으니 春夏秋冬·東西南北을 모두 장악한 器局(=사람의 도량과 재간)이다.

여기에 다시금 年·月柱로서 陰인 月이 조림(照臨=해와 달이 위에서 내리비치는 것=神佛이 이 세상을 굽어보는 것)하고 日·時柱로써 陽인 日이 휘광(輝光=찬란한 빛)하여 日·月이 상응(相應)했다.

그리고 日干庚은 申祿의 금방석에 앉은 형상으로 年·月에서 驛馬가 相沖하고 日·時에서도 역시 역마가 상충하여 年·日의 巳·申 역마를 合했고 月·時의 寅·亥를 合했으니 달리는 말에 채찍질하는 走馬加鞭(주마가편) 격이다.

또한 食傷이 月令(=特令=日干의 比劫이나 印星일 때)을 잡았고 丁, 巳 官皇은 通根(=天下에 있는 오행의 印星이나 比劫이 地支의 지장간 속에 있을 때)하여 健旺(=

견실하고 왕성함)하며 印星, 財星이 有根(=뿌리가 있음)하여 뿌리가 튼튼하다.

여기에 다시 천관귀인, 태극귀인, 천주귀인, 학당귀인, 문창귀인 등의 吉神이 받치고 있으니 가히 大貴한 造命으로써 천하를 호령할 만하다.

이 사주는 火가 절대적인 用神이고 木이 喜神인데 金·水·土는 크게 꺼리는 忌神(=용신을 극하는 오행)으로써 초년 대운의 庚戌·己酉·戊申 運行支가 忌神運이므로 극빈하였고 末年 대운의 丁未·丙午·乙巳 대운은 南方 火의 行支(=地)이므로 =局의 역할이 발휘되어 욱일승천지세로 大局의 빛을 나타나게 된 것이다.

따라서 丙午, 乙巳 대운에 一國을 호령하는 영도자로 군림하여 불과 10여 성상의 짧은 기간 동안에 五千年역사에서 유례없는 국가 경제 발전의 기적을 이룩하였다. 보리고개에 허덕이는 국민의 경제생활을 향상시켰고 세계속의 한국으로 국위를 선양하게 된 것이다. 이 사실은 누구도 부인못할 크나큰 治積이라 하겠다. 물론 국정을 다스리는 정치문제에서는 잘못된 점이 많다고 할 수 있으나 그러나 대국적 차원에서 볼때면 역사적인 인물로 기록되지 않을 수 없다.

그러나 운명의 날은 피할 수 없으니

1979년 10울 26일의 12·6 사건은 터지고 말았던 것이다. 이때가 甲辰대운의 己未(1979)년인데 희신인 甲木이 己未년의 己土와 合化 土하여 凶神으로 변했고 '己'字는 '꺼릴 忌' 字로 둔갑하게 된 것이다.

따라서 부하에 의한 하극상의 비극으로 일시에 처참하게 일생을 마치게 되었으니 이 또한 운명의 장난이라 하지 않을 수 없다. 예로부터 위대한 인물의 말로가 결코 순탄치 않았음은 역사의 흐름이라 하겠다.

신라시대에 기록된 예언적 吉書에 보면 박 대통령의 前世는 天界의 28수(宿) 중 기성계(箕星界=28수 중 7번째 별로 夏至節의 中星임)에 있다가 인간세상에 귀양왔다는 기록이 있음을 볼 때에 天氣를 타고난 인물이었다는 것을 느끼게 된다.

간명사례 5

박정희 1917년 9월 30일(음) 寅時生 대운수:

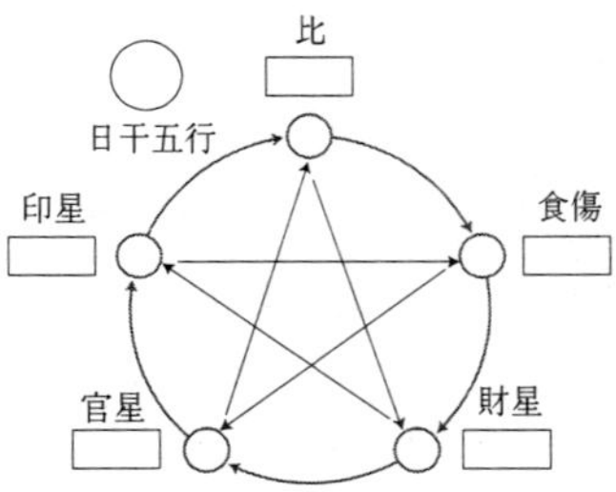

연주(생년)	丁 巳
월주(생월)	辛 亥
일주(생일)	庚 申
시주(생시)	戊 寅

用神	火	喜神	
忌神	木	仇神	

1대운	2대운	3대운	4대운	5대운	6대운	7대운
庚 戌	己 酉	戊 申	丁 未	丙 午	乙 巳	甲 辰

日干 庚이 亥월에 태어나 月干 辛과 같이 日支에 通根하여 金이 강한데 時干 偏印의 生扶(=日干을 生해 줌)를 받아 더욱 강하다.

寅, 申, 巳, 亥의 四生地(=四孟)를 가지고 있는 극귀의 命으로써 月支장간(=지장간)의 餘氣(=初氣)가 戊土인데 時干에 戊土가 투간(透干=天干에 나타남)되어 時上偏印格이고 강한 金을 억제하는 正官 丁이 用神이며 조후용신도 丁火이다.

喜神은 用神運인 南方 火로 흘러야 하는데 제4대운 丁未부터 6대운 乙巳까지 南方 火운으로 흐르고 있어서 장기간 대통령이 되었으나 1980년인 庚申해에는 申,巳合이 되어 水가 되므로 불이 꺼진다.

간명사례 6

박정희 1917년 9월 30일(음) 寅時生 대운수 : 2

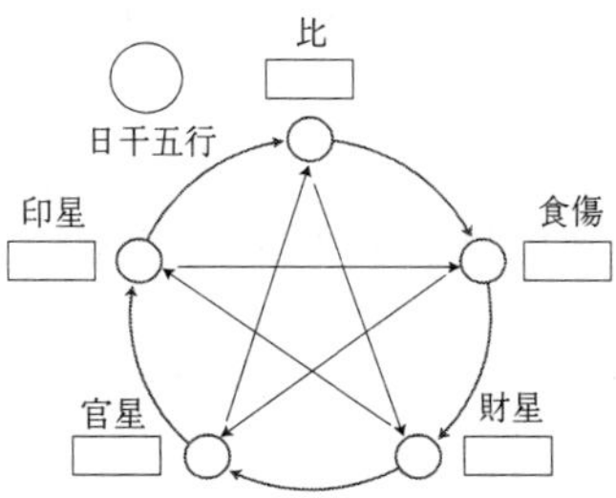

연주(생년)	丁 巳
월주(생월)	辛 亥
일주(생일)	庚 申
시주(생시)	戊 寅

用神	火	喜神	
忌神	木	仇神	

2	12	22	32	42	52	62
庚 戌	己 酉	戊 申	丁 未	丙 午	乙 巳	甲 辰

金氣가 아주 강한 庚申일에 태어난 金으로 쇠(金)을 연마해 주는 불(火/官運)이 가장 좋은 氣運(=用神)이고 그 불을 피워주는 나무(木/財運)역시 좋은 喜神이다.

用神運인 巳·午·未 남방 火운 30년 중 火氣가 극강한 丙午대운에 패권을 잡으니 1961(辛巳)년, 45세 되던 해 였다.

그러나 62세부터 大運이 甲木운으로 바뀌면서 강한 日干의 庚金과 대운의 甲木이 甲·寅 相沖하여 강한 金의 희신인 甲木이 부러지는 형국이다.

또한 63세인 1979(己未)년 歲運의 己土와 대운 甲木이 甲己 合土하여 희신인 甲木이 없어지는 형국이라 아주 불길한 運인데, 그래 10월 26일은 음력 9월로 甲戌월이므로 月運인 甲戌과 세운의 己未가, 甲己 合土하고 戌未 相沖하는 마찰이 동시에 일어나니 甲己 合土하여 甲木은 없어지고 쇠(辛金/銃)가 튕겨나와 이미 대운에서 甲庚沖으로 손상을 입어 허약해진 甲木을 치니 마침내는 甲木의 나라에서 나라의 어른을 상징하는 대통령의 有故를 겪게 되었던 것이다.

甲木은 정신력, 이성적 판단, 뇌파의 안정 등을 의미하기도 하는데, 甲庚이 相沖

되므로 불안, 초조, 사고의 혼란이 일어나고 판단력이 흐려지게 되니 집권말기의 박대통령의 失政원인을 분명하게 알 수 있는 것이다. 누구든지 자신의 運이 겨울을 향할 때는 연신 마음이 소란스럽고 진정이 잘 되지 않는다. 그러니 자연 판단력이 흐려지고 결단력 또한 기대하기 어려워진다.

역사에 만약이라는 가정은 있을 수 없지만 그래도 만약에 박정희 대통령이 겸허하게 자신의 진퇴를 살폈더라면 10·26이라는 비참한 상황은 피할 수 있었을 것이다. 그러나 이미 오천년 전 예수님은 생명을 위협당하는 그 순간에도 "칼을 든 자는 칼로 망하리라"고 말씀하셨다.

그래서 역사는 살아있는 것인지도 모른다.

간명사례 7 　박정희 1917년 9월 30일(음) 寅時生 　대운수 : 3

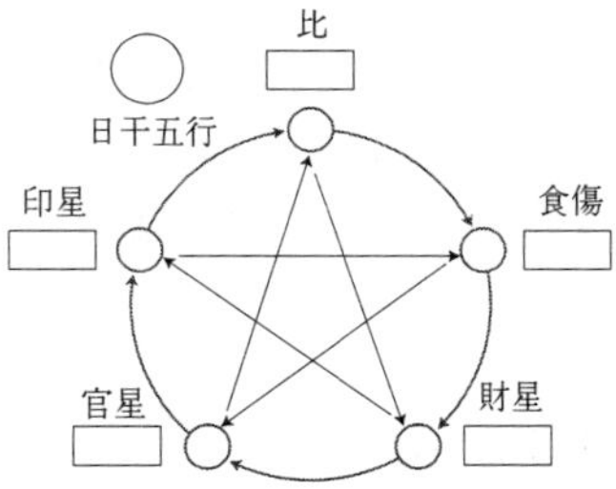

연주(생년)	丁　巳
월주(생월)	辛　亥
일주(생일)	庚　申
시주(생시)	戊　寅

用神	火	喜神	
忌神	木	仇神	

3	13	23	33	43	53	63
庚 戌	己 酉	戊 申	丁 未	丙 午	乙 巳	甲 辰

① 이 사주팔자는 특수한 점이 많아 좀 상세하게 해설하고자 한다.

② 用神은 庚金 日干이 亥水 食神月에 태어나 洩氣가 되나 巳火중에 庚金이 투간하여 長生에다 日支가 申金여서 自强에다 寅중에 戊土가 투간하여 長生에다 巳火는 建祿이 되는 데다가 근접해서 土生金으로 日干 庚金을 生助하니 亥월생이라 해서 身弱으로 보지 않음이다.

③ 본시 庚金은 광석으로써 巳火중의 庚金이 長生이라 함은 광석은 화로에서 제련되어야 비로서 광채를 발휘할 수 있다는 뜻에서 巳중의 庚金을 長生이라 하는 바이다. 그런 뜻에서 庚金 日干은 巳火가 있다면 명성높은 인재가 많은 것이다. 따라서 水氣(亥)로 세척하면 완제품으로 끝나는 것이다.

④ 巳·亥 相沖, 寅·申 相沖을 寅·亥合, 巳·申合으로 沖氣를 合으로 和解한다는 뜻에서 四孟格 또는 四生格이라고 명칭한 것이다.
즉, 沖으로 보지 말라는 뜻이다.

⑤ 庚日干에서 巳火는 長生이 되니 用神은 火·仇神은 水·閑神은 土이다.

⑥ 1974(甲寅)년은 命主가 58세인데 乙巳대운에서 8월 15일 육영수여사가 他界하였다. 甲寅년은 寅, 申 相沖, 대운 巳火와 肢亥의 相沖이다. 좀더 상세히 말하자면 大氣 즉, 財星은 妻와 財物로 보는데 寅·申 沖逢(봉충=沖)은 寅중의 甲木과 丙火가 소실됨이요, 巳·亥 相沖도 亥중의 甲木과 巳중의 丙火가 소실됨이다.

⑦ 난세에는 영웅적인 인재가 등장해야 난세가 수습된다. 그에 따라 독재정치가 뒤따르게 된다. 이는 역사가 잘 보여주고 있는 것으로써 이성계, 드골, 처칠, 광개토왕, 을지문덕, 김유신, 강감찬 등이 그러하다.

이 四柱의 팔자는 난세의 인물이지 평화로울 때의 인물이 아니다. 기신(己身=命主=日干) 日干이 用神의 지장간 중에 있으면 더욱 좋아지는 것이 四柱法의 하나이다.

간명사례 8 박정희 1917년 9월 30일(음) 寅時生 대운수 : 2

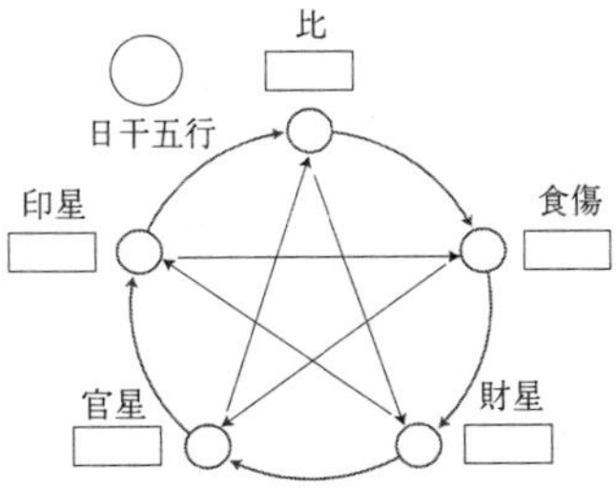

연주(생년)	丁 巳
월주(생월)	辛 亥
일주(생일)	庚 申
시주(생시)	戊 寅

用神	土	喜神	
忌神	火	仇神	

2	12	22	32	42	52	62
庚	己	戊	丁	丙	乙	甲
戌	酉	申	未	午	巳	辰

庚金 日主가 亥월에 태어나 傷官格으로 身弱四柱이다. 상관격은 妻福이 있으며 권모술수에 능하여 정치적인 야심을 갖게 되는데, 겨울傷官이니 냉정하며 침착하며 친구를 좋아하고 베풀기를 즐기는 까닭에 주위에 많은 사람들이 모이게 된다.

또한 戌월생이나 節氣문제로 亥월로 月令이 바뀌었으니 난해한 사주로써 이중인 격을 지니며 戊土의 과묵한 품성을 보이지만 亥水의 냉정한 성품이 있어서 불리할 때와 유리할 때의 행동이 커다른 차이를 보인다.

조후법으로는 丁火가 用神이나 强弱法으로는 土가 用神이 되니 運命을 섣불리 짐작하기 어렵다.
火는 조후용신이나 庚金을 破剋하는 기운이 있으니 吉凶이 교차할 것이고 土金대운은 대체로 吉運에 해당된다.

- 1대운/庚戌대운(2세~11세)-戊土대운인 7세부터는 吉運이어서 12세~17세까지는 누구나 부러워하는 대구사범학교에서 공부할 수 있었다.

• 2대운/己酉대운(12세~21세)-그러나 酉金대운인 17세부터는 劫財대운이니 학교 선생을 하면서 우여곡절이 있어 형편이 어려워져 놀고 먹는 신세가 되었다.

• 3대운/戊申대운(22세~31세)-그러나 22세 戊土대운에는 사관학교에 입학하여 꿈을 키울 수 있었으며 27세 申金대운부터는 日主(=日干)을 강하게 도와주는 대운이니 해방 후 육사2기도 육군사관학교에 입학하여 대한민국 국군의 장교가 된 것이다.

• 4대운/丁未대운(32세~41세)-32세 丁火대운은 吉凶이 교차하는 대운으로써 32세때 허망운과 33세때 진퇴양난운에 들어 좌익으로 처벌될 위기에 처했으나 동지를 배반하고 여러 사람들의 도움이 있어 이를 모면하고 34세에는 6.25 동란으로 복직되는 행운을 얻게 되고

• 5대운/丙午대운(42세~51세)-42세부터의 丙午대운에 이르러서는 드디어 군사혁명을 일으키고 꿈에 그리던 "傷官格의 최종목표인 지도자의 위치"에 오르게 된다.

• 6대운/乙巳대운(52세~61세)-52세의 乙木대운은 조후용신인 丙火를 生하여 吉하나 강약법의 用神인 戊土를 剋하니 凶하여 吉凶이 교차하는 가운데 乙庚金운을 만드니 심중의 변화가 심하여 3선 개헌과 10월 유신을 감행함으로써 국민들의 저항을 일으켰다.

• 7대운/甲辰대운(62세~71세)-62세의 甲木대운에 이르니 身弱四柱가 견디기 어려운 七殺(=偏官)인 甲木대운에 도달하고 1979(己未)년 63세에는 辰巳方의 天氣를 얻는 운에 들어가서 불길함이 있는데도 夏節氣의 어려움을 슬기롭게 극복하지 못하고 Y.H여공 농성사태와 부마(釜馬)사태 등에서 강경함을 보이게 되니 甲木의 七殺대운중에 사망하게 된 것이다.

따라서, 박 대통령의 사주를 필자의 원칙으로 판단할 때,

① 신왕사주로 본다면, 水, 木, 火가 吉運인데 木대운에 凶이 많았고

② 官星인 丁火를 用神으로 본다면, 흐름에 맞지 않는데 그것은 土운에 吉함이 많았기 때문이다.

③ 土, 金을 用神으로 본다면, 인생의 흐름과는 맞지만 劫財대운은 누구에게나 불안함이 있는 법인데 그렇지 않으니 이상한 일이다.
④ 日干이 合이 되는 운은, 변화를 많이 갖게 되어 불길하며
⑤ 節氣문제로 바뀌는 月令의 문제는, 어느 한 쪽으로 고정하여 판단할 수 없는 난해한 내용을 가지고 있다.
⑥ 박정희 사주는 傷官格 신약사주로 판단해야 한다.

시중에서 회자되고 있는 박정희 대통령의 흉사를 풀이한 것을 보면 "박정희 대통령은 62세 이후 甲대운 중에 1979(己未)년에는 甲己 合土가 되어 흉함이 있고 1980(庚申)년, 1981(辛酉)년에는 喜福을 치고 巳申合水가 되어 큰 화를 당하는 해이다" 라고 많은 사람들이 풀이하고 있지만 이것은 다음과 같은 오류가 있다.

① 대통령은 개인의 운명만이 아니고 국운도 관계된다.
② 박 대통령은 신약사주로서 甲木은 偏財에 해당하니 필자의 이론에 따르면 불리함이 있는 것이며
③ 대한민국은 甲木국가로서 天干이 己土와 合運을 이루니 불안한 변화를 잉태하는 특징이 있으며 庚은 七殺에 해당하여 커다란 재앙이 있게 되는 것이다.
④ 박정희 대통령은 52세부터 61세까지의 대운이 乙巳이니 乙木대운 중 불안한 변화가 있고 巳火대운은 추운 亥水의 기운을 덮혀주니 吉하지만 巳亥相?이 되어 吉 중 凶으로 작용하게 되니 甲木대운 중 辰巳方의 63세에 사망하게 된 것이지 歲運(=1년운)인 己未(1979)년의 작용으로 사망에 이르게 된 것은 아니다. 다시 말하면 박 대통령의 凶은 6대운인 52세부터 凶運이 잠복되기 시작하여 국운과 합세하여 63세에 이르러 작용된 것이지 갑자기 세운의 영향으로 사망하게 된 것은 아니다라고 말할 수 있다.

간명사례 9 박정희 1917년 9월 30일(음) 寅時生 대운수 : 2

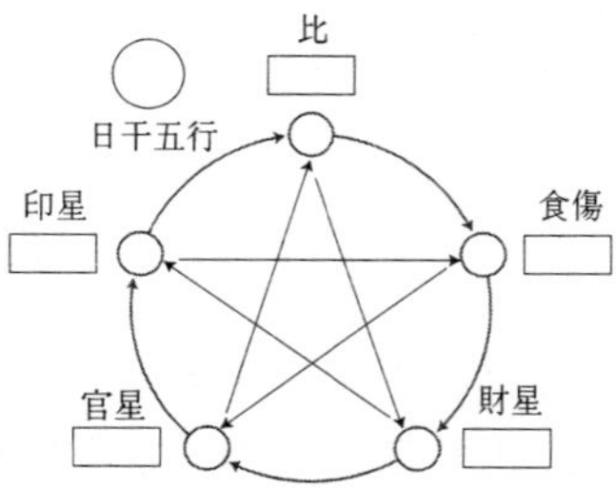

연주(생년)	丁 巳
월주(생월)	辛 亥
일주(생일)	庚 申
시주(생시)	戊 寅

用神		喜神	
忌神		仇神	

2	12	22	32	42	52	62
庚 戌	己 酉	戊 申	丁 未	丙 午	乙 巳	甲 辰

이 사주는 寅申巳亥 四長生 사주며 추수명검(秋水銘劍)이라 즉, 庚金이 日支 申祿을 놓아 專祿格(전록격=日支가 建祿에 해당되는 日柱)인데 月干 辛金·時干 戊土가 도우니 身旺한 단단한 쇠를 身柱 丁巳불에 달구었다가 亥水물에 넣었다가 戊土 숫돌에 갈아서 명검이 되었다.

32세 丁未 대운부터 불이 들어와 무쇠를 달구기 시작하니 고급장교가 되었다가 42세 丙午대운부터는 5.16 군사 쿠데타를 일으켜 18년간 대통령이 되었다가 甲대운에는 칼을 다 휘두르고 칼을 甲木(칼집)에다 넣는 형상이나 죽음을 면치 못하는 운명이고 巳·亥가 沖하니 부모형제의 덕이 없고 寅·申이 沖하니 妻가 둘이요, 자식이 잘 안되는 사주이다.

또한 沖이 많으니 온전한 죽음을 하지 못할 것이다.

간명사례 10

박정희 1917년 9월 30일(음) 寅時生　　대운수 : 2

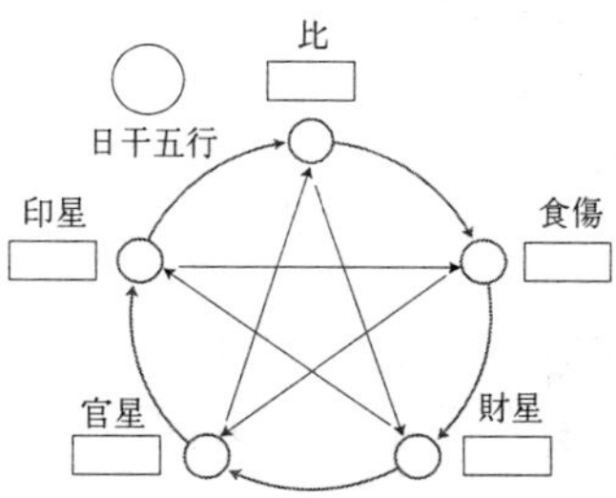

연주(생년)	丁　巳
월주(생월)	辛　亥
일주(생일)	慶　申
시주(생시)	戊　寅

用神	土	喜神	
忌神		仇神	

2	12	22	32	42	52	62
庚 戌	己 酉	戊 申	丁 未	丙 午	乙 巳	甲 辰

寅申巳亥를 俱全(구전)하여 氣가 8方으로 관철했다. 고로 위세와 명망이 四海로 관통한다.

亥字는 天關(=午=남극)이요 申字는 地軸(=子=북극)이다. 천관과 지축(=지호)을 구비했으니 위인격이다.

乾坤을 雙備(쌍비)하여 乾坤의 氣가 취합하였다. 申字는 沖法寅하고 亥字는 沖去巳하여 어느 한 글자도 옮길 수 없는 절묘한 배합이다. 身弱四柱로 印星으로 用神을 정하니 이는 扶弱의 理法이다.

丙대운중 1961(辛丑)년에 혁명에 성공했다(43세때). 午 대운 중 1963(癸卯)년 47세에는 일국의 元首가 되었다. 乙巳대운 중에도 綠綠히 勝氣했다. 甲대운 중 1979(己未)년에 용신 戊土)를 剋像하니 서거하셨다. 일세의 영웅도 한 번 탄생하면 한 번 죽는 법이다. 국립묘지에 유택을 선정하였는데 공작포란(孔雀抱卵)형으로 世人들이 명당자리라 한다.

간명사례 11 박정희 1917년 9월 30일(음) 寅時生 대운수 : 3

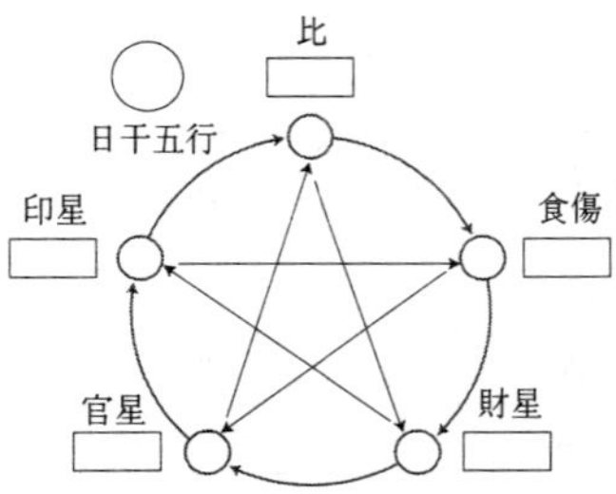

연주(생년)	丁 巳
월주(생월)	辛 亥
일주(생일)	庚 申
시주(생시)	戊 寅

用神	火	喜神	
忌神	水	仇神	

3	13	23	33	43	53	63
庚 戌	己 酉	戊 申	丁 未	丙 午	乙 巳	甲 辰

이 사주의 특이한 점부터 얘기해 보자.

四支를 보면 寅申己亥가 놓여져 있다. 이와 같은 것을 命理書에 보면 四生格(=四孟格)이라고 한다. 즉, 帝王 사주라고 할 수 있다. 四生格 사주의 특징을 보면 건국, 개국이 전제된 혁명적 시기의 대통령을 지낼 수 있는 사주라고 볼 수 있다.

休囚월에 출생했으므로 신약하다고 볼 수도 있으나 꼭 그렇지만은 않다. 왜냐하면 四支지장간에 모두 戊土가 암장되어 日干 庚金을 도우니 사주가 융화되어 신약하다고 볼 수가 없기 때문이다.

用神을 잡는다면 火로 잡을 수 있고 水를 희신으로 할 수 있다. 그 이유는 日干 庚金을 火로 약화시키고 水로 洩氣(설기)시키는 작용을 하기 때문이다.

42세부터 用神運인 丙火가 들어오고 44세에 5·16을 주도하는 인물로 부각된다.

63세 己未(1979)년 甲戌(10)월 丙寅(26)일 戊戌(오후 7시 30분)시에 김재규에 의해 서거되는데 그 이유를 알아보자.

62세부터 대운의 흐름은 약화되고 있다. 63세 년운은 그다지 문제가 아니나 월, 일, 시가 문제가 된다.

用神인 火와 원진관계로 이루어지닌 자기 부하 내지 외부인에 의해 살해당할 우려가 있다고 볼 수 있다.

간명사례 12 　　박정희 1917년 9월 30일(음) 寅時生 　대운수 : 2

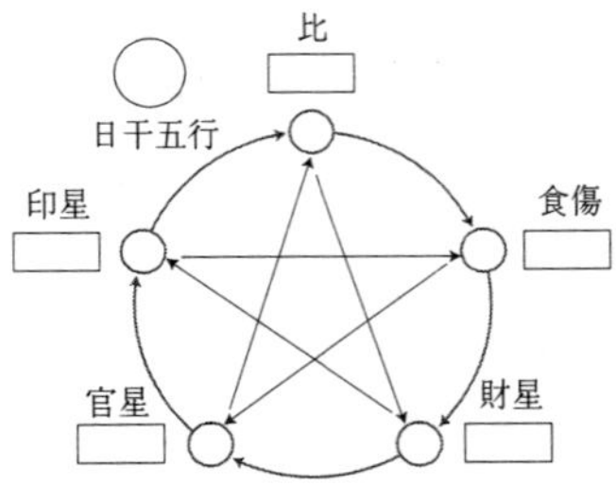

연주(생년)	丁　巳
월주(생월)	辛　亥
일주(생일)	庚　申
시주(생시)	戊　寅

用神	火	喜神	
忌神		仇神	

2	12	22	32	42	52	62
庚 戌	己 酉	戊 申	丁 未	丙 午	乙 巳	甲 辰

이 사주는 故 박정희대통령 사주이다.
역사에 빛날 위대한 사주이기에 여기 싣는다.

박정희 대통령의 사주에는 보다싶이 財星이 없다. 그리고 印星도 없다. 그런데 사주속에 比劫이 3, 正官이 3이 있다. 여기서 眞用神에 대해 약간의 설명을 하기로 한다.

月支 상관格으로 제일 강한 자리에 뿌리를 내리고 있다. 그것도 아주 강하게 뿌리를 박고 있다. 劫財가 3이어서 正官을 극하려는 강한 殺氣로 등장하여 財星의 中和나 和合없이 대단한 氣로 달려들고 있다. 이때 正官이 하나 밖에 없었다면 切斷(절단)나고 만다. 즉, 官運따위는 엄두도 못낼 것이다. 그런데 正官이 무리를 이루고 있다.

이때 財星(木)의 도움이 있다면 正官이 춤을 추며 살아난다. 그렇게 되었을 때 物貨的인 욕구로 成長되는 탐심(貪心)이 깃든官運이 된다. 그런데 財星이 없는 상태에서 官을 만났으니 탐심이 없는 가운데 섬광과 같은 빛을 내며 祖國을 구해낼 수 있다.

여기에서 眞用神은 官殺(火), 佳用神-아름다울 가(佳)-은 印星(土), 保神은 財星이다. 이와 같이 자기의 목숨을 아까워하지 않고 조국과 민족을 구하려는 정신을 높이 평가하지 않을 수 없다.

비록 독재라는 지탄속에서 비명에 갔지만 四柱學上으로 보아 훌륭한 四柱라고 필자는 믿는다. 月支상관격이라도 四柱局이나 대운에 따라 재상에서 걸인에 이르기까지 있을 수 있으나 사주 중 최고의 精, 神, 氣로 구성된 것은 역시 金火 상관格이다.

月支 食傷格치고 바보없다라는 말을 필자는 자주한다. 이처럼 食傷格들은 다양하고 다재다능한 탓으로 어느 사주보다 뛰어남은 역시 運命일 것이다.

간명사례 13

박정희 1917년 9월 30일(음) 巳時生　대운수 : 2

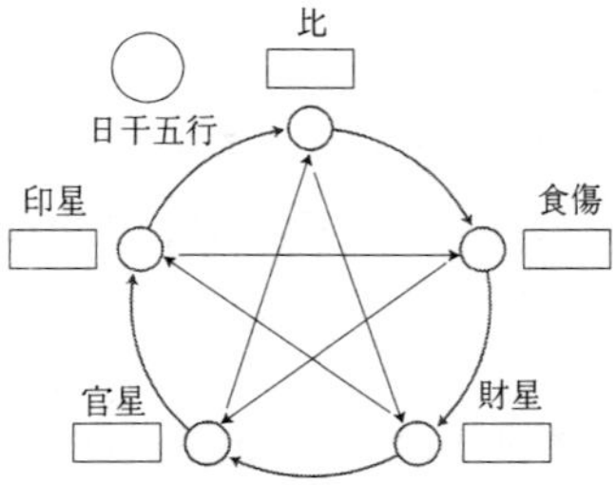

연주(생년)	丁 巳
월주(생월)	辛 亥
일주(생일)	庚 申
시주(생시)	辛 巳

用神	土	喜神	
忌神	金	仇神	

이 사주는 庚申일에 출생하여 金氣가 강하고 地支에 沖이 많고 食神(水)이 강력하여 언변술이 뛰어난 군장성이다. 대 정치가의 사주다.

1961(辛丑)년 5.16 쿠데타를 일으켜 대통령에 당선되었고, 경제 부흥을 이루는데 성공하였다.

간명사례 14　　박정희 1917년 9월 30일(음) 巳時生　　대운수 :

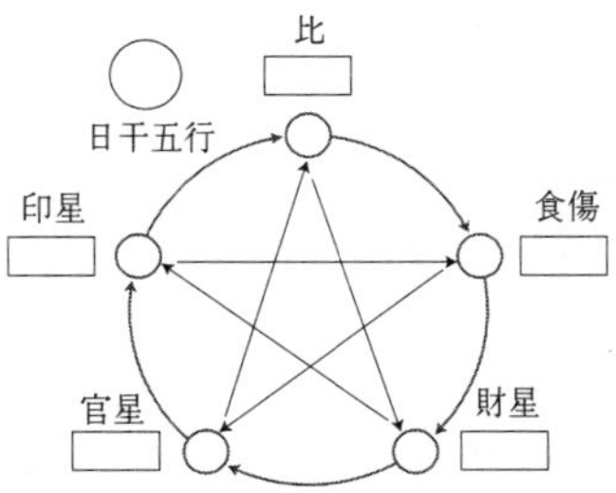

연주(생년)	丁　巳
월주(생월)	辛　亥
일주(생일)	庚　申
시주(생시)	辛　巳

用神	火	喜神	
忌神		변수오행	

박정희 전 대통령은 寅시에 태어났느냐 巳시에 태어났느냐를 놓고 주장이 엇갈린다. 그러나 여기서는 좀더 신빙성이 있다고 판단되는 巳시를 근거로 간명(看命)한다.

박정희 전 대통령의 사주는 한마디로 모든 권력이 본인에게 집중되어 있는 형태이다. 또한 용이 여의주를 희롱하며 하늘 높이 날아오르는 형상이라고 볼 수 있다.

본인의 별은 金星이다. 1번 비견위에 하나의 별로 소속되어 있고, 2번 겁재 밑에 별 2개 역시 金星인데 이것들은 본인별의 형제별로 함께 金星을 빛나게 해준다. 그런데 9번 偏印위에 있는 4개의 별들이 모두 본인별을 향하여 쏠리고 있다.

土星이 金星을 生해주므로 金星은 매우 밝아진다. 이런 사주를 특수 强旺格사주라고 한다.

日干과 같은 比劫은 본인, 형제, 동료, 독립심, 損財(손재)와 인연이 있다. 印星이 되는 土星은 학문, 예술, 권위, 외국, 어머니와 인연이 있다고 한다. 그 결과 土星이 많은 박정희 전 대통령은 이런 사항들과 인연이 많았다.

그래서 독립심이 강하여 혁명을 주도했고, 학문에 인연이 있어 교직생활을 했으며, 권위를 지니고 장기간 통치하면서 외국으로의 수출에 주력했던 것이다. 이 분은 양력 11월 14일에 태어났으니 따뜻한 火運을 만나면 크게 발전한다. 이른바 調候이론이다.

1961(辛丑)년 5월 16일 군사혁명을 성공시킨 시기와 1963(癸卯)년에 대통령으로 당선된 시기는 모두 강한 火대운-丙午대운-기간이었다.

앞에서 이 사주를 특수강왕격이라고 언급했다. 이런 특수 강왕격 사주는 계절운(=方合運)-30년간-이 바뀌는 시점이 운명의 고비가 된다. 왜냐하면 특수희귀종 수목(樹木)은 개성이 강하여 기후변화에 잘 적응하지 못하기 때문이다.

이승만 대통령 시절 제2인자로 군림했던 이기붕씨는 사주가 특수강왕격인데 계절운이 바뀌는 1960(庚子)년 4월에 총탄을 맞고 사망했다.

박정희 전 대통령 역시 1979(己未)년이 바로 그런 시점으로 그해 10월 26일 흉탄을 맞고 서거했다. 이와 같이 특수 강왕격 사주를 가진 사람은 한때는 비상한 발전을 이룩할 수 있으나, 추락할 때는 너무도 어이없게 사라져 버릴 수 있다는 것을 명심해야 한다. 강하면 부러지는 법이다.

故 박정희 대통령 사주 간명 모범 답안

(초·중·정)氣生: 7日 대운수: 2

연	丁	巳	戊$_7$·庚$_7$·丙$_{16}$
월	辛	亥	戊$_7$·甲$_7$·壬$_{16}$
일	庚	申	己$_3$戊$_7$·壬$_3$·庚$_{17}$
시	戊	寅	戊$_7$·丙$_7$·甲$_{16}$

용신	土	희신	金
기신	木	변수오행	

천을귀인 ______ 금여록 ______

합·충 ______ 괴강·양인 ______

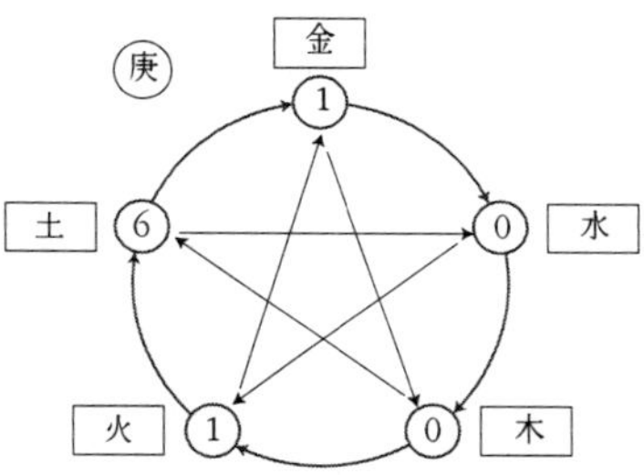

2	12	22	32	42	52	62	72
比	官	比	比	比	食	比	比
庚	己	戊	丁	丙	乙	甲	癸
戌 金	酉 金	申 土	未 火	午 火	巳 土	辰 木	丑 木
比	財	比	比	比	印	比	比
7	17	27	37	47	57	67	77

※ 사주와 대운을 보면서 아래 문제에 답해보라.

문제 1 군대시절 진급이 늦었던 이유는?
문제 2 선동연설에 약한 이유는?
문제 3 재물욕심이 없는 이유는?
문제 4 큰 위기 때마다 구원받는 이유는?
문제 5 63세 甲辰 대운 때 저격으로 서거한 이유는?

모범답안 힌트

문제 1 官星이 1개
문제 2 食·傷이 없음
문제 3 財星이 없음
문제 4 印星이 태과
문제 5 62~67세 대운의 甲木 辰木과 사주내의 甲木 2개, 즉 4개의 木이 土6을 극하기 때문

별첨 : 四柱看命紙

복 사 용

No. (남 · 여) 성명 : 년 월 일(양 · 음) 時生

(초 · 중 · 정)氣生 : 日 대운수 :

연		
월		
일		
시		

용신		희신	
기신		변수오행	

천을귀인 ______ 금여록 ______

합 · 충 ______ 괴강 · 양인 ______

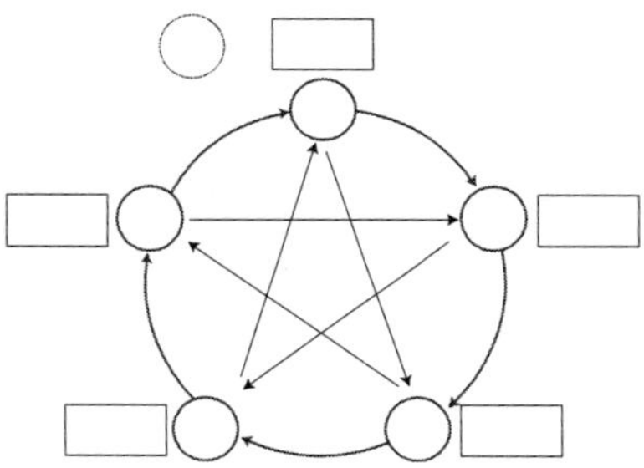

No. (남 · 여) 성명 : 년 월 일(양 · 음) 時生

(초 · 중 · 정)氣生 : 日 대운수 :

연		
월		
일		
시		

용신		희신	
기신		변수오행	

천을귀인 ______ 금여록 ______

합 · 충 ______ 괴강 · 양인 ______

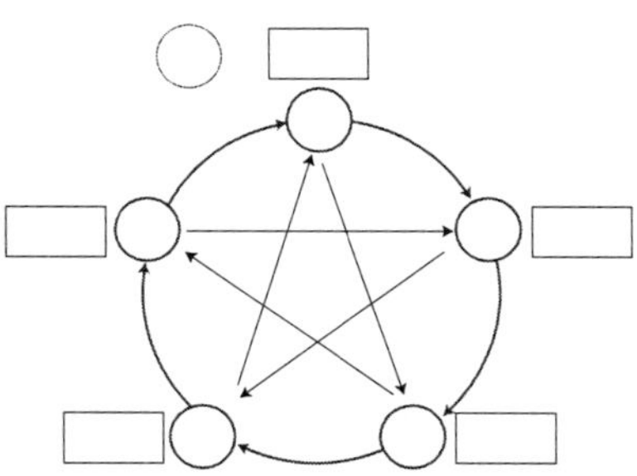
